SI LA JALOUSIE M'ÉTAIT CONTÉE…

Du même auteur

Où commence la violence ?
Pour une prévention chez le tout-petit
Albin Michel, 2003

À quoi rêvent les enfants ?
Audibert, 2002

Le Mensonge
Bayard Presse, 2000

La Jalousie
Bayard Presse, 1999

Danielle Dalloz

SI LA JALOUSIE M'ÉTAIT CONTÉE…

Éditions de La Martinière

Je remercie particulièrement Jean-Claude, compagnon d'écriture et de vie, ainsi que Francine Coureau, conteuse suisse, pour leur collaboration. Les pages qui suivent leur doivent beaucoup.

Je remercie vivement chaque patient qui m'a donné son approbation pour la publication d'une partie de son histoire.
Tous ont vérifié, approuvé et m'ont aidée dans la rédaction de leur exemple clinique.
Chacun espère que son histoire sera utile aux lecteurs.
Qu'ils soient tous assurés de ma profonde gratitude.

Pour Sami

« On ne naît pas homme, on le devient »
Érasme, 1467-1536

Introduction

Il était une fois… la jalousie

«Il était une fois une femme triste, son mari avait une âme aussi broussailleuse que sa barbe et que sa tignasse. Tous les soirs, il poussait la porte d'un coup d'épaule, empoignait un bâton de chêne, retroussait sa manche droite, s'approchait de sa femme, qui tremblait dans un coin, et la rossait. C'était sa façon à lui de lui dire bonsoir.

«Passèrent mille jours, mille nuits, mille roustes. La femme supporta sans un mot de révolte les coups qui lui pleuvaient chaque soir sur le dos. Un matin, elle posa les mains sur ses hanches et elle sourit. Elle venait à l'instant de sentir une vie nouvelle qui bougeait dans son ventre… Un enfant, pensa-t-elle, tremblante, émerveillée. Mais son bonheur fut bref, car lui vint aussitôt plus d'épouvante qu'elle n'en avait jamais enduré. "Misère, se dit-elle, qui le protégera si mon mari me bat encore ? En me cognant dessus, il risque de l'atteindre. Il le tuera peut-être avant qu'il ne soit né. Comment sauver sa vie ? En n'étant plus battue… mais comment, Seigneur, ne plus être battue ?"

« Elle réfléchit à cela tout au long du jour avec tant de soucis, de force et d'amour neuf pour son fils à venir qu'au soir elle sentit poindre une lumière. Elle guetta son homme. Au crépuscule, il s'en revint, comme à son habitude. Il prit son gros bâton, grogna, leva son bras noueux. Alors, elle lui dit : "Attends, mon maître, attends. J'ai appris aujourd'hui une histoire. Elle est belle, écoute-la d'abord, tu me battras après."

Elle ne savait rien de ce qu'elle allait dire, mais un conte lui vint. Ce fut comme une source innocente et rieuse. Et l'homme demeura captif devant elle, si pantois et content qu'il oublia d'abattre son bâton sur le dos de sa femme…

« Et quand chaque soir tomba vint encore une histoire. Neuf mois, toutes les nuits, la femme conta pour protéger la vie qu'elle portait dans son ventre. Et quand l'enfant fut né, l'homme connut l'amour. Et quand l'amour fut né, les contes des neuf mois envahirent la terre. Bénie soit cette mère qui les a mis au monde. Sans elle, les bâtons auraient seuls la parole. »

Ce conte est donné comme origine des contes français[1] par Henri Gougaud dans son recueil *L'Arbre d'amour et de sagesse*[2].

Le conte transmis par un humain à d'autres humains ne peut pas exister en dehors du lien. C'est au cours de la recherche de textes illustrant la jalousie que j'eus la surprise de découvrir que l'origine même des contes, dans plusieurs cultures et à diverses époques, trouvait sa source dans la nécessité d'ouvrir l'homme à la parole, au symbolique, à la difficulté plus particulièrement masculine d'accueillir la femme dans sa différence égalitaire. Cette violence jalouse, archaïque, dont je voulais parler se trouvait donc au cœur même des contes.

Ce serait ainsi grâce à la parole féminine, placée comme

---

1. Henri Gougaud, *L'Arbre d'amour et de sagesse*, Éditions du Seuil, 1992 et Points, 1997.

2. C'est en Égypte que le premier conte de l'humanité aurait été écrit. Il s'agit du *Conte des deux frères (*Anonyme égyptien, *Conte des deux frères*, suivi de *Le Mari trompé*, José Corti, collection merveilleux, 1999). C'est l'histoire de l'entente brisée entre deux frères par la femme de l'aine qui désire le second. Une jalousie meurtrière envahit l'aine qui croit aux calomnies de sa femme sur son frère. Le récit se déroule jusqu'à la réhabilitation du cadet et au châtiment de la femme.

gardienne de la parole et de l'altérité, que l'homme s'ouvrirait à la vie et au partage après avoir subi et fait subir les affres de la jalousie et de l'orgueil. Car pris dans une logique de toute-puissance, les hommes imaginent plus facilement que les femmes qu'il est possible de se passer des autres.

L'origine des contes se situe dans ces périodes où le pouvoir masculin occulte les femmes alors que l'altérité ne peut passer que par la reconnaissance du féminin. La différence homme-femme, c'est le fondement de l'humain. La vie, qui se transmet par cette différence, invite à prendre en compte la différence des sexes dans leur égalité et leur génie propre ; le dialogue enrichit la pensée et la déploie. Les contes ouvrent à cette richesse, à cette liberté, ils font surgir l'invisible de chacun à son insu. Il ne s'agit pas alors de comprendre, il s'agit de se laisser imprégner. C'est tellement efficace qu'ils n'ont été censurés dans aucun pays, par aucune instance morale, religieuse ou politique, contrairement aux croyances populaires et aux superstitions. Le cœur du conte, qui opère depuis des millénaires, réside dans la force évocatrice de l'inconscient universel : c'est lui qui produit du sens. Il est remarquable de constater à quel point le conte poursuit son travail d'élaboration après avoir été entendu. Les thèmes y sont traités de façon ludique afin que chacun y trouve son bien et son plaisir, que chacun y trouve matière à élaboration inconsciente, pour son propre développement.

Rajoutons à cela, qu'à l'époque de la naissance des contes, la mortalité infantile, les nombreux accidents à l'accouchement, les famines, les épidémies avaient pour conséquence un côtoiement quotidien de la mort. Les drames, les deuils étaient multiples et les contes et leurs contenus permettaient de créer des supports indispensables pour leur survivre. Dans ce contexte, la coutume des veillées renforçait les liens et les contes nourrissaient toutes les couches de la société, et pas simplement la relation homme-femme. Il est extraordinaire de constater combien le conte nous entraîne aux origines de la vie par la parole qui met en lien. Il met en scène celui qui donne et celui qui reçoit : l'un ne peut vivre sans l'autre. C'est la force de l'altérité consentie, qui enrichit autant celui qui parle que celui qui écoute. À notre insu, bien des récits nous choisissent comme nous les choisissons et ils œuvrent dans notre inconscient.

Grâce aux mères et aux conteurs, les contes se sont déployés. Nous savons bien que c'est toujours en parlant aux autres que l'on peut enrichir sa pensée. Les contes ont ainsi ouvert le dialogue. Ils ont ouvert à la reconnaissance de l'autre. En chacun de nous, il y a toujours une place pour l'autre, pour être avec lui dans sa différence et s'en nourrir. C'est l'un des grands enseignements des contes[1].

Depuis la nuit des temps, le conte commence ainsi : « Il était une fois... » Cette formule, la plus utilisée aujourd'hui, n'est qu'une variante parmi d'autres. Il en existe une multitude, dont certaines sont pleines d'humour. En voici quelques-unes : « Que le conte vous rende bon comme le pain, doux comme le sucre, sage comme le sel, droit comme une allumette et plein comme un œuf » ; « Du temps où les poules avaient des dents » ; « Du temps où les tigres fumaient la pipe... » ; « C'était au temps où les animaux parlaient ; le merle était charbonnier, la chèvre était boulanger et le chien charpentier, le mouton était gardien de mosquée... »

La formule : « Il était une fois » est en fait tronquée. Sous sa forme initiale, elle peut se poursuivre ainsi : « Il était

1. Cet enseignement demeure toujours d'actualité. Les violences conjugales sont loin d'être éradiquées et demeurent inacceptables en ce qu'elles soulignent une image de la femme dévalorisée et déshumanisée.

une fois, une fois il n'était pas», ou «Il était, il est et il sera», ou encore «Une fois il y avait, une fois il n'y avait pas, une fois il y avait toujours».

Ces formules assurent que ce qui va suivre est pure fantaisie, mensonge en quelque sorte, ou du moins vérité tellement hors du temps et de l'espace que toute projection dans la réalité serait impossible. Elles se présentent comme anodines et enfantines, alors que, sans crier gare, le récit qui va suivre touche les zones de l'inconscient. Elles servent d'introductions au monde des contes, qui est différent du monde d'ici-bas et marquent la limite entre le monde conscient et le monde inconscient. Ce faisant, elles amenuisent la vigilance de l'auditeur ou du lecteur et réveillent en chacun l'ingénuité enfantine.

Les récits des contes, au plan individuel comme au plan collectif, élaborent les questions fondamentales pour le développement des stades libidinaux. Chacun peut y trouver une nourriture. Il est remarquable d'observer que chaque adulte peut, *a posteriori,* découvrir combien les contes qui l'ont marqué dans son enfance sont ceux qui posent la problématique qu'il a eue particulièrement à dépasser.

Origine de la jalousie et jalousie à l'origine

Le thème de la jalousie est d'autant plus central dans la problématique humaine qu'il occupe une place centrale dans le récit des origines, comme dans celui de la Genèse. En effet, dans ce texte de la Bible, et plus précisément aux chapitres 1, 2, 3 – le premier récit de la Création –, la parole vient nommer, et donc sortir du chaos de la non-différenciation, chaque création, chaque créature animale, jusqu'à l'homme et la femme. Dans le jardin d'Éden, le serpent, qui va intervenir en insinuant la pensée jalouse dans l'esprit d'Ève, représente cet imaginaire paranoïde de l'humain qui veut prendre pour vérité ce qu'il imagine. « Si vous mangez cette pomme défendue par Dieu, vous pourrez vous-mêmes devenir des dieux. » Cette insinuation du serpent nourrit l'imaginaire d'Adam et d'Ève. Ils jalousent alors Dieu, n'acceptent pas le seul interdit exigé, revendiquent le même pouvoir et ne réalisent pas qu'une vie sans manque serait une vie sans désir et sans devenir.

De même dans les contes, la jalousie frôle, s'insinue, se faufile, tel un reptile, jusqu'à créer des nœuds de vipères qui empoisonnent l'espace psychique. La difficulté originelle de l'homme ne se tiendrait-elle pas là ? Dans l'emprisonnement que provoque la pensée imaginaire jalouse représentée par le serpent ? Pensée jalouse qui nous fait croire que l'autre posséderait ce que nous n'avons pas et devrions avoir…

Lorsque nous nous enfermons dans la pensée jalouse, l'enfer n'est pas loin.

Ce n'est pas un hasard si notre culture trouve sa source dans ce récit biblique des origines qui met en image l'axe structurel de nos vies : la jalousie, notre désir de toute-puissance, la non-acceptation du manque et de l'interdit, et notre curiosité envers l'autre.

Pour Paul Beauchamp, exégète de la Bible, qui nous a donné cette lecture, le serpent symbolise donc l'imaginaire jaloux. Notre liberté réside dans le fait de prendre ou non cet imaginaire pour vérité si nous n'utilisons pas la parole pour aller en vérifier l'authenticité auprès de l'autre, différent. Les textes bibliques et évangéliques, lorsqu'ils ne sont pas tronqués ou sortis de leur contexte, ne contredisent en aucune façon les découvertes modernes de l'inconscient. Cet éclairage ne les rend que plus riches, plus lisibles et dynamiques.

La jalousie est un sentiment originel, universel, un chemin incontournable pour tout être humain, inexorablement exposé à rencontrer l'autre. Elle trouve sa source dans notre besoin vital d'amour. C'est l'axe autour duquel nous allons structurer notre relation aux autres et forger notre positionnement intérieur face au monde.

Le mot «jalousie» vient du grec *zelos,* qui a donné en latin *zelare.* Il exprime les possibilités d'interaction entre deux êtres : d'une part, une interaction positive – rechercher à égaler, à imiter, à admirer, à montrer du zèle – ; d'autre part, une interaction négative – être jaloux de… Dans les contes nous sommes confrontés à ce double sens de la jalousie : avoir du zèle, de l'admiration pour quelqu'un, ou être jaloux et destructeur de l'autre, avec la multiplicité des variantes possibles. Nous pouvons observer que, dans la langue française, le premier sens, dynamique, du mot «jalousie» a disparu, ne laissant subsister que la mauvaise part. Et pourtant, la jalousie, en son sens positif est un puissant moteur de vie. Elle est une étape à dépasser, mais qui n'en est pas moins nécessaire.

Le mot «jalousie» sera ainsi à entendre en un sens extensif, et, par exemple, l'envie fait partie pour nous du champ de la jalousie. L'envie, c'est finalement la jalousie appliquée à l'avoir, à la possession, même s'il est vrai qu'aujourd'hui on comprend par «jalousie» une relation entre des êtres, et non à un objet. De façon spécifique et restreinte, la jalousie concerne la relation entre deux personnes, le fait de ne pas supporter la non-exclusivité. Alors, la jalousie, dans sa face négative, peut nous dévorer, nous ronger comme un acide, nous anéantir et nous fermer à la vie. Elle peut nous maintenir dans une solitude haineuse et une culpabilité sans fin. C'est la folle solitude du désir de toute-puissance. Les jaloux refusent la loi qui en fait des êtres nés de l'alliance de deux êtres différenciés homme-femme, des êtres appelés à vivre au milieu des autres, avec les autres, dans leurs différences acceptées.

La jalousie permet pourtant aussi la rencontre, l'ouverture

du lien à l'autre. Elle aiguillonne le désir de savoir et stimule la recherche de soi, au lien social, de soi parmi les autres. Elle peut provoquer une émulation créative.

La jalousie et le complexe d'Œdipe

Le complexe d'Œdipe, c'est le mythe qui met en scène un passage inéluctable dans la trinité familiale, par la figure de la jalousie. Pour être un humain parlant, responsable, il est indispensable d'être référé à un père, à une mère et à leur histoire, chacun à sa juste place.

Pourtant, pour tout être humain, ce qui fait vivre, au début de la vie, se trouve près de la mère. C'est sur un mode fusionnel que se conjuguent les mois de gestation et la période néonatale. À ce moment-là de notre vie, la mère est toute-puissante avec les aléas et le positif de son histoire.

Comment, dès lors, le nouveau-né et la mère vont-ils faire place aux tiers, notamment au père ? Comment la mère va-t-elle accepter que le père ou une autre personne puisse s'occuper de l'enfant ? Comment le père va-t-il prendre sa place de père à côté de celle de sa conjointe ? Comment l'enfant va-t-il accepter que sa mère ait un intérêt premier pour son conjoint avant lui et en même temps que lui ?

La triangulation familiale se met en place avec le couple comme base... ou ne se met pas en place. C'est ce que nous appelons, en psychanalyse, l'épreuve œdipienne et son dépassement nécessaire pour vivre en bonne intelligence avec autrui. L'histoire familiale va en dépendre, avec un impact essentiel, structurant ou déstructurant, car lorsque l'enfant ne s'inscrit pas dans la relation trinitaire du désir, il court le risque de stagner dans une relation incestueuse.

Cette tendance à l'inceste est inhérente à cette première phase naturelle symbiotique de l'être humain, mais elle ferme à la vérité du désir vers l'extérieur, au profit d'une involution de la libido dans la recherche du même. Lorsqu'il y a alliance d'amour entre hommes et femmes, l'amour maternel ouvre alors à l'altérité. Pourtant, grâce à son prénom, à son nom spécifique, l'enfant est invité à quitter son statut de premier objet lié à sa mère pour aller vers lui-même et vers sa vie.

Nous voyons que la difficulté première est de prendre sa mère pour seule origine et de se confondre avec cette femme toute-puissante, qui est prise pour une déesse. Dans ce cas, l'enfant n'est plus dans une dynamique de vie, il devient un objet d'amour primordial offert aux pulsions ; il va se réduire au lien « moi-ma mère ». Toute vie humaine passe par cette symbiose réelle et incontournable entre la mère et son enfant. L'enjeu, pour chacun, est de dépasser cette symbiose, de s'en désaliéner. Dans le cas contraire, quand elle est bloquée à ce stade de l'évolution, elle ne permet pas la circulation entre trois personnes. Elle empêche la relation à l'autre.

Car parfois, cette symbiose « mère-enfant » se déplace et se déploie sur d'autres types de relations : « moi-mon père », « moi-mon frère », ou « moi-ma sœur », le désir de symbiose toute-puissante se transférant de la mère au père ou aux membres de la fratrie. C'est la grave confusion du réel et de l'imaginaire. À ce moment-là, pour l'être piégé dans sa mère ou dans un autre, tout se passe comme si la vérité se réduisait à ce qu'il pense et au ressenti de ses sensations (à l'opposé de celles des autres). Il ne s'inscrit plus alors dans la suite des générations venues d'une alliance homme-femme ni de leur différence.

La passion complice à deux provoque l'exclusion du troisième et va détruire ceux qui s'y sont laissé prendre : la mère et l'enfant contre le père, ou le père et l'enfant contre la mère, ou le père et la mère contre l'enfant, ou encore deux enfants contre père et mère, père ou mère. Toutes ces symbioses exclusives sont finalement imbriquées les unes dans les autres.

Nous voyons combien la passion fusionnelle est symboliquement incestueuse. Elle trouve son ressort fondamental dans une union à deux contre tout tiers[1].

L'épreuve œdipienne non dépassée s'exprime donc par la possession exclusive d'un contre tout tiers. Cela enferme dans le refus de la parole au bénéfice d'une image grandiose de soi prise dans le scopique. La vie se réduit à une position imaginaire duelle où l'échange de parole n'existe pas, puisque tout tiers est annulé.

Lorsque la référence parentale n'est pas en place, le jaloux exclut l'autre au bénéfice de sa propre image. Il n'entend que ce qu'il veut entendre. Il réduit sa vie à ce qu'il en imagine sans référence à la parole tierce. Il entre dans une solitude meurtrière où il se croit tout-puissant. L'imaginaire et le réel se confondent. Il réduit sa vie à ce qu'il imagine qu'on voit de lui en écho au stade précoce de sa vie, stade où tout être humain est inexorablement livré à l'autre, dépendant de l'autre. Lorsque la parole va pouvoir lui permettre d'exprimer ses sentiments jaloux naturels, qu'ils pourront être entendus comme une étape nécessaire, il pourra s'ouvrir à sa vie singulière et franchir cette étape de maturation nécessaire, faire le deuil de l'exclusivité pour trouver et développer son potentiel.

Le lien quotidien d'une fratrie relance d'une façon dynamique la difficulté première d'accepter la présence à domicile

---

1. Voir Denis Vasse, *Inceste et Jalousie, La question de l'homme*, Éditions du Seuil, 1995.

d'un intrus, qui vient bousculer le désir d'être le seul et l'unique pour la mère ou le père, ou pour le frère ou la sœur... Ce lien de proximité livre l'être humain au conflit structurant de la jalousie, de la rivalité et de la concurrence (c'est ici un apport positif de la jalousie). Nous percevons l'importance de la part individuelle dans la façon dont ce lien va être vécu. Comme une tragédie, une fermeture, ou comme une ouverture vers une communauté démocratique... Au mieux, il va bien falloir essayer de s'en accommoder et trouver des arrangements.

Nous allons découvrir combien le jaloux veut tout pour n'être exclu de rien. Il veut tout pour lui tout seul, sans l'autre, et il refuse d'être un parmi les autres. Quand l'autre vit, le jaloux se sent exclu. Il jalouse la vie en l'autre, il nie que lui-même la possède dès l'origine. Le jaloux voudrait être le centre du monde et il entraîne son entourage dans cette exigence. Il se referme souvent dans la bouderie ou le mutisme. Le jaloux a une ardeur orale et scopique terrifiante, sans référence à la parole. C'est fréquemment l'escalade de la violence, puisqu'il ne cesse d'entretenir le rejet qu'il redoute. Il cherche sans arrêt les preuves de ne pas être aimé et il se focalise sur la recherche de ses preuves.

Dans la jalousie, l'imaginaire vécu comme réel, c'est « lui *ou* moi », et non pas « lui *et* moi ». Nous voyons combien la jalousie va être l'outil du lien social, qui trouve son origine et se construit autour du lien œdipien et fraternel. Dans ce cas, elle stimule la recherche de soi, le désir de savoir, de se découvrir soi parmi les autres. Le narcissisme, le sentiment de soi va se construire autour de cette épreuve. L'acceptation de l'autre dans sa différence ouvre à la réconciliation. La jalousie positive est à l'œuvre.

Par contre, tant que le jaloux souhaite que l'autre soit comme il le désire, tant que le jaloux refuse la différence, il vit sa vie dans un rapport de forces continuel. La jalousie négative est alors à l'œuvre. Il veut bien accepter les autres, oui, mais dans la mesure où ils lui seront dévoués, exclusivement à son service, comme sa mère l'a été dans son enfance. En effet, rechercher sans cesse l'illusion d'être compris, de comprendre d'un seul regard, d'un seul souffle, sans paroles, c'est l'illusion perçue dans la première dyade[1] mère-enfant, dans la complétude recherchée des besoins. Besoins vitaux et désirs bien souvent confondus par la mère, prise dans la toute-puissance: elle sait avant même que l'enfant demande, elle sait à sa place ce qu'il veut, ce qu'il désire, ce qu'il pense. Fusion-confusion qui fait obstacle à la séparation, au langage symbolique relationnel indispensable à l'échange interhumain, à la communication entre humains, tous uniques, donc différents. Dans le meilleur cas, être père, être mère, c'est pouvoir reconnaître et respecter dans sa différence un autre comme sujet, en premier lieu sa compagne, son compagnon et les enfants à naître.

Vivre ensemble, c'est toujours accepter une limite à sa propre impuissance. Admettre sa non-toute-puissance et vivre dans l'humilité, c'est gagner sa joie de la présence à l'autre, sa joie de la rencontre. La rencontre réelle ne peut jaillir que dans cette reconnaissance de deux sujets et non pas dans une alliance, une fusion ou une incorporation à deux où l'un deviendrait l'objet de l'autre en excluant les tiers.

Ce n'est que lorsque nous sortons du fantasme de fusion et lorsque nous acceptons le manque, que peut advenir le désir, la vie unique de chacun en échange avec l'autre.

Nous partons toujours de ce que nous avons vécu; c'est le lot des drames familiaux, des faits divers, et des folies paranoïdes qui jalonnent nos journaux et nos livres d'histoire. La position paranoïde commence très tôt si l'éducation n'intervient

1. Ou couple.

pas. Je pense à cet enfant de trois ans, bien campé sur ses jambes, les mains sur les hanches et qui vitupère : « Qui a fait caca dans ma culotte ? » Cela fait rire les adultes, mais il ne faudrait pas que l'enfant en reste là...

Au cours de toute psychanalyse, un des axes centraux à travailler est la jalousie, puisque nul ne peut en faire l'économie. Dans notre société occidentale, il est en général mal vu d'être jaloux, sauf dans l'état amoureux. La jalousie est alors non seulement signe d'amour, mais revendiquée comme mesure de l'intensité amoureuse. Jeu sournois mensonger où se rejoue la problématique primaire œdipienne. L'autre, enfin accepté s'il est tout à moi, rien qu'à moi et pour moi tout seul.

Le jaloux amoureux se dit lucidc, il voit tout, il surveille tout, il devine tout sous prétexte d'amour. L'engrenage de l'imaginaire-vérité est inimaginable. Dire « je t'aime » à quelqu'un ne signifie pas « Tu es à moi ! » ou « Je suis à toi ! » La jalousie, dans un couple, c'est une façon haineuse de dire son désir de ne pouvoir s'approprier l'autre, une façon de ne pas admettre qu'il est impossible de s'approprier la vie de l'autre. Crier à la trahison, c'est croire que l'autre doit nous appartenir parce qu'il y a eu « échange de promesses d'appartenance » prises pour des paroles d'amour.

La jalousie n'a pas lieu d'être lorsque le choix de chacun est le fruit d'une rencontre profonde et respectueuse. Pour un plaisir du tout-venant, ne confondons pas l'amour avec l'emprise. Cela n'exclut pas la souffrance si l'être aimé s'en va. Cela exclut la haine et la vengeance.

Lorsque, dans l'imaginaire, le jaloux se croit trahi, c'est la porte ouverte au passage à l'acte – qui peut aller jusqu'au meurtre. Pour lui, c'est toujours la faute de l'autre, c'est l'autre qui le rend jaloux. Le jaloux génère sa souffrance dans une solitude morale désespérée. Il vit dans une bulle en dehors du réel des échanges. Il se nourrit et oscille entre des fantasmes de narcissisme grandioses ou d'images de lui-même en état de victime incomprise et rejetée.

L'important, dans la ligne de conduite du jaloux, c'est non seulement de ne pas se laisser faire par l'autre, mais encore de savoir en profiter… C'est la recherche du profit immédiat, « pour moi d'abord », aux dépens du respect de l'autre et de la vie elle-même. C'est rejoindre la horde, c'est se placer hors la loi.

Mao Tsé-toung a vingt-quatre ans, en 1917, quand il écrit son premier livre, *Un système d'éthique*. Il y déclare : « Bien entendu, il y a dans le monde des gens et des objets, mais tous ne s'y trouvent que pour moi. » Sa personnalité dépourvue d'éthique aurait pu déjà inquiéter…

Pour devenir sujet, il y a inéluctablement à vivre de la perte. Cela est dû à notre situation d'êtres différenciés, différents. Enfants, nous avons à faire le deuil d'être fille et non garçon, d'être garçon et non fille, d'être nous-mêmes et pas un autre. Nous avons à perdre l'ineffable sensation d'être tout dans l'autre. Lorsque, adulte, nous sommes restés en panne symbolique, la naissance d'un enfant vient questionner là où quelque chose n'est pas assez viable chez les parents. L'enfant met en scène la problématique familiale parentale. Le symptôme est une reprise questionnante de l'impasse dans laquelle se trouvent non seulement l'enfant, mais aussi ses parents et les générations antérieures. C'est l'occasion « privilégiée », pourrait-on dire, grâce à l'enfant, de repenser l'histoire, de reposer les questions vitales restées sans réponse de la dynamique œdipienne familiale. Les enfants remettent en chantier des questions fondamentales sur la vie, la mort, l'identité sexuelle, la justesse du lien par rapport à chaque place familiale.

Comme nous ne pouvons jamais avoir tout, le manque nous permet de nous nourrir de la diversité et de la richesse humaine des autres, de nous ouvrir à la joie de la rencontre et des échanges. Chacun a à apprendre de l'autre, et c'est justement dans l'humilité de la rencontre que la joie jaillit et non dans le leurre de la complétude imaginaire d'être le plus fort ou d'utiliser l'autre comme un objet, ce que nous retrouvons dans tous les passages à l'acte de violence. Nier la jalousie ou prétendre qu'il suffirait d'être juste pour l'éviter, c'est un leurre qui la déplace en premier lieu et qui la suractive dans le deuxième cas. Vouloir être le seul, l'unique, c'est le fantasme de chaque humain, pour faire perdurer la première relation qu'il a eue avec sa mère, avec l'espérance d'être toujours le premier. Reconnaître ce fantasme, s'en décrocher, c'est difficile pour tous. Il est nécessaire de se reconnaître vulnérable et mortel, c'est la position d'humilité et de fraternité qui permet de vivre dans la différence acceptée au milieu des hommes.

Universalité des contes et de la jalousie

À travers les contes, qui viennent de toutes les cultures et sont transmis oralement de génération en génération, ce livre propose de saisir ces chants du monde qui disent, sur un plan métaphorique, le parcours intérieur des hommes et des femmes aux prises avec ce sentiment originel et universel. Car la jalousie, sans distinction d'origine et de couleur, fait souffrir chaque être humain. Les épreuves de la jalousie, rencontrées à toutes les étapes de la vie humaine, sont merveilleusement illustrées par les contes de tous horizons.

La coutume donne aux Africains la possibilité de consulter des guérisseurs, soit pour se protéger de la jalousie des autres, soit pour jeter un mauvais sort à leurs rivaux. Cela évite bien des violences physiques, mais comporte le risque de nourrir copieusement les délires et de couper peu à peu l'individu de la réalité, ne laissant aucune place pour le doute, et l'amenant à prendre des pensées pour vérités, quoi qu'il puisse arriver.

En Chine, dans plusieurs récits[1], l'histoire des dieux et de leur descendance ne fait pas l'économie de la jalousie. La descendance de l'empereur Jun, dieu mythologique, ne manque pas de pittoresque :

« L'empereur Jun avait donné naissance à Yan Long. Celui-ci avait pour descendant Si You. Le pays de ce descendant se divisait en deux groupes : les Si Shi, qui n'épousaient pas de femmes ; les Si Nu, qui n'épousaient pas d'hommes. Ils se nourrissaient d'animaux et de fruits, et avaient à leur service léopards, tigres, ours et panthères. »

Ils n'avaient pas besoin de descendance, puisqu'ils étaient immortels… Jolie façon de régler les histoires de famille !

Depuis la plus haute Antiquité, le peuple chinois a toujours été fasciné par le Cosmos et par la Lune. Les mythes ont peuplé ces espaces, en particulier la Lune.

« Jadis on prétendait qu'il y avait dans la Lune un cannelier et un crapaud. D'après les livres, qui racontent des choses étranges, le cannelier était haut de cinq mille pieds, et à ses pieds se trouvait un homme. Il donnait sans interruption des coups de hache contre le tronc de l'arbre, mais chaque entaille se refermait aussitôt après les coups. L'homme portait le nom de Wu Gang. Il avait eu le tort de vouloir devenir immortel, comme les dieux. Les dieux lui avaient assigné cette besogne sans fin pour le punir de sa jalousie. »

Bien que les mythes chinois sur les origines de l'univers se perdent dans la nuit des temps, les textes qui s'y rapportent ne sont apparus qu'à l'époque des royaumes combattants

1. La Mythologie chinoise, Yan Hanscheng, Suzanne Bernard, Librairie You-Feng, 2002.

(476-221 av. J.-C.). Certains textes racontent l'union frère-sœur pour assurer la perpétuation de l'espèce.

« […] Au temps où l'Univers venait d'être séparé en ciel et terre, Fu Xi et Nu Wa, frère et sœur, habitaient dans le mont Kun Lun. Comme il n'y avait pas encore de peuples dans le monde, ils discutèrent de leur réunion, mais cette pensée les remplissait de honte. Le frère conduisit sa sœur sur la montagne et pria : "Ô Ciel ! Si vous voulez que nous soyons mari et femme, réunissez ces deux colonnes de fumée ; sinon, qu'elles disparaissent ! » Aussitôt, les fumées se réunirent et la sœur alla embrasser son frère. Par pudeur, Nu Wa tressa des herbes en éventail pour se cacher le visage. Aujourd'hui, lors d'un mariage, la nouvelle mariée doit tenir un éventail à la main : c'est le rappel de cet événement. »

On peut encore voir aujourd'hui des briques sculptées, datant des Han, qui représentent l'accouplement de Nu Wa et de Fu Xi. Dans les sociétés primitives chinoises et dans le monde des dieux, l'union entre frères et sœurs était fréquente, bien que peu encouragée.

Dans le panthéon des dieux de l'Inde, Ganesh est une divinité mi-homme, mi-éléphant. La légende le fait naître de sa mère, Parvati, et de son père, Shiva. Parti en campagne, son père ne le connaît pas. À son retour, il vient voir Parvati, elle est partie se baigner et n'est pas visible. Elle fait garder sa porte par leur fils Ganesh, qui interdit l'entrée. Shiva croit être trompé par sa femme et coupe la tête de son fils, qu'il prend pour un amant. Face au désespoir de Parvati, Shiva promet de redonner vie à leur fils en prenant la tête du premier vivant qu'il rencontrera. C'est un éléphant porteur d'une seule défense, d'où l'effigie célèbre qui représente Ganesh avec une tête d'éléphant.

Ganesh devient donc, en Inde, le gardien des temples et des maisons contre la jalousie. Son image bienveillante accompagne toute vie.

Si ce dieu animal protège les humains de la jalousie, les animaux ignorent ce sentiment. Il est pourtant fréquent d'entendre dire que les animaux domestiques ont des manifestations de jalousie. Les vétérinaires connaissent bien ces symptômes qui surgissent lors de changements dans leur monde familier. Il peut arriver en effet que, dans une famille, lorsqu'un enfant naît ou après le mariage d'un maître, un animal domestique ne mange plus – le chat, par exemple – ou qu'il se mette à boiter ou à s'agiter anormalement – plutôt le chien. Il ne s'agit pas de jalousie. Les animaux n'ont pas la possibilité de représentation et d'identification. Il s'agit de la perte d'un « objet d'empreintes » qui les désorganise et les insécurise. Cela enclenche des changements de comportement. Seuls les êtres de langage, capables d'abstraction et de représentation, peuvent ressentir et souffrir de la jalousie.

C'est pour bien mettre en relief l'universalité de la jalousie que j'ai choisi un corpus rassemblant des contes de diverses cultures (inuit, chinoise, japonaise, italienne, russe...). C'est ainsi l'occasion pour le lecteur de relire des contes qu'il a déjà entendus ou lus (comme « Peau d'Âne » ou « Cendrillon » – dans une version bien particulière cependant...), mais aussi de découvrir de nouveaux récits, de tous horizons.

Grâce à ses nouveaux outils, la psychanalyse offre un accès à l'inconscient, mais cela ne veut pas dire que l'humanité n'y a pas eu accès auparavant par d'autres chemins. D'une façon différente, les contes ont ainsi permis une expérience intime d'élaboration et la psychanalyse vient approfondir ce travail. Bruno Bettelheim a, le premier, initié une relecture des contes dans une perspective analytique[1]. C'est un échange riche et, comme dans tout échange, nul ne détient la totalité du savoir et la totalité du pouvoir. L'échange ouvre à l'altérité et à la liberté, comme la forme même du conte.

1. Bruno Bettelheim, *Psychanalyse des contes de fées*, Robert Laffont, 1976.

Chapitre I

Il était une fois… la jalousie homme-femme

Les contes des *Mille et Une Nuits*

Mes premières recherches se sont naturellement tournées vers les contes des *Mille et Une Nuits,* qui ont enchanté mon enfance. De quelles sources ces contes des *Mille et Une Nuits* proviennent-ils ?

Historiquement, le premier noyau des *Mille et Une Nuits* est d'origine persane, probablement de Bagdad, capitale du monde musulman aux alentours du VIIIe siècle. À partir du XIe siècle, c'est l'Égypte qui prend le relais de la Perse, avec des contes merveilleux. Au début du XIIe siècle viennent s'ajouter de nombreux contes d'origines diverses, d'Arabie, de Byzance, des croisades, du monde turco-mongol. Épopées, romances amoureuses, nouvelles historiques et contes illustrant des thèmes d'édification ne cessent alors d'enrichir la tradition.

Dans l'ancien Orient, le temps se compte en nuits et non en jours. Le sujet de départ de ces contes est la colère d'un roi trompé par sa femme. Il décide de se venger d'elle et de toutes les femmes. Il en consomme une chaque soir et la fait tuer au matin. Son royaume est épouvanté. La fille de son vizir, Shahrazâd, ayant demandé à être choisie, propose de lui conter une histoire. Pour Shahrazâd, chaque nuit ouvre à la vie et à la mort. Elle doit ménager un suspense dans son récit pour en faire désirer la suite. Elle doit faire accepter l'idée du manque au roi et, sans cesse, relancer ainsi son désir.

Le roi, apaisé, sort de sa position haineuse. Ce changement lui permet de trouver la douceur du compagnonnage – l'un des besoins fondamentaux de l'humain pour partager les épreuves et les joies. Le roi accepte d'échanger la parole, de la risquer au filtre de l'autre. Il accepte d'être bousculé, dérangé, enrichi. Il est anobli par l'altérité consentie.

Nous allons découvrir en détail le chemin parcouru grâce à Shahrazâd.

La structure du conte est très intéressante dans sa façon de camper les personnalités masculines principales.

Il s'agit d'un roi et de ses deux fils. Ceux-ci règnent dans leurs royaumes respectifs, hérités de leur père. Il n'est question ni de leur mère ni de leurs épouses, mais de la bravoure guerrière exceptionnelle de l'aîné, « qui ne restait jamais sans laver un affront ». Cela nous indique d'emblée que c'est l'orgueil et la force qui gèrent le pouvoir et sur lesquels repose le code d'honneur. Le fils aîné, Shahriyar, décide de revoir son frère Shahzamân. Il envoie son vizir lui porter une invitation ainsi qu'une caravane acheminant des cadeaux, des joyaux, des étoffes et de « belles jeunes filles vierges ».

La femme n'apparaît qu'en tant qu'objet de consommation. Elle est une marchandise née pour le plaisir de l'homme, qui nie sa position égalitaire.

Voyons le déroulement du récit.

[Shahzamân, le jeune frère, s'empresse de répondre à l'invitation et prend la route : Mais, dans le milieu de la première nuit,] « il s'aperçut d'un oubli qui le fit retourner sur ses pas. Il rentra dans son palais et trouva son épouse étendue sur le lit royal, enlacée à un esclave noir du service des cuisines. Ce

spectacle le plongea dans les ténèbres. Il se dit : "S'il en est ainsi alors que je viens de quitter la ville, que fera cette putain pendant le temps où je serai chez mon frère ?" Il dégaina son sabre et frappa à mort les deux amants. Il traîna les deux cadavres dans les fossés du palais. De retour au camp, il fit battre tambour et donna l'ordre du départ. Arrivé au palais de son frère, il dépérit malgré les fêtes organisées pour lui. Il refusa même d'aller chasser avec lui pour quelques jours. Il eut ainsi l'occasion, par les fenêtres grillagées du palais, de voir s'ouvrir la grande porte et entrer vingt jeunes servantes, dix blanches et dix noires. Croyant son beau-frère parti et le palais vide, la femme de son frère s'avançait en cette compagnie, toute de grâce et de beauté. Le cortège parvint près d'une vasque. On s'assit autour du jet d'eau, tout le monde se déshabilla et il se révéla que les servantes noires étaient des hommes. La reine cria alors un nom, Mas'ûd ; un esclave noir sauta du haut d'un arbre et la rejoignit. Il lui mit les jambes en l'air, se glissa entre ses cuisses et la posséda. À ce signal, chaque esclave s'unit à l'une des jeunes filles… Lorsqu'il vit tout cela, le jeune roi se dit : "Par ma foi, mon malheur est moins grand que celui de mon frère, j'ai été moins humilié et affligé que lui, dont le harem accueille dix esclaves noirs déguisés en servantes. Ce qui s'est passé là est bien plus terrible que ce que j'ai enduré."

« Il s'en fut donc boire et se restaurer jusqu'au retour de son frère. À son retour, l'aîné s'étonna en constatant que son jeune frère avait retrouvé ses couleurs.

« "Explique-moi ce qui s'est passé, lui dit-il.

« – Pour ce qui est de ma pâleur, lui répondit son frère, je veux bien t'en parler. Mais pour ce qui est de mes couleurs, permets-moi de le taire."

« Cependant, sous ses insistances, Shahzamân lui expliqua

son malheur et lui révéla le sien. En rage, Shahriyar ne le crut pas, il voulut voir de ses propres yeux la trahison de sa femme. Il fit savoir qu'il partait trois jours à la chasse, se déguisa et revint au palais où l'attendait son frère. Ils se postèrent à la fenêtre grillagée… Les deux frères assistèrent ensemble à la même scène décrite plus haut. Tout bouleversés, ils décidèrent de quitter leur royaume :

« "Quittons ces lieux et partons en quête de l'amour de Dieu. Nous n'avons pas besoin de régner. Allons voir de par le monde si pareil malheur est arrivé à d'autres. Si nous sommes seuls à l'avoir connu, mieux vaut préférer la mort." »

Remarquons qu'il n'est encore question que de mesurer leur humiliation – humiliation qu'ils font eux-mêmes subir aux autres.

Chez les deux frères, la trahison est vécue avant tout comme une atteinte à leur virilité, à leur honneur. Pour l'aîné, le plus brave guerrier, l'humiliation est décuplée. Le récit insiste sur la négritude des partenaires. Comment leurs femmes peuvent-elles leur préférer un homme non seulement sans qualification honorifique, mais un homme qui est le plus bas dans l'échelle sociale et le plus renommé pour ses prouesses sexuelles comme un animal en rut ? Leur virilité est bafouée. Le degré de leur humiliation reste proportionnel à leur rang de naissance respectif. La hiérarchie entre eux est respectée même dans la trahison. Avec une ironie grinçante, le récit indique que le droit d'aînesse permet d'être plus particulièrement humilié.

À la suite de ces deux récits d'infidélité traités de façon historique, comme des faits vécus, le conte se poursuit tel un songe cauchemardesque.

Nous retrouvons les deux frères « se désaltérant auprès d'une source et se reposant à l'ombre d'un arbre ». La source peut être lue une image maternelle et l'arbre comme une image paternelle.

L'introduction de ce passage permet l'interprétation. Elle ouvre à une allusion métaphorique de la petite enfance commune des deux frères auprès de leur mère et de leur père.

« Ils s'assirent pour prendre du repos. Au bout d'un moment, la mer fut soulevée comme par un tourbillon, et il en surgit une colonne noire, dressée vers le ciel, qui se dirigeait de leur côté. Les deux hommes furent saisis de peur et grimpèrent tout en haut du grand arbre, où ils se trouvèrent protégés par le feuillage. Ils regardèrent ce qui s'était passé et virent apparaître un démon d'une taille immense qui avait un crâne énorme et une large poitrine. Il portait sur la tête un coffre de cristal à quatre serrures d'acier... De ce coffret sortit une adolescente d'un éclat sans pareil... Le démon la regarda et lui dit : "Ô reine des femmes libres, enlevée le jour de ses noces, je désire dormir un peu." Il posa sa tête sur ses genoux, il tendit ses pieds qui touchèrent le rivage et il s'endormit. La jeune fille leva les yeux vers le feuillage et elle y aperçut les deux rois. Elle souleva la tête du démon, la posa sur le sol et se mit debout. Elle fit signe aux deux hommes de descendre sans crainte.

« Elle s'étendit sur le dos, écarta ses cuisses :

« "Frappez hardiment de la lance, leur dit-elle, donnez-moi la charge. Ou je le tire de son sommeil."

« Shahriyar, l'aîné, terrorisé, demanda à son frère d'obtempérer.

« "Je n'en ferai rien si tu ne le fais d'abord", répondit son frère.

« Ils étaient ainsi à se disputer pour savoir qui la baiserait le premier.

« "Qu'avez-vous donc à chamailler de la sorte ? dit-elle. Obéissez ou je le réveille."

« Effrayés, ils s'exécutèrent l'un après l'autre. »

Voilà une situation œdipienne incestueuse bien campée. Le démon est une image paternelle puissante et effrayante ayant droit de vie et de mort. Il demande pourtant à s'endormir comme un enfant, la tête sur les genoux d'une mère et les pieds près des eaux amniotiques. Cela traduit le niveau affectif dans lequel il est lui-même resté.

« [...] la mer fut soulevée [...] par un tourbillon, et il en surgit une colonne noire. » Les hommes sont terrorisés comme des enfants. Ils grimpent en haut de l'arbre et se cachent. Ils sont terrorisés par ce qu'ils voient et qui ne devrait pas être vu, c'est-à-dire une scène primitive. Cela renvoie aux fantasmes originaires des relations sexuelles parentales qui, vues ou fantasmées, sont interprétées par les enfants comme une agression paternelle sur la mère. Elles terrifient les enfants autant qu'elles peuvent les exciter. En effet, tout enfant recherche son origine. Dès lors, il est nécessaire que l'union sexuelle homme-femme lui soit dite pour qu'il s'inscrive dans sa filiation et qu'il connaisse la rencontre des désirs dont il est issu. C'est lui révéler par la parole sa place dans sa vérité symbolique. Cela constitue une donnée fondamentale pour ouvrir à la différence des sexes et à l'interdit de l'inceste. Or, dans ce passage, aucune parole.

Assister très jeune aux relations sexuelles de ses parents est traumatisant. L'enfant n'a pas la possibilité psychique d'élaborer cette scène. C'est ce dont il est question dans ce récit : les relations homme-femme réduites à un rapport de force.

Nous pouvons observer combien chaque protagoniste doit posséder l'autre comme un objet sous peine de mort. Leurs relations sont des relations de pouvoir, de chantage, nourries par la peur. La jalousie est à l'œuvre. Il n'y a aucune acceptation des limites données par la loi. L'homme, en dictateur redoutable, dispose ou croit pouvoir disposer d'un pouvoir absolu sur les autres. Les deux frères sont sommés de partager la même femme. L'aîné se dérobe de la première place, que le deuxième refuse. « Effrayés, ils s'exécutèrent l'un après l'autre », mais nul ne saura dans quel ordre. La hiérarchie découlant du droit d'aînesse a disparu devant la crainte de la mort. Il s'agit très clairement d'une association symbiotique contre le tiers, une association des deux frères contre le père et la mère. Si la figure du père est terrorisante, la figure maternelle est celle d'une mante religieuse. La femme est non seulement réduite à un vagin dévorant, mais, en outre, elle ne vit que de trahison – comme le proclame le poème qui clôt cet épisode :

« Jamais à femme ne te fie !
Jamais n'écoute ses serments,
Qu'elle soit satisfaite ou furie,
Tout de son vagin dépend. »

Cet épisode fantasmatique résume la butée œdipienne sur laquelle sont restés bloqués ces deux hommes. Ils se sont enfermés dans un narcissisme exacerbé et demeurent piégés dans la haine du père et le mépris de la femme. La violence du spectacle de la femme engloutie dans son désir de l'autre sexe répond à l'appétit sexuel des esclaves noirs du conte. C'est un rut vengeur, tel que peut l'imaginer un homme aux prises avec la jalousie. Ni l'un ni l'autre des deux frères n'a pu encore avoir de fils. Comment en effet vouloir un fils quand le fils en soi désire tuer le père et méprise la mère ?

Il faudra donc tuer les femmes censées être, au matin, porteuses d'un fils, puisque le fils annonce la mort du père. La folie jalouse entraîne la rupture de la transmission et crée une solitude invivable. Comment faire place à une femme, à des enfants, sinon en acceptant la loi de la différence et de la succession des générations.

Le récit se poursuit après le poème.

« Les deux rois restèrent stupéfaits. "Voilà un démon, qui, donc, a subi un plus grand outrage que le nôtre. Cela doit nous consoler." Ils décidèrent de repartir sur l'heure et ils s'en revinrent à la capitale de Shahriyar.

« De retour à son palais, celui-ci fit décapiter son épouse, ses servantes et esclaves. Il combla son frère de cadeaux et de richesses de toutes sortes et il le renvoya à Samarkand.

« Il décida alors d'épouser chaque jour une jeune fille, enfant de princes, de chefs d'armée, de commerçants ou de gens du peuple, de la déflorer et de l'exécuter la nuit même. Il pensait qu'il n'y avait sur terre aucune femme vertueuse. Cela dura trois ans. Le tumulte s'empara de la ville. Les familles faisaient disparaître leur fille et il ne resta bientôt plus de vierges nubiles. »

C'est l'impasse. Les deux fils ont assouvi momentanément la haine du père en constatant chez lui un plus grand outrage que celui qu'ils ont subi. Ils restent ainsi unis dans leur humiliation et dans leur haine.

Les deux frères se retrouvent dans une alliance jalouse. Ils sont incapables de supporter la plénitude d'une femme enceinte, plénitude dont ils seraient exclus alors qu'ils en ont eux-mêmes bénéficié pleinement – comme le suggère le songe, « auprès de la source et à l'ombre de l'arbre » – dans leur petite enfance.

La relation jalouse qui les unit contre le tiers tue le champ de la parole, elle réduit la relation à la dualité, à la possessivité et à l'exclusion. La vie est confisquée au profit de passages à l'acte répétitifs qui ne peuvent aboutir qu'à une impasse. La jouissance, prise pour une fin en soi, ne peut être que mortifère. C'est un engloutissement de la dimension de l'altérité.

Bientôt, le jeune frère disparaît du conte ; c'est l'aîné seul que la suite du récit met en scène.

Le roi vit dans la peur d'être exclu en ramenant tout à lui et il fait tout pour être lui-même exclu. Il ignore le sentiment de culpabilité puisqu'il s'exclut de la vie des autres.

«Il pensait qu'il n'y avait sur terre aucune femme vertueuse.» C'est l'exemple même de la fermeture de la pensée: ce qu'il pense, c'est vrai. D'un fait, il crée une vérité universelle. Père ou mère ont dit ou ont fait cela, la terre entière en porte la marque. L'altérité est barrée dans une bouderie jalouse. L'autre n'existe pas. Sa vérité est «la» vérité. Pour écarter le risque de la confrontation, cette dernière n'est pas envisageable.

Reprenons le conte.

«Un soir, le souverain demanda à son vizir de lui fournir, comme d'habitude, une femme. Le vizir fit de vaines recherches. Il rentra chez lui irrité et abattu, craignant pour lui-même.

«Il avait deux filles d'une très grande beauté, bien prises, de taille achevée. L'aînée s'appelait Shahrazâd, la plus jeune Dunyazâd. La première avait dévoré bien des livres: annales, vies des rois anciens, histoires des peuples de l'Antiquité, ouvrages de médecine. On disait qu'elle avait réuni mille livres touchant à ces peuples, aux rois de l'Antiquité et à leurs poètes. Elle dit à son père: "Pardieu, mon père, laisse-moi épouser ton roi. Ou bien je triompherai et je délivrerai les jeunes femmes des griffes du roi, ou bien je suivrai le sort de celles qui ont péri." Le vizir, son père, l'accompagna chez le roi, qui fut fort satisfait. Lorsqu'il voulut consumer l'union, Shahrazâd se mit à pleurer. Il lui demanda ce qu'elle avait.

« "Sire, dit-elle, j'ai une jeune sœur à qui je voudrais faire mes adieux."

«Le roi la fit quérir. Dunyazâd se présenta, elle se jeta au cou de sa sœur puis elle alla se placer au pied du lit. Le roi se leva et déflora Shahrazâd. Après quoi, les époux s'assirent et se mirent à bavarder. La sœur, complice de Shahrazâd, dit alors:

« "Pardieu, ma sœur, raconte-nous une histoire pour égayer notre veillée.

« – Bien volontiers et de tout cœur, répondit Shahrazâd, si ce roi aux douces manières le veut bien."

« À ces mots, le roi, qui fuyait le sommeil, fut joyeux d'écouter un conte.»

« Si ce roi aux douces manières le veut bien » : cette remarque atteint des sommets d'ironie et se passe de commentaire.

Grâce à la présence de Dunyazâd, que Shahrazâd a réclamée, la situation des deux sœurs présente un effet de miroir avec celle des deux frères. Leur alliance est naturelle au roi, il ne la refuse pas : il avait un frère, Shahrazâd a une sœur. Cela va permettre à la jeune femme de ne pas rester dans une relation duelle avec le roi et d'ouvrir le dialogue avec un tiers. Il faut de la ruse pour triompher de l'inacceptable. Shahrazâd replace le roi dans une situation enfantine de fratrie : il se montre joyeux d'écouter un conte, comme l'enfant qu'il est resté, avant de s'endormir.

[Chaque soir, cela se répéta, pendant mille et une nuits.]

« Pendant tout ce temps où elle avait raconté, Shahrazâd avait donné au roi trois garçons. Quand elle eut terminé l'histoire du savetier, elle se leva, et baisa le sol aux pieds du souverain et lui dit :

« "Ô roi de ce temps, unique en son siècle et jamais égalé, je suis ta servante et, depuis mille et une nuits, je te rapporte les récits des Anciens et les enseignements de ceux qui nous ont précédés. Puis-je espérer que, dans ta grandeur, tu me permettes de formuler un souhait ?

« – Oui, et tu seras exaucée, Shahrazâd."

« Elle fit appeler nourrices et eunuques et ordonna qu'on lui amène les enfants, ce qui fut fait immédiatement. Ils étaient trois : le premier marchait déjà, le deuxième se traînait sur les

genoux et le troisième était toujours au sein. Dès qu'ils furent là, elle les prit, les déposa aux pieds du souverain et baisa le sol devant lui.

« "Sire, roi de ce temps, lui dit-elle, voici tes fils. J'émets le vœu que tu sois généreux envers eux et que tu m'accordes la vie sauve. Si tu me mettais à mort, ils perdraient leur mère, et tu ne trouverais nulle autre femme pour savoir les élever."

« Le souverain fondit en larmes, serra les petits contre sa poitrine et s'écria :

« "Shahrazâd, je le jure, par Dieu, que j'avais décidé de te laisser en vie avant même de les voir pour avoir constaté à quel point tu étais chaste, pure, bien née et pieuse. Bénie sois-tu, ainsi que tes père et mère, tes aïeux et tes descendants. Je prends Dieu à témoin que je t'ai pardonné et qu'il ne te sera fait aucun mal."

« Au comble du bonheur, Shahrazâd lui baisa les mains et les pieds et lui dit :

« "Que Dieu t'accorde longue vie, et surcroît de vénération et de majesté."

« La joie se répandit dans le sérail et dans la ville. Ce fut une de ces nuits qui comptent dans les vies, plus illuminées que ne se règle le jour. Au matin, le roi se leva heureux, le cœur inondé de bonheur. Il fit rassembler les troupes et, sur leur front, revêtit le vizir, père de Shahrazâd, d'une magnifique robe d'honneur.

« "Dieu te couvre de sa protection, lui dit-il, pour cette fille généreuse que tu m'as donnée en mariage. Grâce à elle, j'ai renoncé à faire exécuter les jeunes filles de ce pays. Elle s'est révélée femme de qualité, probe, chaste, vertueuse, et Dieu m'en a donné trois héritiers mâles. Louange à Lui, qui m'a comblé de cette faveur insigne."

« Il offrit une robe d'apparat à tous les vizirs et aux dignitaires

de l'État. Il fit pavoiser la ville pour une fête qui dura trente jours sans que nul habitant n'ait à débourser le moindre sou… Le roi multiplia les aumônes… n'oublia aucun des sujets du royaume. Entouré de toute sa maison, il régna dans la prospérité et le bonheur, dans les délices et la joie jusqu'au jour où arrive celle qui met un terme aux plaisirs d'ici-bas et disperse les assemblées.

« Magnifié soit Celui que nul ne saurait anéantir la fuite du temps Prière et Salut sur Son insigne manifestation, le meilleur de Sa création. Notre seigneur Muhammad, le commandeur des croyants, que nous prions d'intercéder auprès de Lui en notre faveur pour signer notre conclusion. »

À notre tour, remercions Shahrazâd d'avoir su relier la parole au corps. C'est ce lien invisible qui rend l'amour possible entre deux êtres.

Les mots cherchent à s'incarner dans la sexualité, et la sexualité a besoin des paroles pour sortir de l'animalité et s'humaniser. Les deux sont indissociables ; si l'un manque, le couple n'est plus un couple, mais une association désertée par l'harmonique subtile de l'amour.

Le roi a été humanisé par les paroles de Shahrazâd. Il pleure. « Je prends Dieu à témoin que je t'ai pardonné. » De quelle faute Shahrazâd serait-elle porteuse, si ce n'est d'être une femme ? Un être différent, enfin accepté comme tel, différence qui fonde l'humain. Aujourd'hui, le roi admire Shahrazâd. « Au matin, [il] se leva heureux, le cœur inondé de bonheur. »

La femme est devenue une compagne.

Parce que la différence morphologique de la femme la prédispose à l'intériorité, elle est vouée à formuler son désir pour le rendre visible. La parole est appelée par son corps pour mener la vie à son accomplissement. Cette différence vient en complément du génie de l'homme, dont la spécificité morphologique l'entraîne à se projeter vers l'extérieur, à percuter pour se sentir viril, à tendre vers l'objet de son désir. Lorsqu'il donnera la vie, à l'âge de la maturité, l'amour arrivera à s'associer à son désir, dans la mesure où il prendra conscience de sa responsabilité devant les fruits de son acte.

Les Six Frères cygnes

Dans ce conte de Grimm, nous trouvons le personnage d'une femme aux prises avec un sentiment de jalousie envers son mari. C'est une femme encore nouée à sa mère. Nous ne nous attarderons que sur elle et son époux au début de ce conte, dont nous reparlerons lorsque nous étudierons les relations frère-sœur.

« Il était une fois un roi qui chassait dans une grande forêt et qui avait mis tant d'ardeur à poursuivre son gibier que personne de sa suite n'avait pu garder le contact. Comme le soir tombait, il s'arrêta et regarda autour de lui. Il s'aperçut alors qu'il était égaré. Il chercha à sortir de la forêt, mais il ne trouva aucune issue. Il vit alors venir vers lui une vieille femme dont le grand âge faisait branler la tête. C'était une sorcière !

« "Ma brave femme, lui dit-il, ne pourriez-vous pas me montrer le chemin pour sortir de la forêt ?

« – Mais certainement, sire le roi, je le puis parfaitement, lui répondit-elle, mais à une condition, et si vous ne l'acceptez pas vous ne pourrez jamais sortir de la forêt, où il faudra que vous mourriez de faim.

« – Quelle est cette condition ? demanda le roi.

« – J'ai une fille si belle que vous ne trouverez pas sa pareille sur terre, dit la vieille ; elle est en tous points digne de devenir votre épouse. Si vous consentez à faire d'elle la reine, je vous montrerai le chemin pour sortir de la forêt."

« Dans l'angoisse de son cœur, le roi accepta et la vieille le conduisit jusqu'à une petite maison, où sa fille se tenait au coin du feu. Elle accueillit le roi comme si elle l'attendait. Il put constater qu'elle était extrêmement jolie, mais elle ne lui plaisait pourtant pas du tout, il ne pouvait la regarder sans un secret frisson d'horreur. Après qu'il l'eut prise en croupe sur son cheval, la vieille lui enseigna le chemin du retour et le roi regagna son château royal, où les noces furent célébrées.

« Le roi avait été déjà marié une fois et il avait eu sept enfants de sa première épouse, six garçons et une fille, et il les aimait plus que tout au monde. Et comme il pouvait craindre à présent que leur belle-mère ne les traitât pas bien ou qu'elle leur fît du mal, il les prit avec lui et les emmena dans un château solitaire qui se dressait au cœur d'une forêt. Ils y étaient si bien cachés, et le chemin si difficile à découvrir que le roi lui-même n'y serait jamais arrivé sans une pelote de fil douée d'une vertu magique que lui avait donnée une fée. Il n'avait qu'à laisser tomber cette pelote devant lui ; elle se déroulait toute seule et lui montrait le chemin.

« Mais le roi s'absentait si fréquemment pour aller voir ses chers enfants que la nouvelle reine eut soupçon de quelque chose et chercha à savoir avec qui il pouvait bien avoir à faire ainsi, tout là-bas, au fond de la forêt. Elle en était si curieuse et elle donna tant d'argent aux serviteurs qu'ils finirent par lui révéler le secret des enfants cachés dans le château secret, auquel on ne pouvait arriver qu'à l'aide de la pelote de fil qui montrait le chemin. Alors, elle n'eut plus de tranquillité tant qu'elle n'eut pas découvert l'endroit où le roi gardait son fil magique. Elle s'empressa de coudre des petites chemises de soie auxquelles elle mit un sortilège, parce qu'elle avait appris la sorcellerie de sa mère. Profitant d'un jour que le roi était à

la chasse, elle prit les petites chemises et gagna la forêt, où la pelote se déroula pour lui indiquer le chemin. Les enfants, qui avaient vu quelqu'un venir de loin, crurent que c'était leur père bien-aimé et coururent à sa rencontre en sautant de joie. Alors, elle jeta sur chacun d'eux une petite chemise, qui, en touchant leur peau, les transforma à l'instant même en cygnes. Et les cygnes s'envolèrent et s'éloignèrent par-dessus la forêt. Sur quoi la reine, satisfaite et heureuse, rentra au château royal en croyant s'être définitivement débarrassée de ces enfants nés d'une autre mère. Or, la fille, dont elle ignorait l'existence, n'était pas sortie avec ses frères et, le lendemain, lorsque le roi arriva pour visiter ses chers enfants, il ne trouva plus qu'elle au château.

« "Où sont donc tes frères ? demanda le roi.

« – Hélas ! Mon cher père, ils sont loin et m'ont laissée toute seule ici", commença-t-elle.

« Puis elle raconta au roi, son père, tout ce qu'elle avait pu voir de sa petite fenêtre, et comment ses frères, devenus des cygnes, s'étaient envolés par-dessus la forêt. Et elle lui fit voir les plumes qu'ils avaient perdues dans la cour et qu'elle avait recueillies.

« Le roi en eut un grand chagrin, mais pas un instant il ne songea que c'était la reine qui avait exécuté ce maléfice, et comme il avait peur maintenant que sa fille, à son tour, ne disparût, il voulut l'emmener avec lui. L'enfant avait une telle appréhension de voir sa belle-mère qu'elle supplia son père de la laisser une nuit encore dans le château de la forêt. Et le roi le voulut bien.

« En vérité, la malheureuse pensait à une seule chose : "Je ne m'attarderai pas ici, je vais partir à la recherche de mes frères…" »

Le conte ne donne ni commentaires ni explications à propos

du veuvage du roi. Est-ce le deuil de sa femme qui l'entraîne dans une spirale désespérée pour assouvir ses besoins sexuels ? Le conte indique seulement le soin qu'il prend de ses sept enfants. Le symbolisme universel du 7 exprime une totalité tout à fait accomplie. Nous sommes là en présence d'un homme qui est un père protecteur et aimant. Il a conscience d'un danger possible pour ses enfants. La sorcière l'a piégé dans ses débordements de besoins sexuels. Il y est enchaîné. C'est le sens de la description du roi égaré dans la forêt pour avoir « mis tant d'ardeur à poursuivre son gibier que personne de sa suite n'avait pu garder le contact ». Le conte présente un homme envahi par son monde pulsionnel à la recherche de proies pour assouvir ses besoins sans prendre en compte les gens qui l'entourent.

La forêt, dans les contes comme dans les rêves, signifie le monde pulsionnel et la vitalité. Elle est, par excellence, un lieu d'initiation. Le roi s'y perd dans sa quête sans fin. Pour se sortir de là, il fait alliance avec une sorcière, elle-même retirée du monde, en symbiose avec sa fille, pourtant en âge d'être mariée. La sorcière lui cherche un mari. Les sorcières, « vieille[s] femme[s] dont le grand âge faisait branler la tête », sont des personnages hors de l'espace-temps ; retirées du monde réel, elles vivent dans une solitude extrême, ayant acquis des pouvoirs sur le monde animal et végétal. Au contraire des fées qui sont en général toutes bonnes et belles, qui représentent la mère oblative sans ambivalence, les sorcières sont souvent laides et méchantes, et plus souvent nuisantes qu'aidantes. Celle-ci demeure seule, avec sa fille, dans une petite maison de la forêt. La fille est « extrêmement jolie, mais [...] [le roi] ne pouvait la regarder sans un frisson d'horreur ». La sorcière incarne la mère possessive, en symbiose avec sa fille, qu'elle n'a pas élevée pour qu'elle aille vers sa propre vie, mais pour qu'elle reste avec elle et demeure son instrument pour étendre son pouvoir. Il n'est bien sûr pas question de père. Consciente de l'état de perdition pulsionnelle sexuelle du roi, la sorcière va lui offrir sa fille en appât et le piéger dans ses débordements.

Les petites chemises qu'elle a cousues, indiquent la différence sexuelle des 6 garçons. La façon des chemises pour garçons et la façon des chemises de filles soulignent la différence sexuelle intime. Leur transformation en cygnes provoque l'éloignement avec leur sœur en même temps qu'avec leur belle-mère.

Le cygne est un oiseau aux migrations saisonnières qui incarne le plus souvent la lumière mâle, solaire et fécondante. N'oublions pas, dans le mythe grec, Zeus qui se transforme en cygne pour s'approcher de Léda. Le cygne représente le désir premier, c'est-à-dire le désir sexuel. Le chant du cygne qui « meurt en chantant et chante en mourant » exalte « la petite mort » du coït.

Le 6 dans la symbolique de la numérologie, est le chiffre de l'épreuve entre le bien et le mal. Dans l'Antiquité, ce chiffre était consacré à Vénus-Aphrodite, déesse de l'amour physique. Nous pouvons souligner, dans ce conte, l'importance pour ces 6 garçons de « migrer » pendant le temps de l'adolescence loin de leur sœur afin que s'opère le changement après un cycle accompli vers le chiffre 7 qui sera celui de la conscience éveillée et adulte.

Il s'agit donc dans ce conte merveilleux d'éloigner par des pouvoirs de sorcellerie la vie de ces 6 garçons dangereux à la fois pour leur belle-mère jalouse de leur existence et pour leur sœur, dans la problématique de l'interdit de l'inceste.

La fille de la sorcière est une femme incapable d'aimer puisqu'elle ne peut être que la chose unique de quelqu'un. Elle ne connaît qu'une seule place, celle de l'exclusivité, hors de toute relation triangulaire. Toute différence lui est insupportable et dangereuse ; cela ne peut que lui donner un regard jaloux, qui donne des « frissons d'horreur ». La description de cette femme répond à la perception machiste des deux frères des contes des *Mille et Une Nuits,* décrite dans ce poème :

« Jamais à femme ne te fie ! Jamais n'écoute ses serments,
Qu'elle soit satisfaite ou furie, tout de son vagin dépend.
Elle mime un amour menteur alors que traîtrise l'habille. »

Il est dit que cette fille « avait appris la sorcellerie de sa mère ». Elle ne s'en est jamais séparée et reste dans le même fonctionnement. Cela l'empêche d'accéder à la maternité – qu'elle envie, puisque c'est un « avoir » qui lui échappe. Son mariage ne lui permet pas de se libérer de l'emprise maternelle, puisqu'il est le résultat d'un chantage et d'une dette contractée par le roi envers sa mère. Le lien à son mari est avant tout celui de sa mère, le choix n'est pas le fruit de son désir propre. Elle n'est pas née à elle-même. Sa beauté, son âge servent de pièges et la relation à l'autre n'existe que grâce à la jalousie. Elle est attirée par l'autre dans un zèle destructeur ; prise dans sa mère, elle ne peut pas être prise dans un zèle d'admiration et d'ouverture. Elle est satisfaite lorsqu'elle croit « s'être définitivement débarrassée de ces enfants nés d'une autre mère ». Signe de la jalousie qu'elle porte à la relation féconde que son mari a vécue avec sa première femme. Elle n'a pas la notion de la complémentarité pour s'ouvrir à l'altérité. C'est l'exemple même de la femme jalouse qui ne peut se penser qu'à une place d'exclusivité.

Le roi, pris dans la culpabilité de son alliance avec la sorcière et dans le chagrin d'avoir perdu ses fils, refoule toute suspicion envers la reine. Sa fille, elle, garde intacte son intuition d'enfant. Elle redoute sa belle-mère meurtrière et veut la fuir. Elle va devoir affronter des épreuves pour arriver à l'âge de la maturité, et nous la retrouverons dans la recherche de ses frères (cf. chapitre 10).

Exemple clinique : Julia

Voyons quelles sont aujourd'hui les difficultés humaines dues à la jalousie qui cherche des issues.
Même de nos jours, les contes sont porteurs de sens, et nous retrouvons les mêmes problématiques dans cet exemple clinique : Julia, une femme, d'origine italienne, aînée d'une fratrie de cinq, seule fille, a souffert toute sa vie de l'idolâtrie de sa mère pour ses quatre frères. Elle est « la petite femme de son père » et ne trouve sa place que lorsqu'elle est valorisée dans les tâches dites féminines – par exemple la cuisine, où elle excelle. Adulte, elle épouse un homme aussi brillant que ses frères. Après ses études supérieures, la naissance de leurs deux enfants, un garçon et une fille, elle interrompt son ascension professionnelle pendant que son mari accède à des postes à haute responsabilité qui le conduisent souvent à l'étranger. Elle en éprouve une grande rancœur et une grande frustration. Son mari, très aimant et attentionné, souffre de l'agressivité de plus en plus envahissante de sa femme envers tous les hommes plus ou moins proches. Elle est odieuse avec son beau-père, avec ses collègues hommes et avec leur fils, dont elle ne supporte plus la présence. Avec lui, elle est dans une plainte continuelle.
Le mariage la replonge dans son marécage œdipien. Elle ne peut se détacher de la souffrance narcissique que lui a infligée sa mère et demeure dans cette pathologie maternelle. Ces deux femmes ont manqué d'une parole valorisante. Elles restent dans la déconvenue du manque et dans la dépréciation de la castration, plutôt que d'être dynamisées dans leur symbolique

féminine. Leur narcissisme défaillant les empêche de vivre une complémentarité heureuse. Pourtant, Adam n'a pu se reconnaître sexué qu'au contact d'Ève et Ève n'a pu se reconnaître femme qu'au contact d'Adam.

Cette femme va consulter lors d'une phase dépressive aiguë. Non seulement son mari a dû mettre leur fils en pension pour qu'il ait le droit de vivre, mais, en outre, elle refuse de se lever ou de s'occuper de quoi que ce soit, et elle a démissionné de son travail. La haine des autres prend toute son énergie masochiste. Elle déplace sur son fils la jalousie qu'elle éprouve envers son mari et ses frères. Elle est d'ailleurs incapable de dire « notre » fils – elle ne parle que de « son » fils.

Des mois de travail vont se révéler nécessaires pour que cette femme décroche de sa problématique familiale, pour qu'elle assume sa relation de couple. Il a fallu une dépression pour la délier d'un statut de femme vécu comme une injuste infériorité. Leur fils était le symptôme de sa propre dépréciation, il était urgent de l'en délivrer.

Chapitre II

Il était une fois… la jalousie face au désir d'enfant

Tom Pouce

La spécificité de ce conte réside dans le fait que son héros, malgré son chemin initiatique, ne va pas aboutir à la génitalité. Il retournera définitivement chez ses parents, sans avoir dépassé les stades oral et anal, répondant ainsi à leur désir de posséder un enfant-objet – avoir un enfant pour soi plutôt que pour lui-même.

Qu'appelle-t-on stade oral, stade anal ?

Le stade oral couvre la période qui s'étend de la naissance à la marche et à la parole, pendant laquelle l'enfant est complètement dépendant du maternage. Grâce à la relation maternante, il va découvrir la vie à travers son appétit à téter, à regarder, à sentir, à entendre, à toucher, à être touché. D'où la fréquence des thèmes propres à la nourriture – la faim ou la soif – et des angoisses de dévoration par les ogres, les ogresses, les loups, etc.

Au cours du stade anal, à partir de neuf ou dix mois, l'enfant découvre la joie de la mobilité. « C'est l'avènement du désir et du plaisir des découvertes motrices volontaires[1]. » Il va lui falloir des mots pour spécifier ses explorations et ses

1. Françoise Dolto, *L'Image inconsciente du corps*, Éditions du Seuil, 1984. p. 130.

expériences. Autour de trente-cinq mois, il va acquérir la propreté et la notion de son identité sexuelle : c'est la fin du stade anal. Cette grille de l'évolution recouvre les pulsions vitales : incorporation de la nourriture, expulsion du souffle et rétention / expulsion excrémentielles. Les pulsions sont vitales, mais non vivables si elles ne sont pas humanisées dans le respect de l'autre.

Ce conte, malicieux et tragique à la fois, se déroule dans l'intrication de toutes ces pulsions vitales, non dépassées pour un advenir social.

« Il était une fois un pauvre paysan assis, le soir, au coin du feu avec sa femme, qui filait près de lui, et tout en attisant le feu, il lui dit :

« "Comme c'est triste, femme, que nous n'ayons pas d'enfant ! Tout est morne chez nous, alors que chez les autres il y a de la joie et du mouvement !

« – Hélas ! soupira la femme. N'en aurions-nous qu'un seul et ne serait-il même pas plus grand que le pouce, j'en serais toute heureuse et nous l'aimerions de tout notre cœur !"

« Or, il se fit après cela que la femme tomba malade et mit au monde après sept mois un enfant parfaitement formé et bien vivant de tous ses membres, mais qui n'était pas plus grand que le pouce. Non, il n'était pas plus grand.

« "Il est ainsi que nous l'avions souhaité, dirent les parents, et il sera notre enfant bien-aimé."

« À cause de sa taille, ils l'appelèrent Tom Pouce, et ils lui donnèrent tout ce qu'il fallait, ils ne le laissèrent manquer de rien, mais l'enfant n'en demeura pas moins exactement tel qu'il était au jour de sa naissance : il ne grandissait pas. Son œil était brillant, son intelligence vive et ses gestes adroits, si bien que tout ce qu'il faisait, il le réussissait fort bien. »

Remarquons, à nouveau, combien la jalousie peut permettre

soit une ouverture à l'altérité, soit l'emprisonnement dans la sécheresse d'un désir d'objet. Ici, les deux parents sont dans un désir d'objet ; ils ressentent un manque par rapport aux voisins et ils sont comblés à la seule idée qu'il soit tel qu'il l'ait désiré. Il n'y a pas l'espace nécessaire entre l'enfant rêvé et l'enfant réel pour qu'il épanouisse son identité propre.

Notons que cet enfant ne sera porté dans le sein de sa mère que sept mois. Nous avons déjà vu le sens de complétude de ce chiffre. Sept mois de grossesse permettent la vie. Les deux mois supplémentaires ne faciliteraient-ils pas l'insertion sociale de l'enfant ? Ne stimuleraient-ils pas l'aspiration à la rencontre, l'enfant ne pouvant plus vivre dans cet espace clos avec sa mère ?

Dans la Chine ancienne, le *Houai Nan Tseu* (179 av. J.-C. Traduction de Cl. Larre) nous donne à lire cette sentence à propos de la nécessité des neuf mois de grossesse :

« Au premier mois, c'est une pâte ;
Au second mois, c'est une poche ;
Au troisième mois, c'est un fœtus ;
Au quatrième mois, il y a des chairs ;
Au cinquième mois, il y a des tendons et des nerfs ;
Au sixième mois, il y a des os ;
Au septième mois, le corps est formé ;
Au huitième mois, il remue ;
Au neuvième mois, il trépigne ;
Au dixième mois, il voit le jour. »

« Au huitième mois, [l'enfant] remue ; au neuvième [...], il trépigne » : c'est l'impatience vitale pour œuvrer à la séparation placentaire et pour aller vers la rencontre des autres êtres humains.

Il n'empêche que Tom Pouce ne va pas grandir. Il reste le petit que sa mère a désiré. Il est tout à fait satisfait de son statut de petit objet fétiche de sa mère et de son père. Celui-ci n'a pas une place identificatoire de géniteur, son enfant est un jouet, il n'est pas un être en devenir.

L'appellation Tom Pouce est paradoxale. En effet, choisir le pouce pour signifier la petitesse entre en contradiction avec la description de ce doigt, qui évoque plus la force, la vigueur, la puissance que la fragilité, apanage de l'auriculaire.

Notons comment, en Perse, l'homme peut seul se vanter du nombre de ses doigts, à l'heure de la sieste : « Je m'allonge au soleil et je repose mes vingt et un doigts... »

Avant le système métrique, institué en 1790, le pouce était une unité de mesure équivalant à douze grains d'orge ou de blé – tout se mesurait à l'aune d'une graine essentielle pour lutter contre les famines. Il est vrai que le petit doigt est associé au pauvre petit dernier de la famille, mais il possède un esprit fin et une audition exceptionnelle. Il entend tout et déjoue les complots. Dans le conte éponyme bien connu, le Petit Poucet, en dépit de son âge, apporte une protection paternelle à ses aînés. Tom Pouce, lui, possède plus les qualités du petit doigt que celles du pouce. Il est bloqué par sa taille pour devenir un homme, mais est pris dans la jouissance d'être le bouffon pour amuser et étonner son entourage. Souvenons-nous des comptines chantées et égrenées sur le bout des doigts avec les jeunes enfants.

« Une petite souris passait par là
Et sa queue traînait par ci
Celui-ci l'attrape
Celui-là la plume
Celui-là la fait cuire
Celui-là mange tout
Le petit n'a rien du tout
Lèche le plat mon petit
Lèche le plat. »

Tom Pouce lui, ne se plaint pas de sa situation, il sait à merveille en tirer les avantages.

« Un jour que le paysan s'apprêtait à sortir pour aller abattre du bois dans la forêt, il soupira :

« "Si j'avais au moins quelqu'un pour m'aider et m'amener la charrette en temps voulu dans la forêt !

« – Oh ! père, je la conduirais bien, moi !

« – Mais tu es trop petit, dit le père en riant. Comment vas-tu conduire le cheval et tirer sur les rênes ?

« – Pas d'importance, père ! Si maman veut bien atteler, je me mettrai, moi, dans l'oreille du cheval et je lui crierai comment il devra marcher.

« – Bon, dit le père, pour une fois on peut bien essayer."

« La mère attela donc le cheval, mit Tom Pouce dans l'oreille de la bête, où le petit bout d'homme se mit à commander hue et dia, droite et gauche, guidant l'attelage comme s'il avait été un vrai charretier, et la charrette suivit le bon chemin pour arriver au bon moment et à l'endroit voulu dans la forêt. »

La petite taille de Tom Pouce le maintient forcément en dépendance aussi bien dans l'action que dans la relation à l'autre. Il est astucieux, il a la langue bien pendue et il sait trouver les moyens pour arriver à ses fins.

« Comme la charrette prenait le dernier tournant, et alors que le petit homme, dans l'oreille du cheval, commandait : "Ho ! Ho !", deux étrangers qui se trouvaient là restèrent bouche bée en voyant la chose.

« "Bon sang ! Qu'est-ce que c'est que cela ? s'exclama l'un d'eux. Voilà une charrette qui arrive, on entend la voix du cocher et il n'y a personne !

« – Cela ne me paraît pas très normal non plus, dit l'autre ; suivons-la et nous verrons quand elle s'arrêtera."

« Ils suivirent la charrette qui quitta le chemin pour s'enfoncer

dans le sous-bois et venir s'arrêter exactement à la pile de bois. Tom Pouce, quand il vit son père, lui jeta joyeusement :

« "Tu vois, père, me voici avec la charrette. Maintenant, mets-moi par terre."

« Le père retint son cheval aux mors et, de l'autre main, extirpa son poucet de fils de l'oreille de la bête pour le poser à terre, où il alla, tout guilleret, s'asseoir et se reposer sur un brin de paille.

« En voyant le minuscule et hardi personnage, les deux inconnus en eurent la parole coupée d'étonnement, puis l'un deux tira son compagnon à part et lui dit :

« "Écoute, avec ce petit compère, notre fortune serait faite rien qu'à le montrer dans une grande ville contre rétribution. Il nous faut l'acheter."

« "Vends-nous le petit bonhomme, vinrent-ils dire au paysan. Nous le soignerons bien.

« – Non, répondit carrément le père, c'est mon cher petit et, pour tout l'or du monde, je ne le céderais pas."

« Mais Tom Pouce, en entendant la proposition, s'était empressé de grimper le long des habits de son père jusqu'à son épaule, où il courut lui chuchoter à l'oreille :

« "Père, vous pouvez bien me vendre à eux, je ne serai pas long à revenir."

« Sur quoi le père le vendit aux étrangers pour le prix d'une superbe pièce d'or. »

Tom Pouce est parfaitement conscient de son habileté. Il tire orgueil de sa petite taille pour épater la galerie : « [...] il alla, tout guilleret, s'asseoir et se reposer sur un brin de paille. » Remarquons combien Tom Pouce demeure dans l'identité inconsciente que lui a donnée sa mère : « le petit, et même tout-petit ». Cela équivaut à l'envie de pénis pour elle, à l'envie du pouvoir que peut représenter un enfant qui viendrait combler un manque et prendre la place d'un jouet. Tom Pouce s'est construit dans une satisfaction narcissique piégeante et se nourrit des satisfactions secondaires d'une petite enfance sans fin. C'est un farceur qui vit pour l'effet qu'il produit sur les adultes qu'il rencontre.

Lorsque les deux inconnus proposent de l'acheter, le refus du père est catégorique et l'absence de la mère impressionnante. L'insistance de Tom Pouce fait rapidement céder son père. Il semble agir selon un désir personnel en s'opposant à son père. C'est vrai qu'aller voir ailleurs lui ouvre un parcours initiatique pour franchir une étape de maturation. Mais, en fait, Tom Pouce exprime simplement son désir d'aller vérifier dans le monde son pouvoir de séduction manipulateur.

Poursuivons le récit :

« "Où veux-tu qu'on te mette ? lui demandèrent-ils au moment de partir.

« – Bah ! Mettez-moi donc sur le rebord de votre chapeau, leur dit-il ; comme cela, je pourrai me promener tout autour et regarder le paysage."

« L'un d'eux le posa donc sur le bord de son chapeau ; et après qu'il eut fait ses adieux à son père, Tom Pouce s'éloigna avec les deux inconnus, qui cheminèrent tout le reste du jour sans s'arrêter une seule fois. Le soir venu, il leur dit :

« "Hé, posez-moi donc un peu par terre, j'en ai besoin.

« – Tu es très bien où tu es, répondit l'homme qui le portait. Fais ce que tu as à faire sans te gêner, les oiseaux ne se gênent pas non plus, à l'occasion.

« – Mais non, mais non, insista le petit bout d'homme : je sais de quoi je parle et ce qui me convient. Dépêchez-vous de me poser par terre."

« L'homme leva son chapeau et déposa Tom Pouce dans l'herbe, sur le bord du talus. Il courut aussitôt jusqu'à un

champ tout proche, se faufila prestement parmi les mottes et s'enfila dans un trou de mulots qu'il avait remarqué d'avance.

« "Bonsoir, messieurs ! leur cria-t-il à l'entrée de son trou. Continuez votre route sans moi !"

« Et il éclata d'un rire moqueur.

« Et ayant échappé aux deux inconnus, il s'installa pour dormir dans une coquille d'escargot. »

Tom Pouce joue sur le double sens du mot « avoir besoin » pour se retrouver à terre et filer dans un trou de mulots. Il se cache dans ce trou, puis il se niche dans une coquille d'escargot pour dormir, retournant sans cesse à son origine, comme lové dans le ventre de sa mère.

« Il commençait déjà à somnoler quand il entendit deux individus qui passaient sur le chemin en conversant.

« "Que ce curé soit riche, d'accord, disait l'un. Qu'on puisse lui voler beaucoup d'or et d'argent, c'est entendu. Mais comment allons-nous nous y prendre ?

« – Je vais vous le dire ! cria Tom Pouce de toutes ses forces.

« – Qu'est-ce que c'est ? dit l'un des voleurs tout effrayé. J'ai entendu parler quelqu'un !" Ils s'immobilisèrent, prêtant l'oreille.

« "Emmenez-moi avec vous, je vous aiderai, reprit Tom Pouce.

« – Mais où es-tu donc ? demandèrent-ils.

« – Vous n'avez qu'à baisser le nez par terre et chercher d'où vient la voix", leur dit-il.

« Quand enfin ils le découvrirent, les voleurs l'élevèrent à la hauteur de leurs visages et lui dirent :

« "Toi, petit diablotin, comment voudrais-tu nous aider ?

« – Très facile, leur répondit Tom Pouce. Je me glisse entre les barreaux dans la chambre du curé, et, une fois dedans, je vous passe tout ce que vous voulez.

« – Allons-y, décidèrent-ils, nous verrons ce que tu es capable de faire."

« Lorsqu'ils furent au presbytère, Tom Pouce se coula à l'intérieur et, une fois dans la chambre, cria de toute la force de ses poumons :

« "Est-ce que vous voulez tout ce qu'il y a ici ?"

« Les voleurs, effrayés, le supplièrent bien vite de parler plus bas pour ne pas réveiller tout le monde. Mais Tom Pouce fit comme s'il n'avait rien entendu et leur cria de plus belle :

« "Allons ! Décidez-vous et dites-moi ce que je dois vous faire passer. Est-ce que vous voulez tout ce qu'il y a ici ?" »

Tom Pouce joue la complicité et la fausse candeur avec les voleurs. Il fait comme si crier était indifférent et feint d'ignorer la réalité pour garder la fausse innocence que requiert son jeu pervers. Tel est pris qui croyait prendre : les conséquences des plaisanteries trompeuses sont rarement sans danger. Il déjoue ainsi le complot pour faire justice lui-même.

[Ces cris réveillent la servante et les deux voleurs prennent la fuite. Tom Pouce va se blottir dans le foin du curé pour dormir.]

« Le jour blanchissait à peine quand la servante se leva, et son premier travail fut d'aller nourrir les bêtes. Elle sauta donc du lit pour aller directement à la grange prendre une bonne brassée de foin, et le foin qu'elle emporta était précisément celui dans lequel le malheureux Tom Pouce s'était fait sa litière, où il dormait du plus profond sommeil. Il dormait même si bien qu'il ne s'aperçut de rien et ne se réveilla que sur la langue et entre les dents d'une vache, qui l'avait attrapé en même temps que son foin.

« "Mon dieu ! s'écria-t-il, me voilà au foulon !"

« Mais il ne lui fallut pas longtemps pour comprendre où il se trouvait, et son premier souci fut d'éviter de se laisser broyer

entre les dents de la vache ; après quoi, il lui fallut glisser au fond de la gorge et dans la panse de l'animal. "Le local manque de fenêtre, se dit-il, et le soleil ne brille pas, mais on a aussi oublié la chandelle." De toute manière, le séjour ne lui plaisait pas du tout, mais, le pire, c'était encore qu'il descendait toujours de nouvelles quantités de foin chez lui, et que sa place se réduisait à mesure.

« "Arrêtez ! cria-t-il, n'envoyez plus de foin ! Ne m'envoie plus de fourrage ! Ne m'en envoyez plus !"

« La servante, qui était en train de traire la vache, entendit cette voix sans voir personne et, comme cette voix ressemblait tout à fait à celle qu'elle avait entendue pendant la nuit, elle eut une telle frayeur et sursauta si violemment qu'elle tomba de son tabouret à la renverse et répandit tout le lait par terre. Se relevant précipitamment, elle courut chez son maître et lui cria, tout essoufflée :

« "Oh ! Mon Dieu ! Oh ! Mon Dieu ! Monsieur le curé, il y a la vache qui a parlé !

« – Tu es folle" , dit le prêtre, qui pourtant se rendit lui-même à l'étable pour se rendre compte de ce qui s'y passait.

« Or, il y avait à peine mis le pied que Tom Pouce, de nouveau, criait à pleins poumons :

« "Ne m'envoyez plus de foin ! Ne m'envoyez plus de fourrage !"

« Le curé prit peur à son tour et, pensant que c'était un méchant esprit qui avait pris possession de la vache, il ordonna qu'on l'abatte. Ils l'égorgèrent donc, et la panse où se trouvait Tom Pouce fut jetée avec les déchets sur le fumier.

« Le petit bonhomme eut le plus grand mal à s'en dépêtrer, mais il finit par y parvenir et, juste comme il sortait la tête, voilà qu'un nouveau malheur tomba sur lui : un loup affamé survint, attiré par l'odeur, qui avala gloutonnement la panse

avec son contenu. Indemne mais englouti, le fier petit bonhomme ne perdit pas le courage et se dit qu'il arriverait peut-être à s'entendre avec le loup. »

C'est grâce à la parole que Tom Pouce va, à chaque fois, sortir de la mauvaise passe dans laquelle sa fantaisie pulsionnelle l'a entraîné. Pour la plus grande joie des enfants, Tom Pouce circule dans l'appareil digestif et excrémentiel de la vache avec beaucoup de gaieté et d'aplomb. Il évolue avec plaisir dans le caca boudin et transforme la vache et le loup en ventriloques. Faire parler les animaux que l'on vient de manger fait d'ailleurs partie des projections enfantines mélodramatiques fréquentes.

Tom Pouce va ensuite tromper le loup et le séduire grâce à des images d'avidité orale.

« "Cher loup, je connais pour toi un magnifique festin.

« – Ah ! répondit le loup, et où cela ?

« – Dans telle maison, expliqua Tom Pouce en indiquant précisément la maison de son père. Il te sera facile de te glisser la nuit par l'égout de la cuisine, et tu y trouveras à manger tant que tu en voudras : du lard, et des saucisses, et du gâteau, en veux-tu en voilà !"

« Le loup ne se le fit pas répéter, courut tout droit à la maison en question et s'y introduisit, la nuit, par le gros tuyau d'égout, qui semblait fait sur mesure pour lui... Une fois parvenu au garde-manger, il s'en donna à ventre que veux-tu.

« Quand, enfin, sa voracité fut satisfaite, il voulut repartir par le même chemin, mais il s'était si bien rempli la panse qu'il ne put repasser par le même trou, devenu trop étroit. Il était prisonnier, et c'était bien ce qu'avait escompté Tom Pouce, qui se mit alors à crier et de toute la force de sa voix en menant, dans le ventre du loup, une danse et un chahut frénétiques.

« "Vas-tu te tenir tranquille ? lui souffla le loup. Tu vas réveiller tout le monde ici !

« – Dis donc ! lui répondit-il, tu t'es bien régalé, toi ! Moi, je veux bien m'amuser un peu aussi. !"

« Sur quoi il se remit de plus belle à faire du vacarme, tant et si bien que son père et sa mère, réveillés, coururent jusqu'à la cuisine et regardèrent par le trou de la serrure. Voyant que c'était le loup, ils revinrent en hâte chercher des armes, et l'homme prit une hache tandis que la femme prenait une faux.

« "Garde la porte, dit le mari à sa femme en pénétrant dans la cuisine. Je vais lui asséner un bon coup de hache et, s'il ne meurt pas sur le coup, tu n'auras qu'à l'achever en lui ouvrant le ventre."

« En entendant la voix de son père, Tom Pouce lui cria :

« "Père, cher père, c'est moi ! Je suis dans le ventre du loup !

« – Dieu soit béni ! s'exclama le père tout heureux, notre cher petit est enfin retrouvé !"

« Il dit à sa femme de ranger sa faux, qui pourrait blesser Tom Pouce, puis il s'avança en levant sa hache, qu'il abattit sur la tête du loup, le tuant net du premier coup. Avec un grand couteau d'abord et des ciseaux ensuite, il ouvrit le ventre du loup précautionneusement et en extirpa le petit.

« "Ah ! lui dit-il en le voyant, ce que nous avons pu être inquiet à ton sujet !

« – Eh oui, père, dit Tom Pouce, j'ai pas mal voyagé de par le monde, mais, Dieu merci, je respire le bon air de nouveau.

« – Mais où donc es-tu allé ?

« – Oh ! Père, j'ai été dans un trou de souris, dans la panse d'une vache, dans le ventre du loup, mais à présent je reste avec vous.

« – Et nous, pour tout l'or du monde, nous ne te vendrons jamais plus !" s'exclamèrent ses parents en l'embrassant et le serrant sur leur cœur.

« Ils lui donnèrent à manger et à boire, et ils l'habillèrent de neuf, parce que son voyage lui avait usé et gâté son costume. »

Voilà Tom Pouce de retour dans la maison parentale. Il va retrouver le confort des stades oral et anal, où tout lui est donné, et la satisfaction stagnante d'être le bouffon de ses parents, non sexué et sans devenir social. C'est une illustration prégnante du fait que rester dans le désir de ses parents enlise l'avènement du sujet et maintient dans une dépendance infantile toute tentative de relation à l'autre. Tom Pouce ne peut pas naître à lui-même, car il est pris dans le jeu qui fait de lui un petit clown.

Nang le Preux

Le conte chinois *Nang le Preux* fournit une alternative au conte de Tom Pouce. Dans ce conte, l'enfant, fruit de l'amour et de l'altérité, attendu pour lui-même, peut advenir en tant que sujet. La force symbolique du chiffre de trois est ici explicite. En Chine, c'est le chiffre du mariage.

Dans ce conte, le mari ne supporte plus de ne former avec sa femme qu'un couple sans descendance ; et il s'en va. Il insuffle ainsi un mouvement qui va permettre la transformation du désir pour susciter la venue de l'enfant – et créer le trois.

Lao Tseu, philosophe et poète chinois, disait dans le *Tao Te King :*

« La Voie donne vie en un, un donne vie en deux, deux donne vie en trois. Trois donne vie aux dix mille êtres. »

« Jadis vivait un pauvre homme nommé Tuobuk-bey. Sa femme n'avait pas eu d'enfant. Lui, il aspirait nuit et jour à en avoir. Un jour, il dit à sa bonne femme :

« "Je pars pour trois mois. Avant mon retour, il faut que tu me donnes un fils ; sinon, je te répudie."

« À cette époque, parole de mari équivalait à un édit royal. Comment y échapper ? Toute chagrine, la dame passait ses journées à pleurer, à sangloter.

« Un jour qu'elle se préparait à pétrir de la farine pour faire des gâteaux "nang", elle modela machinalement un petit garçon, le plaça sur la planchette à pâtisserie. Elle sortit de la yourte allumer du feu au four. Juste à ce moment, elle entendit une petite voix fine :

« "Ton fils pleure, ton fils pleure !"

« Se retournant, elle vit un petit oiseau crier sur son toit. Elle rentra aussitôt dans la yourte, vit sur la planchette un bébé bien en chair, gigotant des cuisses et babillant.

« Tout heureuse, la femme prit le bébé dans ses bras, le colla à sa poitrine, d'où – miracle ! – du lait se mit à couler. Elle l'allaita donc.

« Trois mois passèrent. Le mari rentra. La femme lui tendit le bébé blanc et gras, en disant :

« "Voici ton fils. Prends-le, embrasse-le !"

« Tuobuk s'interrogea : comment avait-elle pu, en trois mois, enfanter un bébé ?

« Sa femme fut obligée de révéler la vérité, mais Tuobuk ne la crut pas et lui dit :

« "Je vais demander à toutes les femmes de venir à la maison, avec chacune une pomme. Elles devront chacune tendre leur pomme au bébé. Celle à qui le bébé prendra la pomme sera sa mère."

« La femme accepta.

« Le lendemain, Tuobuk amena quelques dizaines de femmes tenant chacune une pomme. La dernière à présenter sa pomme au bébé était la femme de Tuobuk. Le bébé la lui prit. Tuobuk le

considéra donc comme son fils. Il convoqua un mollah, qui lut des prières. Le bébé reçu le nom de Nang-bator, du nom du gâteau dont il avait été confectionné.

« Quelques années passèrent. Au bout de dix ans et quelques, Nang devint un grand garçon excellent au tir à l'arc. Il avait un caractère hardi, sain et gai. C'était un être heureux d'aider autrui. Les villageois ne tarissaient pas d'éloges à son égard. »

Les contes, comme le rêve, ne s'embarrassent pas de la réalité, ils sont sur une autre scène. Cet enfant est mû par des forces invisibles, celles du lien affectif qui vont lui faire reconnaître cette femme-là comme sa mère, épouse de cet homme-là. La base du triangle est posée dans cette alliance parentale.

Cette scène évoque le jugement de Salomon : deux femmes se disputent la maternité d'un enfant. C'est celle qui n'accepte pas que l'enfant soit tué qui sera la mère.

Dans le conte chinois, c'est l'enfant qui ne va accepter une pomme que de la femme avec qui il est en lien.

Les deux interactions bébé-mère et mère-bébé sont au cœur du deuxième grand besoin humain après la satisfaction des nécessités vitales, celui du lien d'amour.

Arrivé à l'âge adulte, cet enfant a épanoui son potentiel. Il devra se détacher de ses géniteurs et traverser des épreuves pour parvenir à la maturité et constituer une nouvelle cellule familiale.

Ce sont les grands thèmes de la vie humaine qui sont traités par les contes, de la naissance à la mort en passant par le parcours œdipien et l'émergence de l'identité.

La question de la naissance est récurrente dans le monde des contes merveilleux. De quel désir, de quelle alliance l'enfant naît-il ? Nang le Preux est né du désir de cet homme-là avec cette femme-là. Ancré dans cette alliance, sans forclusion ni projection parentale, Nang peut grandir, contrairement à Tom

Pouce qui demeure piégé dans une image narcissique de lui-même.

Le conte de Nang le Preux met donc en scène la complicité du désir qui peut lier l'enfant à ses parents. L'enfant connaît, de toute façon, un temps d'aliénation à l'autre, mais son propre désir est en jeu – soit il demeure à ce stade, soit il lutte pour s'en sortir. Malgré des histoires familiales qui peuvent être écrasantes, les circonstances, les rencontres offertes par la vie elle-même ouvrent des opportunités multiples. Encore faut-il y consentir profondément.

Dans l'immédiateté, il y a souvent de tels bénéfices secondaires à rester dans la dépendance d'un pouvoir qui donne tellement l'illusion de la toute-puissance que beaucoup d'humains s'y piègent eux-mêmes. Ainsi, en d'autres termes, à l'instar de Tom Pouce, il est parfois plus facile d'être considéré comme le roi chez soi que comme un nain chez les autres.

La dimension de l'altérité n'est possible qu'à travers le sentiment positif de jalousie associé au dépassement de la détresse primordiale à quitter sa mère. Se désaliéner, c'est courir le risque imaginaire d'être abandonné, d'être seul si l'alliance avec l'autre ne se fait pas.

Accepter la vie en soi sans la peur, c'est une aventure titanesque pour ceux qui sont élevés dans le chantage affectif : loin de moi, point de salut ; loin de moi, tu ne connaîtras qu'angoisses et violences. Pourtant, là où la vie a été donnée, c'est le risque de la mort psychique du sujet.

Exemple clinique : Virginie

Tom Pouce illustre le piège mortifère où auraient pu s'enliser Virginie et sa famille. Laissons la parole à Virginie.

« Ma mère représente l'amour sans limites. Pour elle, aimer, c'est tout permettre, tout donner. Le seul interdit, c'est celui de ne jamais lui faire de peine… J'ai un frère que ma mère a placé au-dessus de tout, il est interdit de le contrarier, je dois le servir comme une esclave. Il m'utilise quand il a besoin de moi et me jette après sans un remerciement. Si je m'en plains, ma mère me traite d'égoïste, elle pleure en disant que je n'aime pas mon frère, que je suis lamentable et que je l'empêche de dormir. Je suis assignée à une seule place, celle d'être corvéable à merci, et je n'ai le droit que de me réjouir quand il jette les yeux sur moi pour me demander un service. J'existe à ce prix-là. J'ai tellement peur que ma mère me rejette et m'abandonne que je ne me suis pas donné l'espace vital pour être jalouse. Ma mère, pour moi, ne pouvait qu'avoir toujours raison.

« Mon père, je ne le connais pas. Il est mort jeune, à cinquante-deux ans. J'ai le souvenir qu'il m'a fait pleurer lors d'une hospitalisation de ma mère. J'avais quatorze ans. Il nous a fait écouter une chanson de l'époque, *Les Roses blanches,* et il a dit : "Une mère, c'est sacré, elle travaille toujours pour vous et elle va mourir." J'ai eu peur et j'ai toujours peur de faire mourir ma mère. Je n'en peux plus d'obéir à ça… Ma mère donne beaucoup d'argent à mon frère, qui a des besoins sans fin. Depuis que sa santé a décliné, elle habite chez nous parce que cela dérangerait mon frère. Mon mari aime bien mon frère, ils font du sport ensemble. Mon mari est un homme extrêmement gentil. Il me laisse gérer la famille.

« Je rêve souvent que j'habite une maison qui n'est pas la mienne… Je commence à prendre conscience que je ne m'autorise pas à vivre ma vie. J'habite toujours chez mes parents, dépendante des lois maternelles.

« Pour mes enfants, c'est pareil, et c'est dramatique. Ma fille aînée, Fanny, est collée à moi comme moi à ma mère. Il ne faut pas se détacher. En fait, à travers moi, elle colle à ma mère et elle me vampirise comme ma mère me vampirise. J'obéis à mon père, à la définition qu'il m'a donnée de la mère : je suis sacrée et je dois faire tout pour les autres. Je n'existe pas pour moi. La seule chose que je fais pour moi, c'est le ménage. J'aime une jolie maison bien rangée. Je fais aussi toujours attention à mon poids, à être jolie, bien habillée ; c'est l'espace que je me garde.

« Fanny a l'âge de nous quitter, mais elle en est incapable. Avec son frère, c'est à celui qui me vampirisera le plus. La jalousie entre eux est terrible. J'ai l'impression d'être assiégée. Ils me demandent toujours plus. Mon fils, je me rends compte que c'est le double de mon frère. Il est odieux avec tout le monde, surtout avec sa sœur.

« Ma fille reste mon bébé, elle ne peut pas me quitter. Elle peut me téléphoner jusqu'à quinze fois par jour à mon travail. Elle reste cloîtrée à la maison. Elle m'attend. Sa vie, c'est moi. C'est un vrai tyran, comme ma mère. Je n'exige rien d'elle. J'ai pitié de ses angoisses et lui cède tout.

« En fait, dans ma famille, l'amour se mesure à l'angoisse. Plus je m'angoisse pour notre fille, plus elle est sûre que je l'aime. Elle est championne pour m'angoisser. C'est une façon de me posséder. Si elle va mieux, ça veut dire qu'elle peut travailler, donc sortir de la maison, donc me quitter. Elle est sans arrêt en surenchère d'angoisses. Je croyais qu'avoir pitié c'était aimer. Si je fais des choses pour moi, ma mère me menace : “Tu vas le payer cher !” Je ne fais jamais assez pour les uns ou les autres. Je me sens toujours coupable. Je n'en peux plus.

« Venir ici en parler, ça me change la vie. J'ai l'impression de mieux respirer. En fait, ma mère est une femme redoutable. Elle est jalouse de tous les liens que nous pouvons avoir en dehors d'elle. Elle ne supportait pas que je parle à des amis au téléphone et même à nos enfants. Elle passe son temps à nourrir les peurs de Fanny pour qu'elle reste toute la journée près d'elle. Je ne voulais pas le voir, mais elle est aussi alcoolique et elle entraîne dès le matin notre fille à boire de la vodka. Elle lui donne de l'argent pour aller en chercher. Et je ne voulais pas me rendre compte de leur état le soir. Je me disais : elles sont malheureuses ! Maintenant, je peux interdire. Ça change tout. Je ne cède plus au chantage et je refuse les reproches. Je me rapproche de mon mari, qui commence à me soutenir. Lui, il fuyait dans son travail. Ma mère a créé toute sa vie des drames qui n'en étaient pas. Cela m'a maintenue petite fille. Ce n'est pas étonnant que ma fille ait peur de grandir. Nous sommes des bébés terrorisés qui se croyaient protégés par une mère ogresse. Nous étions sous son emprise. Je vais pouvoir vivre avec mon mari, dans notre maison. Je n'appartiens plus à la vie de ma mère. J'espère que nos enfants vont pouvoir partir pour faire leur vie. »

La pitié est un sentiment redoutable. C'est l'expression de la recherche d'une image idéale de soi, le fruit d'un orgueil lâche. Sous le couvert de se montrer charitable et compatissant, on prend le pouvoir sur l'autre de façon masquée au lieu de lui rendre sa dignité. On crée un lien de supériorité où l'autre peut s'engouffrer pour fuir ses propres responsabilités.

Chapitre III

Il était une fois… la jalousie du voleur

Le voleur est, par essence, un jaloux puisqu'il veut s'octroyer le bien d'autrui qu'il convoite. Il a envie de quelque chose, il doit le posséder immédiatement, sans travailler par lui-même pour l'acquérir.

La vie lui paraît injuste car elle ne lui a pas été donnée comme il imagine qu'elle aurait dû l'être. Pour certains, l'envie est une exigence puissante, ils doivent tout posséder et ne rien laisser pour les autres. Le jaloux veut tellement être l'autre qu'il doit posséder tout ce qu'il convoite chez lui, et immédiatement. La jalousie bouscule le temps.

C'est une exigence impérieuse qui refuse d'attendre, comme la vivent tous les enfants jusqu'à quatre ans. L'impatience est le propre des très jeunes enfants. Apprendre à attendre est une des grandes tâches éducatives.

Un très joli conte humoristique chinois qui nous vient du sud du pays met en scène cette difficulté chez un chef de tribu : le khan.

Lianghua

« Jadis, un jeune couple vivait heureux. Julihe adorait sa belle épouse Lianghua [Belle Fleur].

« Le khan voulait se trouver une belle femme. Il envoya ses émissaires en chercher une. Ils s'emparèrent de Lianghua pour la donner au khan. Avant de quitter son mari, elle lui dit :

« "Ne te fais pas de soucis. Notre amour est pur comme l'or, le feu ne peut pas le détruire, la terre ne peut pas alors le rouiller. Dans cent jours, promène-toi devant le palais avec un manteau de plumes de poulet. Tu verras !"

« Lianghua, ravie par les émissaires, devint reine. Mais elle faisait grise mine au khan et se refusait à lui. Pas même un sourire. Elle dit au khan :

« "Je serai à toi quand tu m'auras fait rire."

« Le khan lui donna de superbes bijoux, l'emmena devant de merveilleux paysages. Rien à faire. Elle poussait interminablement de longs soupirs de chagrin.

« Au bout de cent jours, elle dit au khan :

« "Fais placer les courtisans derrière le palais. Allons tous deux nous promener devant."

« Ils virent devant le palais un homme aller et venir, vêtu d'un manteau de plumes de poulet. Lianghua éclata de rire. Le khan demanda à l'homme de lui donner son manteau. Il enfila le manteau de plumes. La reine dit aux ministres :

« "Attrapez-moi ce mendiant et rouez-le de coups !"

« Les ministres firent battre le khan, l'emportèrent à moitié mort dans la montagne, où il fut la proie des fauves.

« Lianghua et Julihe vécurent heureux. »

C'est par la ruse que la jeune femme va échapper au voleur de femmes et en débarrasser la tribu. Ni le pouvoir ni la richesse ne l'intéressent, l'entente et l'amour partagé avec son mari sont, pour elle, les biens les plus précieux.

Comme les contes des *Mille et Une Nuits,* ce conte sonde l'égalité homme-femme. Il incite la femme à sortir d'une position d'esclave, soumise comme une marchandise, au désir de l'homme[1]. Il fait partie de ces contes éducatifs qui jalonnent toutes les cultures et y surgissent pour faire respecter la femme comme un sujet à part entière.

Ce conte exprime bien combien la femme est le cœur du foyer et combien sa parole intériorisée et trouvant sa source dans ses affects peut lui donner une force remarquable.

Le conte suivant, qui nous vient de la taïga arctique, illustre le même thème. Tous les peuples du Grand Nord racontent cette histoire.

La Chanson volée

« Le petit oiseau s'est marié. En cadeau de noce, il a donné une chanson à sa femme. Une jolie chanson ne s'use jamais, ne vieillit pas. C'est un beau cadeau, un cadeau pour toute la vie…

« La femme du petit oiseau portait la chanson autour de son cou, elle en respirait l'odeur : la belle chanson sent le soleil, sent le printemps. Alors, elle chantait. Elle chantait gai, elle chantait doux. C'est pourquoi il faisait bon et joyeux dans la maison du petit oiseau et c'est pourquoi leur enfant ne pleurait jamais.

« Le corbeau vivait non loin de lui avec sa femme et son fils. La femme du corbeau n'arrêtait pas de grogner, son fils n'arrêtait pas de brailler. Il ne faisait pas bon vivre dans la maison du corbeau, elle n'était pas agréable du tout.

« Le corbeau se fâchait, il criait :

---

1. Une anecdote : en 1987, à Alès, au cours du Festival du conte en Uzège furent instaurées des joutes oratoires opposant des hommes et des femmes. Il y eut des concours d'insultes dont les femmes sortirent avec une indiscutable supériorité.

« "Femme indolente et incapable, fais taire ton fils ! Ses cris m'empêchent de dormir. Fatigué je rentre de la chasse, plus fatigué je repars le lendemain ! Jamais je ne peux me reposer !"

« La femme du corbeau criait plus fort que lui :

« "C'est toi, l'indolent, c'est toi, l'incapable ! Si j'avais la chanson que le voisin a donnée à sa femme, notre fils ne pleurerait jamais, tout serait gai dans notre maison. Au lieu de me faire des reproches, va plutôt voler la chanson des voisins. Iras-tu ?

« – J'irai."

« Le corbeau a attendu que le petit oiseau s'absente et est allé chez les voisins.

« Le corbeau s'est assis. La femme du petit oiseau avait fini de coudre, elle continuait à chanter. En chantant, elle fermait les yeux de plaisir. Alors, le corbeau s'est approché, il a aspiré la chanson et il est parti avec.

« Le corbeau est rentré chez lui, il a craché la chanson volée dans le bec de sa femme. Et sa femme s'est mise à chanter :

« "Akryn'apsika,alyn'apsika !
« Silip-tva'silip-tva !"

« La femme du corbeau a une voix épaisse, rude. Elle ne chantait pas bien. Et leur fils continuait à brailler, leur maison restait maussade. Le corbeau dit alors :

« "La chanson que tu voulais, tu l'as. Pourtant, rien n'a changé chez nous, ton fils crie, la maison est triste. Pourquoi ?

« – C'est parce que je connais encore mal la chanson, dit sa femme. Laisse-moi le temps de l'apprendre.

« – Bon, peut-être", dit le corbeau.

« En rentrant chez lui, le petit oiseau entendit son enfant qui pleurait, sa femme qui pleurait. Il s'étonna :

« "Pourquoi notre enfant pleure-t-il ? Et toi, pourquoi pleures-tu au lieu de chanter pour l'apaiser ?

« – Nous n'avons plus de chanson, répondit sa femme en pleurant. Le corbeau l'a volée."

« De colère, le petit oiseau a hérissé ses plumes. Il a crié :

« "Donne-moi mes gants de chasse. Donne-moi mon arc et mes flèches. Je vais reprendre au corbeau la chanson qu'il nous a volée."

« Le petit oiseau est allé à la maison du corbeau. Tout le monde dormait là-dedans. Le corbeau, sa femme et même leur fils braillard s'étaient endormis. Le petit oiseau a coupé une bande de drap rouge où était cousue l'image de l'esprit protecteur. Il a effrangé cette bande, puis il est entré tout doucement dans la maison. Il a collé les franges de drap rouge sur les paupières du corbeau et de sa femme. Après, il est allé se cacher dans un crâne de renne qu'il y avait devant la maison.

« Et de là, bien caché, le petit oiseau a crié :

« "Corbeau, corbeau, ta maison brûle !"

« Le corbeau s'est réveillé, sa femme s'est réveillée. Ils ont vu des franges rouges qui dansaient devant leurs yeux comme des flammes. Ils ont eu peur, ils se sont sauvés. Le corbeau d'un côté, sa femme de l'autre.

« De l'intérieur du crâne de renne, le petit oiseau a appelé :

« "Femme de corbeau ! C'est l'esprit chaman qui te parle, c'est le grand esprit protecteur qui te parle. Si tu veux sauver ta maison, sauver ton fils qui pleure dans ta maison, ferme les yeux et chante la chanson. Après ça, frotte-toi les yeux et tu verras ta maison intacte."

« La femme de corbeau a fermé les yeux et a chanté. Le petit oiseau est sorti du crâne de renne et il est venu aspirer la chanson dans le bec de la femme de corbeau. Et il s'est envolé avec.

« Le petit oiseau est rentré chez lui, il a rendu la chanson à sa femme. Elle l'a mise à son cou et elle a chanté :

« "Akryn'apsika'alyn'apsika !

« Silip-tva'silip-tva !"

« Et, à l'appel de la chanson douce, de la chanson gaie, la neige s'est mise à fondre, la terre a transpiré de sève, les premiers rayons de soleil ont glissé sur les collines. C'était le printemps qui venait. Comme chaque fois que le petit oiseau commence à chanter...

« Car ce conte, qui court partout dans l'Arctique, ne ment pas. Le petit oiseau, un tout petit oiseau, plus petit qu'un moineau, arrive le premier dans les pays du Grand Nord. Il arrive en pleine nuit polaire, il fait son nid dans la neige, il chante sous les bourrasques de neige. Alors, les gens qui vivent là se mettent à rire de plaisir... Parce qu'ils savent que cette chanson annonce la fin de la longue nuit, la fin du froid, la naissance du soleil, la venue du printemps. »

Développer son potentiel, son individualité, trouver ses propres solutions, c'est l'issue que doit découvrir le jaloux. Apprendre de l'autre, l'admirer permet de faire jaillir sa propre créativité, c'est la dimension positive de la jalousie. Elle constitue la dynamique vitale qui peut pousser vers l'autre et servir de tremplin pour son propre désir, au lieu de vouloir voler à l'autre ce qu'il a.

Si la femme de corbeau apprenait à être contente de ce qu'elle a, serait-elle sur la bonne voie pour trouver par elle-même comment apaiser l'ambiance criarde de la famille ? Pour trouver la fin du froid, la naissance du soleil et la venue du printemps ?

Exemple clinique : Rémi

Rémi a dix-huit ans. Il vient d'être sanctionné par la commission de l'Éducation nationale pour tricherie lors de la passation du baccalauréat série scientifique. La commission lui a interdit toute passation d'examen pendant une période de deux ans. Laissons-lui la parole.

« J'ai toujours aimé tricher ou voler. Cela m'amuse et me donne des sensations fortes. C'est la première fois que je me fais prendre. C'est idiot. J'étais mal placé. Le surveillant m'a repéré et, au lieu d'arrêter, j'ai provoqué. J'avais tout plié dans mes manches et je l'ai toisé du regard, pensant qu'il me laisserait faire par admiration pour moi. Mon grand-père m'a toujours dit que le plus fort, c'est celui qui ne se laissait pas prendre. Il m'a appris à tricher à tous les jeux de cartes, surtout au poker, et il m'applaudissait quand lui-même n'y voyait rien. J'étais ravi de prendre de l'importance pour quelqu'un.

« Mes parents ont tellement travaillé pour s'élever sur l'échelle sociale qu'ils ne se sont jamais occupés de nous. J'étais en nourrice à la semaine et ma sœur plus jeune était chez une autre nourrice, parce que la mienne ne voulait pas de fille. Je n'ai aucun souvenir d'enfance. Mon grand-père paternel était un peu voyou. Il était coiffeur de salle de jeu. Je pense qu'il magouillait pas mal. C'est la seule personne de la famille qui se soit occupée de moi. Il me trouvait très malin. J'étais flatté, il m'apprenait toutes les petites combines. Il considérait que j'étais doué. J'avais des facilités en classe, j'avais l'impression qu'il était plus fier de mes notes de tricheur que de mes notes de travail.

« Les maths, c'est pour moi une matière très facile. Je réussis sans difficulté. Il me suffit d'écouter les cours. Je n'ai pas besoin de tricher. Mais c'est justement ça qui m'excite !

« Dans les magasins, c'est pareil, ça m'amuse de piquer n'importe quoi, surtout des vêtements pour être remarqué par les filles. J'aime être bien habillé. Mes parents me donnent pourtant le nécessaire, mais je veux toujours ce que l'on ne me donne pas. J'estime que j'y ai droit. Je ne pense jamais aux conséquences. Cela me fait un drôle d'effet d'être puni. Quel idiot, ce pion ! J'aurais dû être plus malin. »

Nous pouvons observer à travers le cas de Rémi à quel point le refus de la loi trouve sa source dans une carence affective non consciente et une identification au grand-père, qui comble dans un registre pervers une béance narcissique.

L'apogée de la réussite, dans ce contexte, est d'être celui qui ne se fera jamais prendre. L'intelligence se mesure à cette aune-là. L'autre n'est là que pour être grugé et l'on s'en sert pour prouver sa propre supériorité. L'amour n'est donné que dans la mesure où le sujet est admiré, donc jugé supérieur aux autres. C'est le bénéfice extérieur de la délinquance que se croire capable d'être tout-puissant et au-dessus des lois, alors que c'est la loi même qui est recherchée à l'intérieur de soi. C'est une façon de chercher à réparer les séquelles laissées par le manque maternel et paternel. À travers ses actes, Rémi revendique que l'on s'occupe de lui, la délinquance étant le prix à payer pour éviter la dépression.

Rémi cherche à être admiré dans un registre pervers, puisqu'il n'intéresse pas naturellement ceux dont il voudrait être aimé. Ses parents ont connu de telles difficultés sur le plan matériel qu'ils ont conjugué leurs énergies pour acquérir tous les signes extérieurs de richesse pour leurs deux enfants, passant à côté de la deuxième nourriture indispensable pour tout être humain, nourriture que nous avons déjà évoquée : la nourriture affective, dont ils avaient eux-mêmes déjà manqué.

Il est important de noter la nécessité impérieuse pulsionnelle de tricher ou de voler hors de tout besoin vital. C'est une méthode de protection contre l'angoisse : elle comble une blessure narcissique par une sensation ludique excitante.

Par le vol, le voleur tente de se rendre justice. La vie ne lui a pas donné ce qu'il estime qu'elle aurait dû lui octroyer et il répare cette injustice par son acte. Nous voyons combien la recherche de la réussite par la tricherie ou par le vol vient combler et apaiser les fantasmes de jalousie sur autrui. « Envers tous ceux qui ont le culot d'avoir des parents présents et aimants, je prouve ma supériorité. »

C'est la fuite devant le réel, devant le principe de réalité qui ouvre à la problématique émotionnelle de Rémi. Celui-ci ne cesse d'annuler ses affects au profit d'une grandeur factice.

Chapitre IV

Il était une fois… la jalousie dans le monde professionnel

La jalousie au piège du mensonge et de la vérité

Denis Vasse écrit dans son livre *Inceste et Jalousie*[1]: «La jalousie puise sa force dans la haine… Tout ce qui fait vivre l'autre d'un souffle ou d'une parole dont le jaloux n'a pas la maîtrise est ressenti par lui comme une exclusion de la vie.»

Le jaloux ne peut que haïr et détruire ceux qu'il envie. Ainsi dans le domaine professionnel, le jaloux ne supporte pas que quelqu'un dispose d'un talent, d'une faconde ou d'une aura qu'il n'a pas, et ne peut se réjouir pour l'autre puisque toute différence alors l'offense. Le mensonge est son outil, la calomnie son venin. Lui-même est dans la confusion permanente entre la vérité et le mensonge, il cherche à l'induire chez ses victimes. Il falsifie la vérité en croyant sur l'instant à sa falsification. Il déstabilise, fait douter; et comme il n'a pas d'existence propre, il masque son vide par une haine destructrice. Il pourrait apprendre à acquérir ce qu'il envie, mais il faudrait pour cela qu'il puisse partager et échanger, il faudrait que l'autre existe pour lui, qu'il soit dans une position d'admiration et d'apprentissage. Cela suppose une humilité qu'il n'a pas, puisque, d'emblée, il veut être tout et avoir tout. Il est pris dans son imaginaire infantile et totalitaire.

---

1. *Op. cit.*, p. 220.

Voyons comment cette difficulté nous est présentée dans un conte venant de Palerme et faisant partie des contes populaires italiens recueillis par Italo Calvino.

La Botte sertie de bijoux

« Il était une fois le fils d'un marchand, orphelin dès son jeune âge. Il avait une sœur qu'il aimait comme la prunelle de ses yeux. Il avait fait des études et il entra à la cour du roi du Portugal : il avait une si belle écriture que le roi le prit pour secrétaire. Sur ce, il advint que certaines lettres par lui écrites tombent sous les yeux du roi d'Espagne, et celui-ci dit : "Ah ! La belle écriture ! En voilà un qui me conviendrait comme secrétaire." Et il écrivit au roi du Portugal dans les termes suivants :

« "J'ai lu votre lettre et je suis dans l'admiration pour la belle écriture de votre secrétaire. Au nom de l'amitié qui nous lie, je vous prie de me le céder en qualité de secrétaire, vu qu'en Espagne il n'est personne qui écrive aussi bien."

« Entre eux, ces rois tiennent à user de manières courtoises. C'est ainsi que, tout en regrettant d'avoir à se priver de lui, le roi du Portugal dit à son secrétaire de partir.

« "Majesté, demanda le jeune homme, comment vais-je faire avec ma sœur ? Je ne sais pas à qui la laisser."

« Et le roi :

« "Don Joseph, je ne sais pas quoi faire, vous devez partir. Votre sœur est une excellente jeune femme et elle mène une vie réservée. Il suffira que vous la recommandiez à sa chambrière et vous pourrez dormir tranquille."

« Il ne restait plus au garçon qu'à parler à sa sœur :

« "Chère petite sœur, il se passe ceci et cela. Il faut que

je parte, le roi d'Espagne me veut en qualité de secrétaire. Tu resteras avec ta chambrière. Quand je serai bien installé là-bas, je t'enverrai chercher et tu viendras toi aussi en Espagne."

« La sœur éclata en pleurs. Il lui dit :

« "Pour que nous ne nous sentions pas loin l'un de l'autre, faisons faire nos portraits : je prendrai le tien et tu prendras le mien."

« Et c'est bien ce qu'ils firent.

« Le roi d'Espagne fêta l'arrivée de don Joseph : il lui mit sur-le-champ la plume à la main et il demeura devant lui à admirer sa belle écriture. Il s'était à tel point attaché à ce nouveau secrétaire que, sur toutes les questions touchant à son royaume, il lui disait :

« "Décidez vous-même, don Joseph... Vous êtes là et j'ai confiance en vous, ce que vous décidez est bien fait !"

« Il s'ensuivit une grande jalousie parmi les notabilités de la cour, l'intendant, le secrétaire en chef, le chevalier ; et tous de chercher quelques motifs de calomnie.

« C'est ainsi que l'intendant vint dire au roi :

« "Vous avez bien réussi, Majesté ! Vous avez vraiment trouvé l'oiseau rare ! Votre don Joseph, dont Votre Majesté ne fait que vanter les vertus, on se demande bien avec qui il a partie liée pendant que vous ne croyez qu'en lui !

« – Pourquoi donc ? Qu'y a-t-il ?

« – Qu'y a-t-il ? Tous les jours, dans sa chambre, il sort un portrait, le regarde, l'embrasse et pleure. Après quoi, il le cache !"

« Le roi fit irruption brusquement dans la chambre de don Joseph pendant qu'il était en train d'embrasser le portrait.

« "Dites donc, peut-on savoir qui vous embrassez de la sorte, don Joseph ?

« – C'est ma sœur, Majesté."

« Le roi regarda le portrait. Il vit une jeune femme si belle qu'il ne put l'oublier, et le frère de se lancer aussitôt dans une description de toutes les vertus de sa sœur.

« Et l'intendant, qui avait ce don Joseph en travers de la gorge, était également présent. Il jeta un coup d'œil au portrait pendant qu'il se trouvait derrière le roi et il s'exclama :

« "Cette jeune femme ? Mais je la connais bien, j'ai eu des rapports avec elle.

« – Vous, avec ma sœur ? s'écria don Joseph. Impossible, elle n'est jamais sortie de la maison ! Il n'est pas la moindre personne qui ait jamais vu son visage !

« – Mais oui, votre sœur !

« – Vous êtes un menteur !"

« S'ensuivit, du tac au tac, des "Oui, c'est vrai !" et des "Vous êtes un menteur !" et encore des "Oui, c'est vrai !" Finalement, le roi parla :

« "La question sera résolue : s'il est vrai, dit-il à l'intendant, que tu as eu des rapports avec la sœur de don Joseph, tu as un mois pour en apporter la preuve. Si tu l'apportes, on coupera la tête à don Joseph ; si tu ne l'apportes pas, c'est à toi qu'on coupera la tête."

« Ordre du roi : il n'y avait pas à discuter là-dessus. L'intendant partit. Il arriva à Palerme et il commença à écouter ce que l'on disait de par la ville de cette jeune femme. Tous affirmaient qu'elle était d'une bien grande beauté, mais personne ne l'avait jamais vue, car elle demeurait toujours enfermée dans sa maison. Des jours passèrent. Et, tous les jours, l'intendant sentait sa tête vaciller un peu plus sur son cou. Ainsi errait-il un soir en s'arrachant les cheveux et en disant : "Que vais-je pouvoir faire ?" quand il fut accosté par une vieille femme :

« "La charité, monsieur le chevalier, que je meurs de faim !

« – Fiche-moi donc la paix, vieille damnée !

« – Faites-moi donc la charité, vous verrez que je pourrais vous aider…"

« Et l'intendant de tout lui raconter aussitôt.

« "C'est tout ? Laissez-moi faire, mon brave, vous pouvez compter que vous l'avez d'ores et déjà, votre preuve !" »

Le couple frère aîné-petite sœur apparaît dans une relation d'entraide, comme dans le conte *Jeannot et Margot.* Ici, tous deux sont entrés dans l'âge adulte ; orphelins de bonne heure, leur lien est très fort et leur a tenu lieu de famille. La jeune fille est sous la protection de son frère comme sous celle d'un père.

Les notables de la cour qui prennent ombrage de l'affection particulière que le roi témoigne à don Joseph se trouvent dans la même situation que les aînés d'une famille face à l'arrivée d'un intrus qui accapare tout l'intérêt du père.

Ils se liguent pour déstabiliser le roi dans son affection naissante et l'intendant, pris dans ses sentiments de jalousie destructrice, assure avec aplomb qu'il a eu une liaison avec la jeune femme. Il veut humilier le frère, l'avilir à travers sa sœur. Au lieu de chercher à acquérir des talents d'écriture, il veut s'approprier l'autre bien précieux de don Joseph : sa sœur. Il a besoin de détruire la substance affective de l'autre, dont il est exclu. Il est jaloux des relations affectueuses de don Joseph avec sa sœur et avec le roi, lui qui ne connaît pas ces joies. Il n'a pas de ressources pour cela. Il est face à un échec, toujours insatisfait. La calomnie vient un instant le combler. Il fait « comme si » c'était vrai, « comme si » c'était « comme ça », alors que ce n'est pas « comme ça ». Un instant, le rêve est réalité. Le conte, grâce à la vieille femme sorcière, lui permet de poursuivre son rêve. La sorcière n'est-elle pas, ici, par excellence, l'agent du mal jaloux ? Ils font tous deux affaire, encouragés l'un et l'autre par leur besoin de nuire. La sorcière apprécie sa violence, ils sont dans le même camp. Elle représente la mère archaïque possessive qui est en lui. Elle va lui permettre de mener à bien ses noirs desseins :

« La nuit, il plut à verse : des éclairs, le tonnerre, la foudre. La vieille, et patati et patata, se mit sous la porte cochère en tremblant de froid et en se plaignant à fendre les cœurs.

« Entendant ces lamentations, la maîtresse de la maison, qui était justement la sœur de don Joseph, dit : "Pauvre vieille, laissez-la entrer !"

« On ouvrit le portail et la vieille se réfugia à l'intérieur.

« "Et patati et patata ! Je meurs de froid !"

« La jeune femme l'invita sur-le-champ à se mettre auprès de la cheminée et lui fit apprêter une dînette. La vieille, svelte comme elle était, se faufila de pièce en pièce, vit celle où couchait la patronne. Quand celle-ci alla se coucher et s'endormit fatiguée par cette nuit d'orage, la vieille entra tout doucement dans la pièce, souleva les couvertures et examina la jeune femme de la tête aux pieds. Elle avait sur son épaule droite trois petits poils pareils à trois fils d'or : avec des petits ciseaux, la vieille les coupa, les enveloppa dans le nœud d'un mouchoir, ramena les couvertures et retourna sur la pointe des pieds auprès du feu.

« Elle se recroquevilla aussitôt et reprit ses plaintes :

« "Et patati et patata, le souffle me manque, je ne peux pas demeurer ici, laissez-moi sortir !"

« La jeune femme se réveilla et ordonna à sa chambrière :

« "Ouvrez donc la porte et faites-la sortir, sans quoi elle ne dormira pas et nous empêchera nous-mêmes de dormir."

« Cependant, dans la rue, l'intendant allait et venait. La vieille lui donna les trois petits poils et reçut un beau pourboire. Dès le lendemain, l'intendant prit le bateau pour retourner en Espagne.

La formule « et patati et patata » est joliment employée pour prévenir par trois fois l'auditoire ou le lecteur que les paroles ou les actes qui suivent ne sont pas sincères. Nous avons déjà vu le symbolisme du 3. Les trois fois signifient l'aboutissement, la finalité. C'est ici la réussite du désir de la sorcière de tromper son auditoire. La sœur de don Joseph, qui apparaît là pour la deuxième fois dans le conte, fait preuve de compassion, de générosité et de convivialité. Elle a déjà montré sa sensibilité une première fois, au départ de son frère. Elle est ainsi nantie des qualités féminines requises, dans les contes, pour arriver à la maturité génitale.

Cette sorcière est, pourrait-on dire, une grande sorcière. En effet, la jalousie qui l'inspire lui permet de redoubler de pouvoirs intuitifs. Elle sait reconnaître sa proie entre mille, comme tous les pervers jaloux. Elle « examin[e] la jeune femme de la tête aux pieds ». Par le regard, elle constate ce qu'elle n'a pas et que cette jeune femme a en plus. Celle-ci est, en quelque sorte, son reflet positif.

Que représente l'image : « sur son épaule droite trois petits poils pareils à trois fils d'or » ?

Dans les contes occidentaux, les attributs génitaux ne sont jamais cités, il y a toujours déplacement. Pour les hommes, on mentionne les cuisses, probablement parce qu'elles étaient bien moulées dans les hauts-de-chausses, et, pour les femmes, les épaules, sans doute à cause des décolletés, qui mettent en valeur les charmes féminins situés non loin des aisselles. Le conte spécifie qu'il s'agit de l'épaule droite. La symbolique du côté droit évoque la place d'honneur, le pouvoir – par exemple, le sceptre est porté dans la main droite.

Il s'agirait donc de trois poils du pubis semblables à trois fils d'or. La symbolique de l'or ajoute une valeur profonde et intime, une richesse intérieure exceptionnelle au chiffre 3, qui ouvre à la vie.

Cette jeune femme est non seulement devenue une adulte accomplie, mais encore elle incarne une vie pleine et vibrante.

La sorcière va pouvoir monnayer son précieux butin. Le double meurtre des jalousés, le frère et la sœur, est en route. Reprenons la narration.

« "Majesté, dit-il en se présentant devant le roi, voici le signe de la sœur de don Joseph ! Les trois poils de son épaule droite !

« – Misérable que je suis !" s'exclama don Joseph en cachant son visage entre ses mains.

« Le roi dit :

« "Je ne te laisse qu'un mois de répit. Tu sauras te défendre, ou le verdict sera exécuté."

« Les gardes se précipitèrent, se saisirent du secrétaire et l'emmenèrent en prison. On lui donna une tranche de pain et un verre d'eau par jour. Seulement, le geôlier, voyant la bonté d'âme du prisonnier, commença à lui passer en cachette le repas des surveillants. Ce qui affligeait le plus don Joseph, c'est qu'il ne lui avait pas été possible d'écrire une seule ligne à sa sœur. Il finit par implorer le geôlier.

« "Accordez-moi que j'écrive deux lignes à ma sœur et que vous les mettiez à la poste."

« Le geôlier était un homme de cœur ; il dit : "Faites donc." Don Joseph écrivit à sa sœur pour lui raconter tout ce qui était arrivé et comment il allait avoir la tête coupée par la faute de la jeune fille. Le geôlier prit la lettre et l'envoya.

« La sœur était dans l'anxiété, n'ayant plus de nouvelles de son frère. Elle reçut la lettre et la lut avec tristesse.

« "Ah ! Mon pauvre petit frère ! s'écria-t-elle. Comment la foudre a-t-elle donc pu tomber sur ma maison ?"

« Et elle commença à penser à la manière dont elle pourrait aider son frère. »

Voilà don Joseph pris au piège des calomnies. Comme toutes les victimes des jaloux pervers, son tort serait de ne pas avoir anticipé, de ne pas s'être méfié, car il se sentait protégé des intrigues de la cour.

Il a été attaqué non pas sur son point fort – ses qualités calligraphiques –, mais sur son point faible – sa sœur et le respect qu'il a pour elle. C'est l'injure banale, qui serait transcrite ainsi de nos jours : « Nique ta mère, nique ta sœur ! » Le code d'honneur vient ici supplanter la loi du respect à l'autre. Nul n'est censé être son propre justicier.

Il s'agit donc d'une agression morale sur la personne qui lui est la plus chère au monde. C'est l'intuition redoutable du pervers jaloux qui lui a permis de toucher le point le plus sensible chez l'autre. C'est toucher l'interdit de l'inceste, que don Joseph a respecté par sa chasteté envers sa sœur. L'intendant tourne justement la chasteté en dérision, et il fait mouche. Don Joseph est terrassé. « Misérable que je suis ! [s'exclame-t-il] en cachant son visage entre ses mains. »

Même en prison, ses qualités sont reconnues, et la complicité avec le geôlier, homme simple, lui permet de prévenir sa sœur. Il est intéressant de noter que nous ne saurons jamais, tout au long du conte, le nom de la sœur. Ce qui est mis en exergue, c'est leur lien d'amour fraternel chaste. Ce lien fait leur force face à la jalousie, et c'est le sens profond du conte.

Voyons comment la sœur de don Joseph va les sortir du piège.

« Elle fit vendre tous leurs biens et leurs propriétés, et, avec le produit de ces ventes, elle acheta tous les plus beaux bijoux qu'elle put. Elle se rendit chez un excellent orfèvre et lui dit :

« "Vous allez me faire une botte sertie avec tous mes bijoux."

« À la suite de quoi elle se fit faire un costume de deuil, tout noir, s'embarqua et se rendit en Espagne.

« Une fois là-bas, elle entendit les clairons, et que vit-elle ? Les soldats qui emmenaient à l'échafaud un homme aux yeux bandés. Vêtue de son grand costume noir, n'ayant rien qu'un bas à un pied et l'autre chaussé de cette botte qui était une pure merveille, elle partit en courant au milieu de la foule et dit :

« "Grâce, Majesté ! Grâce, Majesté !"

« À la vue de cette belle personne vêtue de noir, qui avait un pied si bien chaussé et l'autre déchaussé, tout le monde s'écartait pour la laisser passer. Le roi l'entendit.

« "Arrêtez-vous ! dit-il à ses soldats. Qu'y a-t-il ?

« – Grâce, Majesté, et justice ! Grâce, Majesté, et justice !"

« Devant cette apparition charmante, le roi dit :

« "La grâce est accordée. Parle donc !

« – Majesté, votre intendant, après avoir joui de ma personne, a volé la botte qui faisait la paire avec celle-ci."

« Et elle montra la chaussure qu'elle avait au pied, sertie de diamants et de pierres précieuses.

« Le roi fut stupéfait. Il s'adressa à l'intendant :

« "Comment as-tu pu te comporter de la sorte ? Après avoir profité des faveurs de cette belle jeune femme, tu lui as volé sa botte ? Et tu as le courage de te présenter devant moi !"

« L'intendant tomba dans le piège. Il dit :

« "Mais, Majesté, moi, cette dame, je ne l'ai jamais vue !

« – Comment, vous ne m'avez jamais vue ? dit la jeune femme. Prenez bien garde à ce que vous dites !

« – Je vous jure que je ne vous ai jamais vue !

« – Et alors, pourquoi avez-vous dit que vous aviez eu des rapports avec moi ?

« – Et quand aurais-je dit une chose pareille ?

« – Quand vous avez prétendu avoir connu la sœur de don Joseph pour envoyer celui-ci à l'échafaud !"

« Et, en prononçant ces paroles, elle se présenta au roi.

« L'intendant fut obligé d'avouer son imposture. Constatant l'innocence de la sœur, le roi fit libérer don Joseph et il exigea sa présence à son côté, tout en condamnant l'intendant à monter à l'échafaud les yeux bandés. Le frère et la sœur s'embrassèrent en pleurant.

« "Coupez-lui la tête !" dit le roi, et l'intendant eut la tête coupée séance tenante.

« Le roi, de retour au palais avec le frère et la sœur, voyant celle-ci si belle et si vertueuse, décida de l'épouser.

« Et les voilà donc heureux et contents.

« Nous, il ne nous reste qu'à curer nos dents. »

La botte représente le pouvoir et la richesse : à l'époque des contes, seuls les riches se chaussaient. Une botte sertie de bijoux ne pouvait donc appartenir qu'à une personne de haut rang. La sœur de don Joseph s'octroie ainsi une marque honorifique et princière, elle se place au niveau social auquel aspire l'intendant.

Là où il a fauté, elle le piège. Là où il a menti, il va être acculé à dire la vérité. Là où il lui a volé son honneur, il va perdre le sien. Ses calomnies se retournent contre lui. Comme dans tous les contes, son désir meurtrier qui passait à l'acte se retourne contre lui-même. Il a la tête coupée, conformément à la condamnation promise aux menteurs. La justice est toujours expéditive.

La sœur de don Joseph gagne son autonomie, atteint la maturité nécessaire à un mariage fécond tandis que son frère pourra retrouver son poste d'assistant secrétaire du roi.

Il faudrait la sagesse de Bouddha pour savoir répondre à des injures jalouses. Un conte des sages de l'Inde nous en montre le chemin.

Injures

« Le bouddha enseignait partout où il passait. Or, un jour qu'il parlait sur une place de village, un homme vint l'écouter parmi la foule. Cet auditeur se mit bientôt à bouillir d'envie et de rage. La sainteté du bouddha l'exaspérait. N'y pouvant plus tenir, il hurla des insultes. Le bouddha demeura impassible. L'homme, fulminant, quitta la place.

« Comme il avançait le long des rizières à larges enjambées, sa colère s'apaisait. Déjà le temple de son village grandissait au-dessus des rizières. En lui monta la conscience que sa colère était née de la jalousie et qu'il avait insulté un sage. Il se sentit si mal à l'aise qu'il rebroussa chemin, décidé à présenter des excuses au bouddha.

« Lorsqu'il arriva sur la place, où l'enseignement continuait, la foule se poussa pour laisser passer l'homme qui avait insulté le Maître. Les gens, incrédules, le regardaient venir. Les regards se croisaient, les coudes se poussaient pour attirer l'attention des voisins, un murmure suivait ses pas. Lorsqu'il fut suffisamment près, il se prosterna, suppliant le bouddha de lui pardonner la violence de ses propos et l'indécence de sa pensée. Le bouddha, plein de compassion, vint le relever.

« "Je n'ai rien à vous pardonner, je n'ai reçu ni violence ni indécence.

« – J'ai pourtant proféré des injures et des grossièretés graves.

« – Que faites-vous si quelqu'un vous tend un objet dont vous n'avez pas l'usage ou que vous ne souhaitez pas saisir ?

« – Je ne tends pas la main, je ne le prends pas, bien sûr.

« – Que fait le donateur ?

« – Ma foi, que peut-il faire ? Il garde son objet.

« – C'est sans doute pourquoi vous sembliez souffrir des injures et des grossièretés que vous avez proférées. Quant à moi, rassurez-vous, je n'ai pas été accablé. Cette violence que vous donniez, il n'y avait personne pour la prendre." »

La colère jalouse est banale et fréquente. Nous pourrions dire que c'est heureux quand elle provoque des sentiments de culpabilité et de regrets. Le jalousé n'a pas toujours la sagesse de bouddha, mais le dialogue peut apporter la résolution du conflit.

C'est ce qui se passe fréquemment dans les familles, lorsque la jalousie peut être dite, comprise et accompagnée. Le conflit peut alors être dépassé.

La description de la foule, curieuse du conflit, relate bien la « gourmandise » humaine de celui qui a l'occasion d'assister en voyeur à un match de boxe. Il n'est pourtant pas anodin d'être témoin d'un conflit. Freud, dans son article « Un enfant est battu », en parle : « Pour de nombreux enfants, c'est une représentation agréable que de se figurer son père battant l'enfant qu'on a pris en grippe, que ce soit justement lui ou que ce soit tout autre qu'on ait, dans la réalité, vu battre. Pareil fantasme signifie, en effet : "Papa n'aime pas cet autre, il n'aime que moi." »

Ce fantasme satisfait probablement la jalousie de l'enfant.

La non-violence ne réclame pas un positionnement sacrificiel. La traduction habituelle de l'Évangile de Matthieu (5, 38, 41) va pourtant dans ce sens : « Si quelqu'un te gifle sur la joue droite, tends-lui aussi l'autre. »

Dans son livre *Le Sacrifice interdit*[2], Marie Balmary reprend le texte dans la langue originelle et découvre une erreur dans la traduction. « Le texte parle de "se tourner à l'autre différent". Il

---

1. Sigmund Freud, *Œuvres complètes*, volume 15, 1916-1920, PUF, 2002, p. 188.

2. Marie Balmary, *Le Sacrifice interdit. Freud et la Bible*, Grasset, 1986 et le Livre de poche, 1995.

s'agit de se déplacer et non d'une situation de similitudes et de répétition. C'est la vérité qui est présentée.» Elle poursuit[1]: «Les relations humaines ont trois temps: lier, délier, allier. L'analyse offre une présence autre à celui qui souffre d'avoir été pris dans une relation non autre, dans une relation non séparée.»

Dans son livre *Le Harcèlement moral,* Marie-France Hirigoyen a magistralement parlé de ces situations professionnelles qui peuvent laminer un être humain. Elle écrit[1]: «La technique est toujours la même, la personne utilise les faiblesses de l'autre et l'amène à douter de lui-même afin d'anéantir ses défenses. Par un procédé insidieux de disqualification, la victime perd progressivement confiance en elle, et parfois même est tellement confuse qu'elle peut donner raison à son agresseur: "Je suis nul[le], je n'y arrive pas, je ne suis pas à la hauteur!" De la sorte, la destruction se fait d'une façon extrêmement subtile jusqu'à ce que la victime elle-même se mette dans son tort.» Une amie, Emma, m'a confié son expérience.

Exemple clinique: Emma

Emma a trente-huit ans. C'est une jeune femme rayonnante, vive, intelligente, sensible et drôle. Elle travaille depuis quinze ans dans une société internationale. Elle est responsable des achats et des stocks. Elle est très appréciée, non seulement pour ses compétences, mais aussi pour sa personnalité chaleureuse, conviviale et généreuse.

Un des quatre directeurs de l'entreprise comptait beaucoup sur

---

1. Marie-France Hirigoyen, *Le Harcèlement moral : la violence perverse au quotidien*, Syros, 1998, p. 75.

elle pour organiser des réunions de bonnes relations entre les divers services. Il en retirait tout le bénéfice jusqu'au jour où, lors d'une réunion des managers de l'entreprise, elle l'a affronté directement. Laissons-lui la parole.

« J'étais uniquement motivée pour la meilleure marche de l'entreprise. J'ai corrigé la méthode de marketing irréaliste qu'il préconisait, sans me méfier. À la sortie de la réunion, une collègue m'a dit : "Tu es morte. Tu l'as affronté en public." J'ai retenu cet avertissement, mais sans en tenir compte. Quelques jours plus tard, sous ses ordres, j'ai refusé d'acheter un stock important. Je ne le savais pas, mais il l'avait déjà promis aux fournisseurs avec cadeaux à l'appui. Je l'ai pris au piège de ses manigances et il a commencé à me détruire.

« Par ses intrigues, il a fait nommer le directeur général, qui, en échange, l'a laissé manœuvrer le personnel à sa guise. Il s'est octroyé le service de gérance des stocks. Il me confiait des tâches impossibles pour me juger toujours plus nulle. Partout, il semait les graines de la calomnie contre moi. Personne ne comprenait ni ne me défendait. Je me suis mise à tellement douter de moi que je ne pouvais plus adresser la parole à quiconque. J'évitais tout contact. J'étais devenue nulle. Je lui donnais raison. Je me dévalorisais continuellement en me remettant en cause sans cesse.

« À la maison, le moindre de mes oublis déclenchait des pleurs complètement disproportionnés. C'était un cauchemar dans lequel je m'enfonçais chaque jour plus profondément. Je n'étais plus que la pauvre Emma, jusqu'au jour où une collègue m'a réveillée. "Ce n'est pas toi. C'est lui qui te détruit." Elle a sorti mon dossier et mes notations dans l'entreprise : excellents depuis quatorze ans. Elle m'a permis de mettre les mots sur ce harcèlement moral et j'ai fait face.

« Prise de rage, j'ai retrouvé mon énergie et j'ai déboulé dans le bureau du directeur général : "Maintenant ça suffit. Si M. X n'arrête pas instantanément ses manigances, je lui fous une plainte pour harcèlement moral aux prud'hommes, également contre vous qui ne me protégez pas. J'ai monté un dossier important chez moi." Du jour au lendemain, le harcèlement s'est arrêté. Cet homme rétrogradait tous ceux qui le contrariaient et qui le contraient.

« Lorsque l'entreprise s'est agrandie, il a été licencié, son travail ayant été jugé mauvais par la nouvelle équipe. Je me rends compte qu'il flattait le pouvoir pour y accéder et pour masquer ses insuffisances.

« Aujourd'hui, j'ose dire que je le remercie. Il m'a rendue forte alors que j'étais trop fragile dans mon besoin d'être aimée de tous. Si je le lui avais dit, il n'aurait probablement pas compris. »

Emma sort renforcée de l'épreuve. Comme pour Agnès[1], l'idéalisation enfantine d'une mère toute-puissante a chuté devant la réalité. L'épreuve de libération franchie démontre qu'il ne s'agit pas chez ces deux jeunes femmes d'une posture masochiste. L'une comme l'autre, une fois sorties de l'emprise perverse, ne recherchent plus la souffrance, ni comme une transcendance humaine ni comme une fin en soi.

Marie-France Hirigoyen écrit : « Les pervers se considèrent comme irresponsables parce qu'ils n'ont pas de subjectivité véritable. Absents à eux-mêmes, ils le sont tout autant aux autres. S'ils ne sont jamais là où on les attend, s'ils ne sont jamais pris, c'est tout simplement qu'ils ne sont pas là. Au fond, quand ils accusent les autres d'être responsables de ce qui leur arrive, ils n'accusent pas, ils constatent : puisque eux-mêmes ne peuvent pas être responsables, il faut bien que ce soit l'autre.

---

1. Dont nous parlerons p. 135.

Rejeter la faute sur l'autre, médire de lui en le faisant passer pour mauvais permet non seulement de se défouler, mais aussi de se blanchir. Jamais responsables, jamais coupables, tout ce qui va mal est toujours la faute des autres.
« Ils se défendent par des mécanismes de projection : porter au crédit d'autrui toutes leurs difficultés et tous leurs échecs et ne pas se mettre en cause. Ils se défendent aussi par le déni de la réalité. Ils escamotent la douleur psychique, qui se transforme en négativité. Ce déni est constant, même dans les petites choses de la vie quotidienne, même si la réalité prouve le contraire. La souffrance est exclue, le doute également. Ils doivent donc être portés par les autres. Agresser les autres est le moyen d'éviter la douleur, la peine, la dépression.[1] »

1. *Op. cit.*, p. 135.

Chapitre V

Il était une fois… la jalousie dans un inceste père-fille

Peau d'Âne

De tout temps, l'interdit de l'inceste a été fondamental.

Nous avons vu précédemment comment la première relation à la mère place l'enfant humain dans une relation à tendance incestueuse, et combien il est essentiel de s'en détacher. René Girard parle de « la menace absolue qui détruirait l'humanité si l'homme ne posait pas cet interdit[1] ».

L'inceste livre l'homme à la violence et l'accès à la différence est barré.

Pour illustrer cet interdit, nous reprenons la version ancienne de ce conte de Perrault, parue en vers dans le recueil des *Contes de ma mère l'Oye* en 1697. Il a produit cette version littéraire, tirée d'un récit de la tradition orale, à l'origine destinée aux adultes.

Ce conte merveilleux, *Peau d'Âne,* touche cet interdit universel. Dans l'entrée en matière, la façon dont les parents et Peau d'Âne sont décrits, sans oublier « Maître âne » dans l'écurie, mérite que nous nous y arrêtions :

« Il était une fois un roi,
Le plus grand qui fut sur terre,
Aimable en paix, terrible en guerre.

---

1. René Girard, *La Violence et le Sacré,* Grasset, 1972 et Pluriel, p. 169.

« Son aimable moitié, sa compagne fidèle,
Était si charmante et si belle,
Avait l'esprit si commode et si doux
Qu'il était encore avec elle
Moins heureux roi qu'heureux époux.
De leur tendre et chaste hyménée
Pleine de douceur et d'agrément
Avec tant de vertu une fille était née
Qu'ils se consolaient aisément
De n'avoir de plus ample lignée.
Dans son vaste et riche palais
Ce n'était que magnificence…

« Dans son écurie
[…]
« Un maître âne étalait ses deux grandes oreilles.
Cette injustice vous surprend,
Mais lorsque vous saurez ses vertus non pareilles,
Vous ne trouverez pas que l'honneur fût trop grand.
Tel et si net le forma la nature
Qu'il ne faisait jamais d'ordures.
Mais bien beaux écus au soleil
Et louis de toute manière,
Qu'on allait recueillir sur la blonde litière
Tous les matins à son réveil. »

Voilà une famille qui paraît idyllique, comblée. Le roi et la reine se consolent aisément de n'avoir d'autre enfant, sous-entendu un garçon, puisqu'une fille avec tant de vertu leur est née – une façon toujours renouvelée de valoriser la naissance d'une fille.

Dans le conte, la beauté donne généralement l'indication

d'un accomplissement quand elle est liée aux vertus. Cela semble être le cas de la reine, qui est décrite comme aimable, fidèle, charmante et si belle, l'esprit si commode et si doux.

L'âne, dans leur écurie, qui produit chaque jour des pièces d'or pour leur donner l'abondance, porte un symbole double et caché. Le plus courant de ces symboles est celui de la force du mal, de la sexualité lubrique, têtue et hors entendement, ce qui semble hors de propos dans cette première partie du conte.

Par ses quatre sabots, il est relié aux forces pulsionnelles de la Terre, mais, par ses deux grandes oreilles dressées vers le ciel, il est invité au spirituel. Ses excréments transformés en or symbolisent la richesse que procure l'équilibre après une bonne digestion des nourritures terrestres et spirituelles.

Dans la légende mythologique grecque, nous retrouvons l'âne : Apollon donne des oreilles d'âne au roi Midas, qui a préféré les airs joués à la flûte de Pan à la musique de sa cithare. Par le port des oreilles d'âne, le roi Midas, s'il est humilié pour n'avoir pas su s'élever à plus de spiritualité, est en même temps, à la suite de cette honte, invité à y tendre.

Nous voyons combien l'âne incarne, à lui seul, bien des images. Il représente encore l'humilité, la simplicité du Christ, dans le récit de son entrée triomphale à Jérusalem à dos d'âne. Il est également la monture de la Vierge quand elle va vers Bethléem et, avec le bœuf, il fournit la chaleur animale qui va réchauffer l'enfant Jésus dans la crèche.

C'est son entêtement à ne pas vouloir avancer ni obéir à son maître qui en fait le support de la bêtise : on met un bonnet d'âne sur la tête des enfants qui refusent d'apprendre.

L'âne est pourtant l'un des animaux qui peut le moins vivre sans parole. Il se laisserait mourir de faim s'il n'avait pas les paroles quotidiennes de son maître. Il est connu pour son incapacité à la solitude. Il ne peut pas vivre sans être en lien.

Le conte se poursuit par la maladie mortelle de la reine. Le bel équilibre est rompu.

« Arrivée à sa dernière heure
Elle dit au roi son époux :
"Trouvez bon qu'avant que je meure
J'exige une chose de vous ;
C'est que s'il vous prenait envie
De vous remarier quand je n'y serai plus…
– Ah ! dit le roi, ces soins sont superflus,
Je n'y songerai de ma vie,
Soyez en repos là-dessus.
– Je le crois bien, reprit la reine,
Si j'en prends à témoin votre amour véhément ;
Mais pour m'en rendre plus certaine,
Je veux savoir votre serment,
Adouci toutefois par ce tempérament
Que si vous rencontrez une femme plus belle,
Mieux faite et plus sage que moi,
Vous pourrez franchement lui donner votre foi
Et vous marier avec elle."
Sa confiance en ses attraits
Lui faisait regarder une telle promesse
Comme un serment, surpris avec adresse,
De ne se marier jamais.
Le prince jura donc, les yeux baignés de larmes,
Tout ce que la reine voulut.
La reine entre ses bras mourut,
Et jamais un mari ne fit tant de vacarme.
À l'ouïr sangloter et les nuits et les jours,
On jugea que son deuil ne lui durerait guère,
Et qu'il pleurait ses défuntes amours
Comme un homme pressé qui veut sortir d'affaire. »

Que penser de ce discours *in extremis* de la reine ? L'exhorte-t-elle après leur mariage accompli à n'accepter une autre union que dans la mesure où sa nouvelle femme serait encore plus accomplie qu'elle-même, afin qu'il poursuive sa route vers les sommets ? Ou souhaite-t-elle rester la seule femme de sa vie, n'imaginant pas pouvoir être surpassée ? L'ambivalence bien humaine est présente. À mon sens, la reine exprime plus pour son mari une passion jalouse qu'un véritable amour oblatif. Elle semble avoir du mal à accepter que son mari existe pour lui-même, qu'il soit autre, qu'il soit vivant alors qu'elle meurt.

Dans des versions ultérieures de ce conte, le discours de la reine est nettement plus précis. Elle n'autorise son mari à se remarier qu'à condition que cette deuxième épouse lui ressemble, ou qu'elle puisse mettre ses robes, ses bagues et ses souliers. C'est-à-dire qu'il s'agit de son double narcissique et, en l'occurrence, de leur fille.

Dans cette version, leur fille est prise dans une double relation incestueuse : la mère la maintient au foyer pour qu'elle soit sa continuité et ne lui reconnaît aucune individuation. La jalousie de la mère pour une éventuelle deuxième épouse ne cède qu'à condition que cette femme soit son prolongement, son miroir. Le père va y consentir passionnément et chercher à légaliser la levée de l'interdit de l'inceste.

La version choisie, en vers, est moins explicite, plus ambiguë, mais contient malgré tout ce discours sous-jacent, dans la mesure où elle précise qu'en fait la reine n'imaginait pas qu'une femme puisse lui être supérieure.

Toute fille doit quitter le foyer parental pour créer un nouveau foyer. Peau d'Âne, elle, court le risque d'être maintenue dans le cadre originel. Pourtant, le bon sens populaire affirme que jamais un cours d'eau ne remonte à sa source.

La description du chagrin très ostentatoire du roi sous-entend un désir de ne pas rester seul et illustre surtout un chagrin plus extérieur qu'intérieur.

Pendant plusieurs années, le roi va rechercher, dans son royaume et chez ses voisins, une femme qui aurait plus d'agrément que sa défunte épouse. Elle reste introuvable.

Continuons la lecture de cette version poétique.

« L'infante seule était plus belle
Et possédait certains tendres appas
Que la défunte n'avait pas.
Le roi le remarqua lui-même
Et, brûlant d'un amour extrême,
Alla follement s'aviser
Que par cette raison il devait l'épouser.
Il trouva même un casuiste
Qui jugea que le cas se pouvait proposer.
Mais la jeune princesse, triste
D'ouïr parler d'un tel amour,
Se lamentait et pleurait nuit et jour.

« De mille chagrins l'âme pleine,
Elle alla trouver sa marraine,
Loin, dans une grotte à l'écart
De nacre et de corail richement étoffée.
C'était une admirable fée
Qui n'eut jamais de pareilles en son art…
"Je sais, dit-elle, en voyant la princesse,
Ce qui vous fait venir ici.
Je sais de votre cœur la profonde tristesse,
Mais avec moi n'ayez plus de soucis.
N'est rien qui vous puisse nuire
Pourvu qu'à mes conseils vous vous laissiez conduire.
Votre père, il est vrai, voudrait vous épouser.

Écouter sa folle demande
Serait une faute bien grande,
Mais sans le contredire on le peut refuser.

« Dites-lui qu'il faut qu'il vous donne
Pour rendre vos désirs contents
Avant qu'à son amour votre cœur s'abandonne
Une robe qui soit de la couleur du Temps ;
Malgré tout son pouvoir et toute sa richesse,
Quoique le ciel en tout favorise ses vœux,
Il ne pourra jamais accomplir sa promesse."
[…]
« Aussitôt la jeune princesse
L'alla dire en tremblant à son père amoureux.
[…]
« Le second jour ne luisait pas encore
Qu'on apporta la robe désirée et
Le plus beau bleu de l'Empyrée.
[…]
« De joie et de douleur l'infante pénétrée
Ne sait que dire ni comment
Se dérober à son engagement.
"Princesse, demandez-en une,
Lui dit sa marraine tout bas,
Qui, plus brillante et moins commune,
Soit de la couleur de la Lune.
Il ne vous la donnera pas…"
[…]
« Le riche habillement fut fait au jour marqué.
[…]
« Sa plus vive clarté fait pâlir les étoiles.
[…]

« "Je ne saurais être contente
Que je n'aie une robe encore plus brillante
Et de la couleur du Soleil."
[...]
« Avant la fin de la semaine,
Le prince fit apporter l'ouvrage précieux,
Si beau, si vif, si radieux,
[...]
« D'un plus brillant éclat éblouit pas les yeux. »

Sous prétexte d'obéir à sa femme, le roi s'installe dans la transgression. Au lieu de continuer à chercher une épouse à l'extérieur, il va rester au foyer. C'est alors la fermeture narcissique et non la poursuite de son chemin pour aller au-delà. Le roi colle au désir de l'autre, il perd l'équilibre que lui a donné sa femme – équilibre précaire, puisque le roi n'est pas encore capable ni d'assumer un désir personnel, ni de désobéir.

La jeune fille doit partir et quitter l'obéissance à son père et à sa mère, même s'il lui est très douloureux de s'opposer à ceux qui lui ont donné la vie mais qui, aujourd'hui, lui imposent une mort psychique.

Peau d'Âne a besoin d'une aide, d'un soutien auquel elle peut s'identifier pour sortir de cette impasse. La bonne fée, sa marraine, lui propose, en premier lieu, une fuite diplomatique pour ne pas faire perdre la face à son père. Il s'agit de lui demander des choses impossibles, des robes plus belles que celles de sa mère et d'un éclat jamais égalé. Le désir du père est si violent qu'il accède aux demandes de sa fille.

Robes de la couleur du Temps, de la Lune et du Soleil représentent les cycles de la vie terrestre, auxquels les humains ne peuvent que se soumettre et sans lesquels il n'y aurait pas de vie. Ces cycles, créés par des instances supérieures, divines, supposent un pouvoir hors norme. La passion du père est aussi hors norme, et permet de répondre aux demandes de sa fille. Le désir d'être aimé et reconnu mène l'homme à des réussites inouïes. Les sept merveilles du monde et autres réalisations fabuleuses en sont le témoignage vivant.

[À bout d'arguments, la princesse est sur le point de céder à la demande de son père lorsque la fée propose une quatrième demande.]

« "Il ne faut pas, lui dit-elle à l'oreille,
Demeurer en si beau chemin ;
Est-ce une si grande merveille
Que tous ces dons que vous recevez,
Tant qu'il y aura l'âne que vous savez
Qui d'écus d'or sans cesse emplit sa bourse ?
Demandez-lui la peau de ce rare animal.
Comme il est toute sa ressource,
Vous ne l'obtiendrez pas, ou je raisonne mal."

« Cette fée était bien savante,
Et cependant elle ignorait encor
Que l'amour violent, pourvu qu'on le contente,
Compte pour rien l'argent et l'or ;
La peau fut galamment aussitôt accordée
Que l'infante l'eut demandée.

« Cette peau quand on l'apporta
Terriblement l'épouvanta
Et la fit de son sort amèrement se plaindre.
Sa marraine survint et lui représenta
[…]
« Qu'il faut qu'elle s'en aille en quelque État lointain,
Pour éviter un mal si proche et si certain.
[…]

« "Pour vous rendre méconnaissable,
La dépouille de l'âne est un masque admirable.
Cachez-vous bien dans cette peau,
On ne croira jamais, tant elle est effroyable,
Qu'elle renferme rien de beau."
[…]
« La princesse ainsi travestie poursuivit son chemin…
Le visage couvert d'une vilaine crasse
À tout passant elle tendait la main,
Et tâchait pour servir de trouver une place.
[…]
« Elle alla donc bien loin, bien loin, encor plus loin.
Enfin elle arriva dans une métairie
Où la fermière avait besoin
D'une souillon dont l'industrie
Allât jusqu'à savoir bien laver des torchons
Et nettoyer l'auge aux cochons.
On la mit dans un coin au fond de la cuisine
Où les valets, insolente vermine,
Ne faisaient que la tirailler
La contredire et la railler.
[…]
« Elle avait le dimanche un peu plus de repos
Car ayant du matin fait sa petite affaire
Elle entrait dans sa chambre en tenant le huis clos.
Elle se décrassait, puis ouvrait sa cassette,
Mettant proprement sa toilette,
Rangeait dessus ses petits pots
Devant son grand miroir, contente et satisfaite,
De la Lune tantôt la robe elle mettait,
Tantôt celle où le feu du Soleil éclatait
Tantôt la belle robe bleue

Que tout l'azur des cieux ne saurait égaler.
[...]
« Elle aimait et à se voir jeune, vermeille et blanche
Et plus brave cent fois que nulle autre n'était.
Ce doux plaisir la sustentait
Et la menait jusqu'à l'autre dimanche. »

Peau d'Âne ne peut que fuir irrémédiablement la passion incestueuse de son père, « bien loin, bien loin, encor plus loin ».

La beauté et les dons qu'elle a reçus, elle doit les faire grandir par elle-même. Ce passage initiatique est nécessaire à tous les adolescents et adolescentes : il leur faut aller se frotter à la réalité du monde pour parvenir à la maturité génitale de leur être. Il s'agit de trouver sa vie hors des liens incestueux et de faire l'expérience du monde.

La peau d'âne dont la princesse doit se revêtir représente la situation limite dans laquelle elle est entraînée par son père : c'est l'animalité et la mort psychique. En effet, elle doit affronter une mort symbolique pour dépasser le conflit œdipien mis en scène.

Le roi, lui, s'entête – en cela, c'est lui qui ressemble à l'âne. Hors de tout entendement, il désire posséder sa fille.

Pour Claude Lévi-Strauss, « dans les limites, les positions extrêmes [...] sont imaginées seulement pour les démontrer intenables[1] ». Il souligne également que la pratique des mariages étroitement consanguins ferait éclater le groupe social en une multitude de familles closes sur elles-mêmes. Les antagonismes, loin d'être apaisés par les liens de sang, y seraient sans merci. Il ajoute que les interdits ne sont pas énoncés pour contraindre l'homme, mais pour le constituer.

1. Claude Lévi-Strauss, *Anthropologie structurale*, Plon, 1958, p. 209.

Dans son livre *La Poétique du conte,* Nicole Belmont[1] note, à la suite de Vladimir Propp *(Morphologie du conte),* que Peau d'Âne ne se transforme pas en un animal, mais en revêt seulement la peau. «Cela n'[...] enlève pas [l]a signification funèbre, puisque les peuples primitifs enveloppaient leurs morts dans des peaux animales ou les plaçaient dans des troncs évidés.»

Ce passage est l'illustration de ce que, en psychanalyse, on appelle castration symboligène: il s'agit de faire le deuil d'un stade antérieur pour accéder au suivant. Par exemple, nous devons nous priver des bras de l'adulte pour marcher, nous devons nous priver du biberon ou de la tétine pour manger seuls et pouvoir accéder au langage. Les étapes de la castration symboligène se déclinent à tous les âges de la vie. Elles nous entraînent à toujours avancer jusqu'à la date ultime de la mort.

Peau d'Âne, née dans la douceur et l'opulence, jouit d'une situation dominante acquise seulement par sa naissance. Elle doit faire l'expérience des difficultés basiques de la vie: servir l'autre, elle qui a toujours été servie, apprendre à faire face aux quolibets et aux railleries, être industrieuse. Elle construit sa personnalité au milieu des autres sans protection tutélaire et trouve du courage en s'appuyant sur ses acquis.

[Le fils du roi voisin, qui vient souvent dans cette métairie au retour de la chasse, est remarqué par Peau d'Âne.]

« Peau d'Âne de fort loin le vit avec tendresse,
Et reconnut par cette hardiesse
Que sous sa crasse et ses haillons
Elle gardait encor le cœur d'une princesse.
[...]

1. Nicole Belmont, *La Poétique du conte. Essai sur le conte de tradition orale*, Gallimard, 1999.

« "D'une robe de rien, s'il m'avait honorée,
Je m'en trouverais plus parée
Que de toutes celles que j'ai." »

Dans une relation vivante amoureuse, Peau d'Âne n'a plus besoin d'imaginer une relation de chantage. Les échanges amoureux l'honoreraient et la nourriraient suffisamment ; elle n'aurait donc plus besoin d'artifice.

Suivent les vers qui décrivent la réciprocité des sentiments qui naissent dans le cœur du prince :

« Un jour le prince errant à l'aventure
[...]
Par hasard mit l'œil au trou de la serrure.
Comme il était fête ce jour
Elle avait pris une riche parure.

« Le prince au gré de son désir
La contemple et ne peut qu'à peine,
En la voyant, reprendre haleine,
Tant il est comblé de plaisir.
Quels que soient les habits, la beauté du visage,
Son beau tour, sa vive blancheur,
Ses traits fins, sa jeune fraîcheur
Le touchent cent fois davantage,
Mais un certain air de grandeur,
Plus encore une sage et modeste pudeur,
Des beautés de son âme assurent témoignage.

« Trois fois, dans la chaleur du feu qui le transporte,
Il voulut enfoncer la porte
[...]
Trois fois par le respect son bras fut arrêté.
Dans le palais, pensif, il se retire,

Et la nuit et le jour, il soupire
[…]
Il n'a plus d'appétit, tout lui fait mal au cœur,
Et le fond de sa maladie
Est une triste et mortelle langueur.

« Il s'enquit quelle était cette nymphe admirable
Qui demeurait dans une basse-cour
Au fond d'une allée effroyable
Où l'on ne voit goutte en plein jour.
"C'est, lui dit-on, Peau d'Âne, en rien nymphe ni belle,
Et que Peau d'Âne on l'appelle
À cause de la peau d'âne qu'elle se met sur son cou."
[…]
« Cependant la reine, sa mère,
Qui n'a que lui d'enfant pleure et se désespère ;
De déclarer son mal elle le presse en vain,
Il gémit, il pleure, il soupire, il ne dit rien, si ce n'est qu'il désire
Que Peau d'Âne lui fasse un gâteau de sa main. »

Nous voyons que, par trois fois, le prince veut défoncer la porte : par trois fois, il retient son bras par respect.

Lui aussi doit traverser les épreuves du contrôle de ses pulsions. Il pourrait assouvir son désir d'homme par la force d'un viol. Il y renonce par trois fois, et tombe dans un épisode dépressif qui s'accentue lorsque la description de la jeune fille lui est donnée. La laideur apparente de Peau d'Âne ne correspond pas aux traits que l'amour a tracés dans sa mémoire. Il veut retrouver la forte impression, la résonance qu'il a ressentie en apercevant la princesse sans sa Peau d'Âne.

Tomber amoureux, c'est vivre la rencontre d'un être fantasmatique avec un être réel. C'est la rencontre de deux problématiques inconscientes qui entrent en résonance l'une avec l'autre. L'amour mobilise, en effet, toute la dimension inconsciente de la problématique œdipienne. Le père de Peau d'Âne était resté ancré dans le désir d'une femme. Il était passé de l'autorité de sa mère à celle de son épouse sans affranchir son désir personnel. Il lui fallait recevoir l'interdit de l'inceste pour sortir d'une dyade aliénante.

C'est par sa fille qu'il va recevoir la castration symboligène dont nous avons parlé précédemment. C'est seulement lorsqu'il aura accepté l'interdit de l'inceste qu'il pourra vivre par lui-même et choisir une femme de sa génération.

Le prince, quant à lui, est confronté à une démasculinisation à partir du moment où il tombe amoureux. C'est la grandeur de l'amour qui invite à partager au lieu de dominer. C'est l'amour de l'autre qui humanise, qui ouvre à l'altérité et à la complétude. Encore faut-il décrocher de la problématique œdipienne et de la jouissance du pouvoir.

Où se trouve donc la jalousie, dans ce conte ?

Elle est première, comme dans toute relation incestueuse. Le père désire posséder sa fille, qui lui est interdite. On ne peut prendre femme dans son propre foyer, et il est jaloux de cette beauté qu'un autre pourrait posséder. Il nie l'altérité de sa fille. Il en fait son objet sous prétexte qu'il doit obéir aux derniers vœux de sa femme. Il annule sa paternité pour assouvir sa pulsion sexuelle encouragé par la bénédiction maternelle. Nous sommes dans une configuration perverse, celle de se dédouaner d'un désir interdit sous prétexte d'obéir au désir d'un autre.

Poursuivons le récit :

« Peau d'Âne prend donc sa farine
Qu'elle avait fait bluter exprès
Pour rendre sa pâte plus fine,

Son sel, son beurre et ses œufs frais ;
Et pour bien faire sa galette,
S'enferme seule en sa chambrette.

« D'abord elle se décrassa
Les mains, les bras et le visage,
Et prit un corps d'argent que vite elle laça
Pour dignement faire l'ouvrage
Qu'aussitôt elle commença.

« On dit qu'en travaillant un peu trop à la hâte
De son doigt par hasard il tomba dans la pâte
Un de ses anneaux de grand prix.
[…]
« Je suis bien sûr encore et j'en ferais serment
Qu'elle ne douta point que de son jeune amant
La bague ne fût bien reçue.

« On ne pétrît jamais un si friand morceau,
Et le prince trouva la galette si bonne
Qu'il ne s'en fallut rien que d'une faim gloutonne
Il n'avalât aussi l'anneau.
[…]
« Son cœur en fut touché d'une joie incroyable
[…]. »

Dans ce conte, c'est la symbolique de l'anneau qui permet au prince de réunir en une seule personne la jeune fille qu'il a entraperçue et la petite souillon de la métairie. L'anneau, par sa symbolique d'union sexuelle, lui apporte la preuve d'un désir partagé et d'une noble naissance. C'est un signe de reconnaissance que la jeune fille lui envoie.

[L'entourage du prince veut cependant le marier pour le sortir de sa langueur.]

« Je le veux bien, dit-il, pourvu que l'on me donne
En mariage la personne
Pour qui cet anneau sera bon.
[…]
« Voilà donc qu'on se met en quête
De celle que l'anneau, sans nul égard du sang,
Doit placer dans un si haut rang ;
Il n'en est point qui ne s'apprête
À venir présenter son doigt
Ni qui veuille céder son droit.
[…]
Mais la bague toujours trop petite, trop ronde
D'un dédain presque égal rebutait tout le monde.
[…]
Il s'y présenta maintes filles
Dont le doigt, gros et ramassé,
Dans la bague du prince eût aussi peu passé
Qu'un câble au travers d'une aiguille.
On crut enfin que c'était fait,
Car il ne restait, en effet,
Que la pauvre Peau d'Âne au fond de la cuisine.
[…]
« Qu'on la fasse venir, chacun se prit à rire,
Criant tout haut : "Que veut-on dire,
De faire entrer ici cette sale guenon ?"
Lorsqu'elle tira de dessous sa peau noire
Une petite main qui semblait de l'ivoire
Qu'un peu de pourpre a coloré,
Et que de la bague fatale,
D'une justesse sans égale,
Son petit doigt fut entouré,
La Cour fut dans une surprise

Qui ne peut pas être comprise.
[…]
« On lui donna le temps de prendre un autre habit.
[…]
« Lorsqu'elle arriva dans les appartements
[…]
ses pompeux vêtements,
Dont les riches beautés n'eurent jamais d'égales
Que ses aimables cheveux blonds
Mêlés de diamants dont la vive lumière
En faisait autant de rayons,
Que ses yeux bleus, grands, doux et longs
Qui pleins d'une majesté fière
Ne regardent jamais sans plaire et sans blesser,
Et que sa taille enfin si menue et si fine
Qu'avec ses deux mains on eût pu l'embrasser,
Montrèrent leurs appas et leur grâce divine,
Des dames de la cour et de leurs ornements
Tombèrent tous les agréments.
[…]
« Et le prince, son cher amant,
De cent plaisirs l'âme comblée,
Succombait sous le poids de son ravissement. »

Peau d'Âne a traversé les épreuves, son fiancé également. Ils peuvent donc se marier, selon les critères des contes : ils se sont libérés chacun de leur problématique œdipienne et sont devenus aptes à créer une nouvelle cellule familiale. Selon la formule consacrée, ils se marièrent et eurent beaucoup d'enfants…

Le poème ne s'arrête cependant pas là. Lors des réjouissances du mariage, le père est invité :

« […] nul prince, nul potentat
N'y parut avec tant d'éclat

Que le père de l'épousée
Qui, d'elle autrefois amoureux,
[...]
Avait avec le temps purifié les feux
Dont son âme était embrasée.
Il en avait banni tout désir criminel
Et, de cette odieuse flamme,
Le peu qui restait dans son âme
N'en rendait que plus vif son amour paternel
Dès qu'il la vit : "Que béni soit le ciel
Qui veut bien que je te revoie,
Ma chère enfant", dit-il, et tout en pleurant de joie
Courut tendrement l'embrasser.
[...]
« Dans ce moment, la marraine arriva
Qui raconta toute l'histoire
Et par son récit acheva
De combler Peau d'Âne de gloire. »

Le père a retrouvé sa place de père et la marraine, dans certaines versions, ne se contente pas de faire l'éloge de sa filleule : elle fait un mariage d'amour avec le père. Les générations sont à leur place. Le conte a mené à bien son discours, et il ne lui reste plus qu'à conclure.

« Il n'est pas malaisé de voir
Que le but de ce conte est qu'un enfant apprenne
Qu'il vaut mieux s'exposer à la plus rude peine
Que de manquer à son devoir ;
Que la vertu peut être infortunée,
Mais qu'elle est toujours couronnée. »

Denis Vasse écrit dans *Inceste et Jalousie*[1], « L'inceste met

1. *Op. cit.* p. 127.

l'homme dans la situation périlleuse de vivre une vie qui ne serait pas la sienne en vérité », et il souligne plus loin : « La question de l'inceste et de la jalousie, c'est la question qui différencie l'homme de toutes les espèces. »

Quand l'interdit de l'inceste n'est pas respecté, la force tangentielle du désir, qui pousse vers l'autre, est barrée par le refus des différences et du respect de l'altérité.

Le désir est cette force vitale qui ouvre la vie en nous, à la rencontre de l'autre, grâce à la jalousie positive, pourrait-on dire, et à l'interdit de l'inceste. Fuir, partir peuvent être la seule solution vitale pour ceux qui sont pris au piège d'une famille incestueuse. Leur vie est à ce prix.

Exemple clinique : Corinne

Corinne est une belle jeune fille de vingt ans. Elle est entrée dans mon bureau comme par effraction. Son regard implore et s'excuse à la fois. Son expression orale maladroite est hachée, freinée par le souci de « ne pas déplaire », et la jeune fille se tient à l'affût de mes propres expressions. Elle est en échec sur tous les plans. Elle pleure sans raison, dit-elle. Le médecin qui me l'adresse lui a prescrit des antidépresseurs. Elle travaille dans la publicité et se sent écrasée par l'équipe du bureau. Sa vie sentimentale est désastreuse. « Je me sens bloquée de partout sans savoir pourquoi. »

Cette jeune femme vit dans la confusion. Elle s'interdit de penser, de ressentir pour ne pas ébranler l'édifice d'idéalisation du couple parental derrière lequel elle évolue comme un petit animal effarouché.

Elle est la dernière d'une fratrie de trois filles, et aussi la dernière tentative du père pour avoir un garçon. Elle n'a pas de souvenirs d'enfance, si ce n'est son mutisme. « J'existais plus pour mon père que mes sœurs, parce qu'il était fier que je réussisse dans les sports de garçon : saut à l'élastique, parachute, moto. Il applaudissait quand j'avais des accidents : je n'étais pas une poule mouillée. »

Corinne ne voulait pas être une femme puisque, pour son père, toutes les femmes sont des traînées. Elle collait à son père et se liguait avec lui contre sa mère, alcoolique, et contre ses sœurs, des mauviettes.

« Je ne sais toujours pas qui je suis, me disait-t-elle, et pourtant c'est moi qui vous parle… Sous aucun prétexte je ne dois déplaire à mon père. Papa est un grand homme qu'il ne faut pas contrarier. »

L'agresseur est idéalisé proportionnellement à la terreur qu'il inspire.

Corinne réalise qu'elle fuit dès qu'il y a une idée de groupe et de fête. Que craint-elle ? Une force d'inertie s'installe répétitivement et le moindre rapprochement humain lui est intolérable. Cette réaction est handicapante pour son travail et dans sa vie. Des rêves vont lui permettre de se remémorer les traumatismes qu'elle a enfouis et refoulés, comme les attouchements de son père et des invités, qu'il encourageait. Elle en ressentait un vif malaise, mais elle pensait que c'était normal puisque cela faisait plaisir à son père et qu'elle croyait que c'était un honneur que les hommes la jugent intéressante.

« De toute façon, je ne peux rien réussir. Mes initiatives ne peuvent que déplaire puisque je suis une fille. Je rêve d'être un garçon pour ne pas souffrir comme une femme, comme ma mère et comme mes sœurs. Quand mon père me prenait entre ses jambes, j'étais un morceau de lui… Un morceau de moi pouvait vivre, mais pas moi… Je vis comme un mouton, toujours soumise à une autorité, sans aucun jugement personnel. Je n'ai jamais pu demander d'aide. Avant toute chose, je ne dois pas le déranger, je dois être disponible, mais sans échange de ma part, seulement soumise. Je crois que j'ai des facultés importantes de compréhension des autres. La seule chose que je voudrais... Je voudrais décharger mon père de ma vie. Même morte, je crois que je redouterais encore de le gêner... Même mourir, je ne peux pas, et pourtant je passe mon temps à m'annuler. C'est ça, ma dépression ; ma vie n'est plus vivable. » Corinne s'était alliée à la toute-puissance paternelle et avait annulé sa féminité pour survivre. Elle réduisait sa vie à être, pour son père, le garçon qu'elle n'était pas. Elle prenait le mensonge pour vérité. Le travail analytique l'a sortie de cet enlisement dévastateur où l'entraînait la paranoïa jalouse de son père. Elle était entraînée « à vivre une vie qui n'était pas la sienne en vérité ».

Chapitre VI

Il était une fois… la jalousie maternelle

Jeannot et Margot, dans le recueil des frères Grimm, est un conte merveilleux, souvent remanié. Il apparaît dans les pays germaniques et scandinaves sous le titre de *Hansel et Gretel.* C'est également une variante du *Petit Poucet*.

Ce conte aborde le thème du rejet maternel, du désir d'abandon, de l'incapacité de certaines mères à protéger leurs enfants. Pour les enfants, il est nécessaire de s'en éloigner physiquement et moralement, car elles font passer leur propre survie avant celle de quiconque, même de leur enfant. Elles se sentent vampirisées par lui, puisqu'il met leur narcissisme en danger. Elles ne peuvent que souhaiter sa mort, car sa vie met la leur en péril.

Jeannot et Margot

« Il était une fois, tout près d'une grande forêt, un pauvre bûcheron, sa femme et leurs deux enfants : un garçon, qui s'appelait Jeannot, et une fillette, qui se nommait Margot. Le bûcheron gagnait si peu qu'il n'avait presque rien à leur donner à manger d'ordinaire, mais, lorsqu'il y eut la famine dans la contrée, ce fut même le pain quotidien qui manqua. Un soir qu'il ne pouvait dormir à cause de ses soucis et qu'il se retournait dans son lit en soupirant à cause de ses tristes pensées, il dit à sa femme :

« “Qu’allons-nous devenir ? Et comment pourrions-nous faire manger nos enfants quand nous n’avons rien à manger nous-mêmes ?

« – Sais-tu quoi, mon homme ? Demain matin, de très bonne heure, nous emmènerons les enfants dans la forêt, là où elle est le plus épaisse. Nous leur préparerons un feu là-bas et nous leur donnerons encore à chacun un dernier petit bout de pain, puis nous irons à notre travail et nous les laisserons seuls. Ils ne retrouveront plus le chemin de la maison et nous en serons débarrassés.

« – Non, femme, je ne peux pas faire cela ! dit-il. Comment prendrais-je sur mon cœur de laisser les enfants tout seuls dans la forêt, avec les bêtes sauvages qui ne tarderaient pas à venir les dévorer ?

« – Idiot que tu es ! dit la femme. Nous allons donc mourir de faim tous les quatre, et il ne te reste plus qu’à raboter les planches pour nos cercueils !”

« Sans lui laisser ni trêve ni repos, elle continua et insista jusqu’à ce qu’il eût consenti.

« “Mais quand même, dit l’homme, ces pauvres enfants me font regret.”

« Les deux enfants, qui ne pouvaient pas dormir à cause de la faim, avaient tout entendu de ce que la marâtre avait dit à leur père. Quand les parents furent endormis, Jeannot se glissa au bas du lit, enfila sa petite veste, courut jusqu’à la porte coupée, dont il ouvrit le bas, et passa dehors. C’était en plein clair de lune, et le gravier, devant la maison, faisait luire ses petits cailloux comme autant de sous neufs. Jeannot se baissa et en ramassa tant qu’il put en mettre dans ses petites poches…

« À la pointe du jour, bien avant le lever du soleil, la femme s’en vint réveiller les deux enfants :

« "Debout ! Debout, paresseux ! leur dit-elle. Nous allons dans la forêt pour y faire du bois."

« Ensuite, elle leur donna à chacun un petit bout de pain en leur disant :

« "Comme cela, vous aurez un petit quelque chose pour midi, mais ne le mangez pas avant, parce qu'il n'y aura rien d'autre..."

« Margot serra le pain sous son tablier, puisque Jeannot avait les cailloux dans ses poches, et en route pour la forêt. Sur le chemin, Jeannot jetait chaque fois un petit caillou blanc de sa poche. »

Nous retrouvons dans ce récit le schéma habituel des contes populaires, que Geneviève Calame-Griaule a décomposé en cinq séquences : 1. un état de manque (ou une faute initiale) provoquant le départ du héros ; 2. un voyage pendant lequel il est soumis à une première série d'épreuves ; 3. l'arrivée dans un lieu où il subit de nouvelles épreuves ; 4. la récompense ; 5. le retour au point de départ.

L'état de manque de la famille du bûcheron est ici dramatique. La femme veut survivre, peu lui importent les enfants – elle n'utilise d'ailleurs jamais l'adjectif possessif à leur sujet, mais seulement au sujet de son mari : elle dit « mon homme » et « les enfants ». Le père, au contraire, est horrifié par la solution proposée : « Comment prendrais-je sur mon cœur de laisser les enfants tout seuls dans la forêt, avec les bêtes sauvages qui ne tarderaient pas à venir les dévorer ? » Si le père a une vie affective, sa femme, elle, est de pierre – le récit évite d'ailleurs le mot « mère » et la désigne par les mots « la femme » où « la marâtre ». Elle est décrite comme une personne sans affect. Ce cas illustre le fait que l'amour et l'instinct maternel n'étant pas innés, comment les posséder si on ne les a pas reçus ? Les exemples cliniques qui suivront diront la détresse des femmes qui naissent elles-mêmes de mères amputées d'amour oblatif à cause de leur propre histoire.

Retrouvons Jeannot et Margot au beau milieu de la forêt.

« Le père leur dit :

« "À présent, les enfants, allez me ramasser du bois. Je vais faire un feu pour que vous n'ayez pas froid." »

« Le feu fut allumé et, quand la flamme fut bien haute, la femme dit :

« "Vous, les enfants, couchez-vous auprès du feu et reposez-vous pendant que nous allons plus loin faire du bois. Nous viendrons vous chercher quand nous aurons fini."

« Et, comme ils étaient restés là longtemps, ils eurent les yeux lourds de fatigue et ils finirent par s'endormir. Quand ils se réveillèrent, c'était déjà nuit noire. Margot commença à pleurer en disant :

« "Comment allons-nous faire, à présent, pour sortir de la forêt ?"

« Jeannot la réconforta et lui dit :

« "Attends seulement que la lune se lève, ce ne sera pas long, et nous retrouverons bien le chemin."

« Et, quand la lune fut levée, Jeannot prit Margot par la main et emmena sa petite sœur en suivant le chemin tracé par les cailloux blancs, qui luisaient comme des sous neufs. Ils marchèrent toute la nuit et n'arrivèrent qu'à la pointe du jour devant la maison de leur père. Ils frappèrent à la porte et la femme vint ouvrir. Et, quand elle vit que c'était Jeannot et Margot, elle s'écria :

« "Méchants enfants ! Dormir si longtemps dans la forêt, en voilà des façons ! Nous avons cru que vous vouliez ne plus jamais revenir."

« Le père, par contre, se réjouit de les revoir, car son cœur lui pesait de les avoir laissés comme cela, tout seuls. »

C'est tout l'art des bourreaux que de faire naître la culpabilité chez leurs victimes. Leur mère reproche aux enfants d'avoir voulu s'enfuir. Comme c'est toujours le cas dans la projection paranoïaque, la mère déplace sur l'autre son propre désir et le charge de la culpabilité qu'elle-même devrait éprouver.

Il est indispensable que Jeannot et Margot quittent cette mère pour survivre, mais le lien à leur père les pousse à revenir. La narration spécifie bien qu'ils arrivent à « la maison de leur père », nulle mention de leur mère. Ils savent qu'ils ne peuvent rien attendre d'elle mais n'ont pas encore assez grandi pour se passer de l'affection de leur père, qui lui se réjouit de les revoir.

Combien de fois revenons-nous sans cesse là où nous avons souffert, espérant que nous nous étions trompés ou espérant que le sadisme se soit transformé en amour.

Le récit continue après ce premier départ manqué.

« Au bout de très peu de temps, ce fut de nouveau la misère chez eux. Le besoin était dans tous les coins, et de nouveau les enfants entendirent leur mère qui parlait avec leur père et qui lui disait :

« "Voilà que tout est encore mangé : un demi-pain, c'est tout ce qu'il nous reste, et après, c'est fini la musique. Il faut expédier les enfants, et cette fois nous les mènerons bien plus profond dans la forêt pour qu'ils n'arrivent pas à retrouver le chemin ; autrement, pas de salut pour nous."

« L'homme se sentit un gros poids sur le cœur et pensa :

« "Mieux vaudrait partager avec les enfants la dernière bouchée !"

« Sa femme ne voulut rien entendre de ce qu'il pouvait dire ; elle le rabroua, au contraire, le houspilla et l'accabla de reproches. Puisqu'il avait consenti la première fois, il fallut bien qu'il cède la seconde aussi.

« Mais les enfants ne dormaient pas non plus, et ils avaient surpris tout le dialogue. Aussi Jeannot se leva, mais cette fois la mère avait fermé les deux parties de la porte et il ne put sortir.

« Au petit matin, la femme vint tirer les enfants du lit, mais le petit bout de pain qu'ils reçurent était encore plus petit que l'autre fois. En route vers la forêt, Jeannot l'émietta dans sa poche et s'arrêta de temps à autre pour en jeter une miette sur le chemin.

« La femme emmena les enfants bien plus au cœur de la forêt, dans un endroit qu'ils n'avaient jamais vu de leur vie. Un grand feu fut préparé de nouveau et la mère leur dit :

« "Restez là, les enfants, et quand vous serez fatigués, vous n'aurez qu'à dormir un peu : nous allons chercher du bois un peu plus loin et ce soir, quand nous aurons fini, nous viendrons vous chercher."

« Quand ils se réveillèrent enfin, c'était déjà nuit noire. Lorsque la lune se leva, ils ne trouvèrent plus une seule miette de pain nulle part, car les milliers d'oiseaux qui volent tout partout, dans la forêt ou à la campagne, les avait avalées. Au cours de leur troisième journée loin de la maison paternelle, ils étaient tellement fatigués que leurs jambes ne voulaient plus les porter. Or, vers midi, ils aperçurent sur une branche un bel oiseau blanc comme neige, et il chantait si joliment qu'ils s'arrêtèrent pour l'écouter. Son chant fini, l'oiseau ouvrit ses ailes et voleta devant eux, et ils le suivirent jusqu'auprès d'une maisonnette, sur le toit de laquelle il alla se poser. En approchant encore, ils virent que la maisonnette avait des murs de pain d'épices et un toit de biscuit ; quant aux fenêtres, elles étaient de sucre filé.

« "Nous allons croquer là-dedans que c'en est une bénédiction !" »

Les conditions sont dramatiques : les oiseaux ont mangé les repères. Les enfants sont à bout de force. Depuis trois jours, ils survivent à peine dans cette forêt qui les nourrit à toute petite dose.

Nous avons déjà vu que, pour les Chinois, le chiffre 3 est un chiffre parfait (*tch'eng'*), c'est l'expression de la totalité, de l'achèvement. Trois jours pendant lesquels les enfants prennent conscience que leur vie ne dépend plus que d'eux-mêmes. Ils partagent tous deux la même destinée. Ils se trouvent au centre de la vie organique, représentée par la forêt.

L'arbre est une image de l'homme : le tronc s'enracine sous la terre et sa ramure s'élance vers le ciel. Les enfants ne doivent compter que sur eux-mêmes pour survivre.

Un bel oiseau blanc les guide vers la maison en pain d'épices. Cet oiseau peut être interprété comme la masculinité naissante et chaste de Jeannot, qui va décider d'agir et de choisir une direction. Sa blancheur témoigne de la chasteté de Jeannot envers sa sœur. Il devient un homme, l'oiseau est le messager de ce passage initiatique.

Ces trois jours construisent son identité masculine et le conduisent à prendre de conscience de son identité sexuelle. Il se sert de sa force nouvelle pour protéger sa jeune sœur, son intelligence s'éveille, il a des atouts qu'il traduit en actes. Il se dégage de la dépendance parentale.

Le conte concrétise magiquement les fantasmes de gourmandise que des enfants privés de l'essentiel peuvent connaître. Avec la maison en pain d'épice, c'est l'allégresse. Les enfants se régalent et mangent tout leur soûl avant d'affronter une nouvelle épreuve.

« Voilà que la porte s'ouvrit d'un coup, et une vieille encore plus vieille que les pierres s'avança à petits pas dehors, en béquillant sur sa béquille. Jeannot et Margot en furent si

violemment épouvantés qu'ils en laissèrent tomber ce qu'ils avaient dans les mains. Mais la vieille branla la tête et dit :

« "Hé, hé, mes chers enfants, qui vous a amenés ici ? Mais entrez donc, voyons ! Restez chez moi, il ne vous arrivera rien de mal."

« Elle les prit par la main tous les deux et les conduisit dans sa maisonnette. Là, ils eurent devant eux de bonnes choses à manger, du lait et des crêpes au sucre, des pommes et des noix ; puis ils eurent deux petits lits blancs pour se coucher, et ils se crurent au ciel.

« Mais si la vieille avait été si aimable, c'était seulement pour faire semblant : en réalité, c'était une méchante sorcière qui guettait les enfants, et c'est justement pour les attirer qu'elle avait construit sa maisonnette de pain d'épices. Une fois qu'ils étaient en son pouvoir, elle les tuait, les faisait cuire et les mangeait, ce qui était pour elle un jour de fête. Les sorcières ont les yeux rouges et la vue si basse qu'elles n'y voient que de tout près, mais elles ont une espèce de flair, comme les animaux, et elles savent très bien quand on approche d'elles. Ainsi, quand Jeannot et Margot arrivèrent dans les environs, elle avait ricané méchamment et dit, en se réjouissant d'avance :

« "Je les tiens, ces deux-là, ils ne m'échapperont plus !"

« Le lendemain matin, très tôt, elle se leva avant le réveil des enfants et, quand elle les vit dormir si gentiment, avec leurs bonnes joues rouges, elle se chuchota à elle-même :

« "Un fameux morceau que je vais avoir là !"

« Alors, elle empoigna Jeannot de ses mains sèches et le porta dans une petite remise, où elle l'enferma derrière une porte grillée : il pouvait bien crier tant qu'il voulait, cela ne servait à rien. Ensuite, elle revint secouer Margot pour la réveiller et elle lui cria :

« "Debout, paresseuse, puise de l'eau et fais cuire quelque chose de bon pour ton frère qui est là-bas, dans la remise, où il faut qu'il engraisse, parce que, dès qu'il sera assez dodu, je le mangerai."

« Dès lors, pour le malheureux Jeannot, fut préparée la meilleure cuisine ; Margot, par contre, n'avait rien que les os à sucer… Chaque matin, la vieille se traînait jusqu'à la petite remise et criait :

« "Jeannot, passe-moi tes doigts dehors, que je tâte pour voir si tu seras bientôt assez gras."

« Mais Jeannot lui tendait un petit os, et la vieille, avec sa vue trouble, ne voyait rien et, croyant que c'était son doigt, s'étonnait qu'il ne voulût pas engraisser. Au bout de quatre semaines, comme il était toujours aussi maigre, la vieille s'impatienta et ne voulut pas attendre plus longtemps.

« "Margot ! cria-t-elle à la fillette, apporte de l'eau ! Maigre ou gras, le Jeannot, je le tue demain pour le faire cuire." »

La sorcière fait resurgir une figure maternelle, cette fois-ci sur un mode cannibale. Après la mère abandonnique, c'est un double discours pervers que les enfants doivent affronter. La sorcière attire sa proie grâce à ses dons de voyance, et c'est par leur besoin de nourriture qu'elle fait tomber les enfants dans son piège. Déjà, dans *Les Six Frères cygnes,* la sorcière piégeait le roi dans sa quête pulsionnelle d'assouvissement sexuel en lui donnant sa fille. Ici, Jeannot devient sa première victime. Margot, quant à elle, est jugée utile dans un premier temps pour les tâches ménagères. Elle doit ainsi quitter l'enfance, devenir industrieuse et maligne. Elle n'est plus la petite fille à protéger pour devenir celle dont dépend la suite de l'aventure. Elle a été prise une fois par le mensonge, mais ne se laissera pas prendre une deuxième fois.

Jeannot, en tant que garçon valeureux, est un morceau de

choix pour la sorcière « mante religieuse ». L'angoisse de castration culmine dans le scénario d'oralité cannibalique : ce sont en effet les doigts de Jeannot et leur signification symbolique (que nous avons croisés dans Tom Pouce) qui permettent de voir s'il est bon à la consommation.

Comment les enfants vont-ils s'en sortir ?

« Le lendemain, de bonne heure, Margot fut dehors et dut suspendre le chaudron rempli d'eau et allumer le feu dessous.

« "Avant tout, dit la vieille, nous allons faire cuire le pain ; j'ai déjà fait chauffer le four et la pâte est pétrie."

« Elle poussa la malheureuse Margot devant l'entrée du four, où l'on voyait déjà sortir les flammes du grand feu qui brûlait.

« "Faufile-toi dedans et vois si le four est assez chaud pour qu'on enfourne le pain."

« Oui, et quand Margot serait dedans, elle fermerait la porte sur elle et pousserait encore le feu pour qu'elle y rôtisse, et alors la mangerait aussi ! Mais Margot avait compris ce qu'elle avait dans l'idée, et elle dit :

« "Je ne sais pas comment m'y prendre pour entrer dedans. Que faut-il faire ?

« – Stupide dinde ! Regarde : je pourrais moi-même y passer !"

« Et, en même temps, elle s'accroupissait devant le four et s'y poussait à petits coups pour y engager la tête. Alors, Margot la poussa un grand coup pour la faire basculer dedans, ferma la porte de fer et bloqua le gros verrou. Quels hurlements affreux elle se mit à pousser là-dedans ! Mais Margot s'éloigna de toute la vitesse de ses petites jambes et il fallut bien que la maudite sorcière brûlât et périt misérablement.

« Margot se précipita directement vers Jeannot, ouvrant bien vite la petite remise en lui criant :

« "Jeannot, nous sommes libres ! La vieille sorcière est morte !"

« Tel un oiseau dans sa cage, il sortit dès que la porte fut ouverte. Et quelle joie pour eux deux ! Et comme ils tombèrent dans les bras l'un de l'autre, s'embrassèrent et gambadèrent comme des fous ! Maintenant qu'ils n'avaient plus rien à craindre, ils entrèrent dans la maison de la sorcière. Il y avait dans tous les coins des coffres pleins de perles et de pierres précieuses.

« "C'est encore mieux que les petits cailloux blancs" , remarqua Jeannot tout en remplissant ses poches à craquer, et Margot en prit aussi plein son tablier.

« "À présent, allons-nous-en, dit Jeannot, parce qu'il faut sortir de cette forêt de sorcière."

« Ils s'en allèrent et marchèrent pendant quelques heures, mais ils furent arrêtés par une large rivière.

« "Nous ne pouvons pas traverser, dit Jeannot, je ne vois ni pont ni gué.

« – Je vois là un canard blanc et, si je lui demande, il va bien nous aider, dit Margot.

« "Canard blanc, canard blanc,
Ici Margot et Petit Jean.
Aucun sentier et pas de pont,
Porte-nous sur ton dos rond."

« Ainsi appela-t-elle, et le canard s'approcha aussitôt. Jeannot s'installa sur son dos, se tournant aussitôt pour dire à sa petite sœur de venir s'y asseoir aussi.

« "Non, non, dit-elle, ce serait trop lourd pour le petit canard, il faut qu'il nous porte l'un après l'autre pour traverser."

« Et c'est ce que fit le brave petit canard, et, quand ils furent de l'autre côté, ils marchèrent encore un moment, jusqu'à l'instant où ils aperçurent de loin la maison de leur père.

« Ils y coururent, entrèrent en trombe dans la chambre et se jetèrent au cou de leur père. Le pauvre homme n'avait pas eu

une heure de bon temps depuis qu'il avait laissé ses enfants dans la forêt, mais la femme était morte. En secouant son tablier, Margot fit cascader les perles et les pierres précieuses qui roulèrent de tous côtés, cependant que Jeannot les tirait par poignées de ses poches et les faisait rouler aussi. De leurs soucis, dès lors, ils ne surent plus rien et ils vécurent ensemble en perpétuelle joie.

« Mon conte est fini, trotte la souris... »

Ce conte de Grimm, comme certains contes de Charles Perrault, n'aboutit pas au mariage des héros ; il fait partie de ces récits qui s'adressent davantage aux enfants, pour le parcours initiatique vers l'adolescence qu'il enseigne.

Les héros ont traversé les premiers stades et construisent leur identité sexuelle. Leur route initiatique est tracée ; Margot a acquis l'agressivité nécessaire pour sa survie. Elle aussi peut aider et se débrouiller seule : elle est ainsi sortie de l'enfance, de la dépendance. Elle comprend la situation, l'anticipe, et ne se laisse plus prendre au jeu de la séduction perverse.

La récompense de la débrouillardise des deux enfants, qui consiste en perles et en pierres précieuses, vient souligner leur réussite devant les épreuves qu'ils ont rencontrées au cours de leur chemin initiatique.

La rivière qu'il faut traverser signifie le dernier passage de l'enfance à l'adolescence. Margot, comme la plupart des héros de contes, manifeste des qualités de compassion. Il est important de noter que la sensibilité de la relation à l'autre n'est pas assurée par l'intellect, mais par le processus de l'identification affective : deux enfants, « ce serait trop lourd pour le petit canard ». La compassion envers les animaux est humanisante. Elle s'opère sur un mode de communication pré-verbale. Margot s'identifie à ce petit canard blanc qui ne pourra lui refuser de les aider à traverser si elle n'abuse pas de lui.

Ce conte d'enfance se termine sur les retrouvailles des enfants avec leur père, faible mais aimant ; la mort de leur mère les délivre et leur donne la liberté. Ils ont eu à faire face à une mère mortifère. En refusant la culpabilité, en développant l'agressivité vitale, ils ont pu acquérir leur autonomie et bâtir leur identité sexuelle à travers les épreuves traversées.

Sur le même thème, voici un conte qui appartient à la culture inuit. Il met en scène une mère génitrice qui exprime sa possessivité : sa fille lui appartient, et nul ne pourra s'en approcher s'il ne possède pas des richesses dont elle pourrait profiter.

Le Fils du puissant magicien

« Il était une fois un homme et une femme qui avaient une fille. La jeune fille était très jolie et, quand ce fut le temps, de nombreux jeunes hommes vinrent la demander pour femme. Mais sa mère s'était mis en tête que sa fille devait avoir le mari le plus beau et le plus riche. Et, dès qu'un prétendant se présentait, elle lui disait : "Voyons voir de quoi tu as l'air !" Elle le faisait tourner sur lui-même, l'examinant par-devant et par-derrière. Et, après, c'étaient les questions : combien possédait-il de peaux, combien de fourrures, combien de pelisses, combien de chiens dans son attelage, et s'il n'aurait pas encore d'autres biens... L'un n'était pas assez grand, un autre pas assez fort, celui-là était vraiment trop maigre et celui-ci véritablement trop gros. Tel autre ne possédait pas assez de richesses. Enfin, aucun n'était à son goût, aucun n'était celui qu'elle désirait.

« La fille se désolait, quelques-uns de ces jeunes gens lui plaisaient bien, mais, rien à faire, la mère n'en démordait pas

et ils repartaient tous, déconfits. Ce n'était pas étonnant que l'intérêt pour la jeune fille diminuât, et celle-ci commençait à craindre d'être laissée pour compte. Jusqu'au jour où, après une longue période, se présenta un jeune homme beau comme le soleil levant.

« "Tu as vraiment bonne mine, déclara la mère, après qu'elle l'eut examiné sur toutes les coutures et ne lui eut, par extraordinaire, trouvé aucun défaut! Dis-moi, que possèdes-tu, as-tu quelque richesse?

« – Ma richesse, c'est une bonne tête et des bras puissants, dit-il.

« – Ce n'est pas grand-chose, répondit la mère, qui se renfrogna. Ma fille n'est pas pour toi. Va tenter ta chance ailleurs."

« La jeune fille, qui ne pouvait détacher ses yeux de ce beau jeune homme, supplia en vain sa mère de ne pas le renvoyer. Le père s'entremit aussi, mais la mère ne se laissa pas attendrir.

« "Je ne donnerai pas ma fille à un lourdaud pareil!" cria-t-elle.

« Le jeune homme ne dit pas un mot. Il lança à l'orgueilleuse mère un regard chargé de colère, tourna le dos et s'en alla. Sous ce regard, la femme se sentit glacée.

« "Il a des yeux de bête sauvage, pensa-t-elle. J'ai bien fait de ne pas lui donner ma fille."

« Mais le jeune homme n'était pas n'importe qui. C'était le fils d'un puissant magicien, et il résolut de punir l'irascible femme et d'épouser la fille coûte que coûte. Il revint pendant la nuit et, avec l'aide des esprits, il enleva la fille et l'emmena dans l'igloo qu'il avait construit auprès de la maison. Quand, au matin, la mère se réveilla et vit la couche de sa fille vide, elle courut dehors en poussant des cris épouvantables.

« "Où est ma fille ? gémissait-elle. Où est ma fille ?

« – Ta fille est mon épouse," dit une voix dans le voisinage.

« La voix conduisit la mère vers un igloo qui ne se trouvait pas là, la veille. Quand elle voulut y entrer, la porte lui en fut barrée par un glouton. Elle eut une telle frayeur qu'elle en tomba raide morte sur place. Le fils du puissant Angakok, qui avait pris l'apparence de cet animal sauvage, vécut de nombreuses années dans un complet bonheur avec la belle jeune fille.

« Si la mère n'avait pas été tellement attachée aux richesses, elle aurait pu partager leur félicité. »

La mère ne peut être que possessive, puisqu'elle ne considère pas sa fille comme une individualité extérieure à elle-même. Nous retrouvons ici la symbiose mère-fille, qui refuse toute altérité. La mère colle à sa fille, qu'elle considère plus comme un porte-monnaie que comme un être vivant qui doit choisir sa propre vie. Elle crie : « Où est ma fille ? » comme elle pourrait crier : « Qui m'a pris mon porte-monnaie ? » Sa fille est un objet marchand, et elle ne pourra que fuir pour exister.

Cette femme ne parle pas, et elle n'entend personne. Elle reste enfermée dans sa demande de richesses. Son mari est assimilé à une assurance tout-risque décevante mais n'est en aucun cas considéré comme un compagnon. Il n'existe pas pour elle, et elle considère que son avis n'est fondé sur aucune crédibilité.

Si la possession des choses peut donner satisfaction, ce n'est pas par elle que l'on découvre la joie. La joie ne peut naître que de la relation à l'autre. C'est toute la différence entre le besoin et le désir, surtout le désir de la vie avec l'autre. Le besoin caractérise les nécessités vitales alors que le désir tend à aller vers soi parmi les autres.

La morale des contes est une morale naturelle qui n'appartient à aucune croyance particulière, d'où leur puissance universelle.

Voici deux exemples cliniques qui illustrent le parcours de deux jeunes femmes ayant eu à faire face à des mères pathogènes.

Deux exemples cliniques : Elsa et Agnès

Elsa

Elsa a maintenant quarante-cinq ans. Elle vient consulter pour une grave dépression et des tentatives de suicide. Elle a été mariée et a eu trois enfants ; elle est maintenant divorcée depuis dix ans. Elle pourrait être belle et vive, mais elle est effondrée, comme cassée.

« Il y a dix ans, c'est comme si j'avais rencontré le diable à travers un homme. J'ai quitté mon mari et mes enfants pour vivre avec lui. On a vécu un an ensemble, l'horreur. Il était marié et il est reparti chez sa femme, mais notre liaison s'est poursuivie. Un tel décalage entre ses paroles et ses actes m'a rendue folle. J'ai voulu mourir. Il me hante. J'ai décidé de ne plus le voir. Je tombe sans arrêt malade. Il catalyse je ne sais quoi en moi. Je veux arrêter de détruire ma vie. Comment se fait-il que je puisse prendre de la merde pour de l'or ? »

Au fil des séances, Elsa va découvrir des lois familiales pathogènes et non dites. Elles sont en vigueur dans son histoire et encombre sa vie d'aujourd'hui, comme des axiomes intransgressibles. Ces lois sont les suivantes : il est possible d'aimer une personne, mais pas deux ; les enfants gênent ; interdiction d'avoir des liens entre les parents et les enfants ; tout ce qui est affectif doit être tourné en dérision.

Elsa poursuit : « À la maison nous étions six enfants dans une ambiance épouvantable. Jamais d'entraide entre nous. J'étais l'aînée. Je pouvais m'inquiéter pour les plus jeunes, mais sans affection. Nous avions du mépris les uns pour les autres. On se régalait quand les parents battaient l'un ou l'autre d'entre nous. C'est avec mon mari et avec sa famille que j'ai découvert qu'un foyer pouvait être affectueux.

« Ma mère ne nous a pas désirés, mes parents étaient très amoureux l'un de l'autre. Mon père devait cacher son affection pour nous. Ma mère avait le sens du devoir et la maison était gérée comme une garnison, en particulier pour le gîte et le couvert. C'était une louve. Elle lâchait ses enfants quand ils savaient marcher. Pas de câlins, jamais de baisers. Dure, implacable, réglo, honnête, cul-bénit. Elle faisait son devoir, elle suivait un dogme sans amour, elle était toujours nerveuse, elle rêvait de partir, on lui empoisonnait la vie. Une fois le gîte et le couvert assurés, elle se retirait dans l'extrémité de l'appartement en nous traitant de "petits cons". Nous ne devions jamais interférer entre notre père et notre mère. Nous devions les laisser tranquilles. Mon père était très brillant. Tous les deux, ils sortaient beaucoup. Ils avaient une vitalité de chars d'assaut. Mon père n'écoutait jamais, il fonçait, il tapait, il voulait la paix avec sa femme. J'étais terrorisée par lui, encore plus quand il s'approchait sans rapport de force. Quand il était fâché, c'était plus facile : je connaissais.

« À la maison, la parole n'existait que dans le conflit, on était exclu, on excluait. Pour ne pas supporter l'insupportable, nous étions insupportables, nous étions la terreur de tout le monde, nous prenions les devants et moi en tête pour refuser tout ce qui se proposait. Nous tournions en dérision les bons sentiments et les expressions de tendresse chez les autres. La violence, la méchanceté nous ravissaient et nous servaient de liens.

« Encore aujourd'hui, je ne peux pas voir ma mère seule. J'ai peur. Le son de sa voix me hérisse : elle est sans humanité, sans émotion, froide, dure, cassante, une porte de prison qui tourne en ferraillant sur ses gonds, une terreur d'outre-tombe. Elle est persuadée que nous lui avons gâché sa vie, son existence. Elle ne s'est jamais émerveillée de nous. Elle nous rabaissait. On était une bande de robots qu'il fallait nourrir et blanchir. Nous n'étions pas de la chair humaine. Je détestais tout ce qu'elle faisait pour moi. Elle était d'une jalousie féroce si mon père m'adressait la parole normalement. Elle ne l'autorisait à me parler que lorsqu'il s'agissait de me réprimander. Je me suis blindée. Très longtemps, j'ai cru que j'étais méchante, que je ne pourrais jamais créer. Mon mari ne savait pas exprimer ses sentiments, mais c'est un être infiniment tendre, respectueux, plein de gentillesse et de pudeurs.

«Dans mon métier, je suis très connue pour savoir me servir du verbe. Mon verbe peut tuer, casser, détruire. Je suis très forte pour enquêter et démolir une position adverse, développer des projets.

«Quand nos enfants sont nés, je me suis obligée à ne pas être mère. Je me sentais si inquiète pour eux que je me suis empêchée de m'en occuper. Comme j'étais persuadée de l'importance des premières années, émerveillée de la douceur familiale de la famille de mon mari, j'ai passé ma première grossesse à chercher une personne capable d'aimer des enfants. Je ne pouvais pas vivre, jouer avec eux; très vite ils m'agaçaient. Aujourd'hui, je n'ai plus peur de les aimer, de le leur dire. Mon mari m'a beaucoup aidée. Le divorce ne nous a pas vraiment séparés. Nous nous occupons toujours beaucoup l'un de l'autre et de nos enfants, ensemble.

«Ma famille paternelle était particulière: les garçons étaient en exergue, brillantissimes, les filles étaient débiles, on ne les sortait du placard que lorsqu'elles étaient enceintes. J'entendais cette phrase incompréhensible pour moi, enfant: “Rien n'est plus beau qu'une femme enceinte.” Mon père n'a pas arrêté de mettre ma mère enceinte contre son gré à elle. Cela m'effarait.

Ma grand-mère paternelle n'était pas une femme câline. Elle était une femme tranquille, soumise à son mari, qui collectionnait les maîtresses. Elle n'aimait pas ma mère : "Femme fardée est de courte durée", répétait-elle. Nous allions peu chez eux, nous étions infernaux.

« Dans la famille maternelle, la jalousie régnait. Ma mère, deuxième de trois filles, se disputait en permanence et était dans un rapport de rivalité constant. Elle me faisait penser à la belle-mère de Blanche-Neige : "Si tu es plus belle que moi, disparais !"

« Ma grand-mère maternelle avait une sœur, et leur mésentente nourrit encore les chroniques familiales. Les générations suivantes ont continué. Je n'ai qu'un lien d'indifférence avec mes frères et sœurs ; la seule chose dont je suis fière, c'est de constater l'entente facile de mes enfants entre eux, même si des disputes éclatent banalement.

« Je ne m'autorise pas le bonheur. Je m'arrange toujours pour me faire souffrir. Je ne peux pas me détacher de ces années d'enfance, de la méchanceté qui m'a habitée. Aujourd'hui, je la retourne contre moi. Cette liaison remet tout en scène : l'horreur du lien. »

Gurdjieff[1] écrivait : « Rien ne pourra être acquis sans la souffrance et en même temps vous avez à sacrifier cette souffrance. Et c'est ce que les gens sont le moins disposés à sacrifier. »

Nous voyons, dans l'exemple d'Elsa, que le risque de rester identifié à notre souffrance, qui n'est que la question posée par notre histoire. Elsa s'imagine être née méchante et s'identifie à ce trait de caractère (défensif). Elle devra se détacher de cette croyance pour dépasser son histoire. Nous courons le risque de croire que

1. Georges Ivanovitch Gurdjieff, philosophe français d'origine caucasienne, 1877-1947.

ce que nous avons vécu est une vérité universelle, ainsi que celui de nous y aliéner. Le berceau familial est un tremplin pour découvrir le monde dans sa diversité, mais non sa finalité.
La psychanalyse met un cadre en place. Ce cadre permet de faire revivre des liens d'aliénation passés pour aider l'analysant à s'en dégager. Les sentiments d'opposition, de colère, de peur sont accueillis positivement dans le transfert et deviennent les ferments d'une nouvelle dynamique.

Agnès

L'enfance d'Agnès aura été celle d'une enfant immolée sur l'autel maternel. Cette jeune femme n'avait pas pris conscience que la dépression qui motivait sa demande d'analyse était en elle bien avant ses blessures amoureuses.
Architecte, brillante élève des Beaux-Arts, elle a rencontré lors de ses études le surdoué des Beaux-Arts, dont elle est devenue la groupie puis la femme. Il a démarré très tôt une carrière internationale. Elle s'est évertuée à être une maîtresse de maison parfaite, et elle a abandonné son métier, écrasée par son mari, en admiration devant sa facilité et ses dons créatifs. Elle s'est appliquée à s'annuler pour mieux servir son mari. Puis une fille leur est née. Très vite, le besoin de conquête est redevenu premier pour lui. Agnès a décidé de le quitter avec sa fille pour ne plus souffrir de la jalousie. La séparation n'a pas apaisé ses pensées jalouses obsédantes, malgré des tentatives de liaison stable.
Lorsque Agnès vient me voir, elle ne dort plus, elle s'agite inutilement toute la journée, elle ne supporte plus personne et pleure sans arrêt. Quand je lui demande si elle a une idée de la genèse de ses difficultés, elle me répond : « J'ai eu d'énormes difficultés avec ma mère, mais je me suis tellement éloignée d'elle que je n'y pense plus. Maintenant, c'est uniquement Alain qui m'occupe et qui me ronge. Il n'a cessé de chercher à

m'humilier, à m'écraser. C'est l'indélicatesse personnifiée, il est à l'envers de son talent, ignore la sensibilité des autres. Il n'est sensible qu'à l'esthétisme, au volume dans l'espace. Je n'ai jamais pu être agressive avec lui. Il m'obsède à tel point que je vais en crever. Il me pourrit. C'est la mort qui m'habite. J'ai pour lui une admiration sans bornes qui me transporte, je ne suis rien. Il m'a pourtant choisie, moi, pour être sa femme. Je n'ai jamais cessé de lui demander de l'amour. Il ne me répondait que par des mensonges et des absences. Je ne veux pas qu'il vive des choses bien sans moi, je ne le supporte pas. Je suis ensorcelée par un magicien et je me reproche de l'avoir quitté. Lui, il ne l'aurait jamais fait. Il me niait sexuellement en tant que femme. J'étais un déchet pour lui mais une présence nécessaire. Il me dévalorisait professionnellement mais pourtant recherchait mes avis.»

La remontée d'Agnès dans son histoire va être longue, difficile, d'autant plus qu'elle l'a occultée pour ne plus souffrir. Au cours des séances, elle est surprise du soulagement qu'elle ressent à chaque fois qu'elle partage ses émotions avec sa thérapeute et qu'elle rend sa pathologie à sa mère sans la porter. Elle retrouve le sommeil, son agitation cesse.

La personnalité de la mère d'Agnès est redoutable pour son entourage et surtout pour elle, qui est enfant unique.

«Ma mère est l'aînée de trois filles et se prénomme Dominique. Elle a toujours jalousé sa cadette de trois ans, qu'elle considérait comme la préférée de leur mère. La cadette a fait "un beau mariage" et elle a eu un enfant. Il n'y a pas de lien entre elle et ma mère. La plus jeune sœur s'est mariée, elle n'a pas eu d'enfant et elle est morte d'un cancer à trente ans. Je l'ai peu connue. Mes grands-parents maternels, que je n'ai pas connus, étaient fonctionnaires. Leurs trois filles ont fait des études supérieures – c'était rare, à l'époque ! Ma mère est puéricultrice.

Mes parents se sont rencontrés pendant les années 1930, mon père était militaire de carrière. Il était d'une famille d'agriculteurs. Ma mère a tenu à ce qu'il fasse des études de comptabilité au lieu de reprendre le travail sur les terres paternelles. Les familles ne se sont jamais entendues. Ma famille maternelle traitait de culs-terreux la famille de mon père. Ma mère a attendu dix ans avant d'être enceinte. Je suis née pendant la guerre, prématurée. Ma mère a fait un abcès au sein, elle n'a pas pu me nourrir. Je ne supportais aucun lait. Elle m'a élevée au bouillon de légumes et aux fruits bouillis sans aucune graisse animale, sinon j'avais des colites hémorragiques. J'ai dormi dans une coquille de plâtre de huit ans à douze ans, et j'ai toujours été dispensée de gymnastique. J'étais d'une maigreur terrible. Vers six ans, j'ai eu des cauchemars. Ma mère m'a prise dans son lit et mon père est allé dans ma chambre. Elle mettait un traversin entre nous deux. J'étais sous son œil jour et nuit. Mon père a été évincé. Elle ne me promenait jamais parce que j'étais blonde, les gens auraient pu penser qu'elle avait fauté avec un Allemand. J'ai été très solitaire, je n'avais pas le droit d'avoir des amis. Jamais d'invitation parce que ça l'aurait ruinée. Le dessin et la lecture m'ont sauvée. Je me réfugiais dans les toilettes – le seul endroit où son regard, ses coups ne m'atteignaient pas. J'étais bonne élève en classe, mais je n'arrivais jamais à la satisfaire. “Tu ne sais rien faire de tes dix doigts”, a-t-elle répété toute sa vie, alors que je n'arrêtais pas. Mes dons en dessin se développaient et mon père travaillait en plus pour me payer des cours, des ateliers, du matériel. Je le voyais à table. Il faisait la vaisselle, il travaillait jusqu'à minuit. Il était artiste, il aimait la poésie. Je le trouvais faible. À la maison, les disputes étaient musclées. La vaisselle valsait. Ma mère méprisait les hommes et elle m'a séparée de mon père. Lorsque je suis partie, à dix-huit ans, mon départ a fait chuter son état de santé. Il est mort en quelques mois. Après sa mort, ma mère a cessé de m'envoyer des vivres pour m'aider dans mes études et a vendu toutes mes affaires.

« Enfant, j'étais battue pour un rien et elle me fouettait avec un martinet ou un balai. Je suis devenue insolente ; ça la rendait folle. Mes journées étaient scandées par ses délires interprétatifs, qu'elle voulait vérité. Quand mon père rentrait, elle disait : "Agnès m'a frappée. Je me suis évanouie. Après tout ce que j'ai fait pour elle..." Mon père, excédé, me giflait.

« Son obsession, c'était la santé. J'étais son cobaye à piqûres. Elle connaissait la médecine mieux que tous les médecins et elle ne parlait que de ça. Elle, elle savait. »

La pathologie de cette mère est bien connue, on la nomme syndrome de Münchausen. En pédo-psychiatrie, ce syndrome est caractérisé par des fabulations maternelles souvent dramatiques de la part des mères, qui provoquent des soins inutiles et peuvent causer à leur enfant des pathologies aux conséquences gravissimes, entraînant parfois sa mort.

Agnès va ensuite réaliser les fausses lois de la toute-puissance maternelle : « Tu n'as le droit d'exister que parce que je te sauve » ; « Tu ne peux pas vivre sans moi » ; « As-tu mérité chaque soir que je te sauve ? »

« Vers quatorze ans, je me suis rebellée. J'ai mangé normalement du jour où je l'ai quittée. Elle ne me supportait que malade pour garder sa toute-puissance sur moi. Elle n'a toujours désiré que ma mort ou mon malheur pour paraître, elle, plus sainte et dévouée à sa fille. Les corps et leurs odeurs me dégoûtent. Dans le lit, l'odeur de ma mère m'écœurait, les aisselles poilues, ses pieds... Je devais assister à son bain le dimanche matin, elle me répugnait. Je ne m'aime pas, je ne me suis jamais détachée de l'image de moi malade, la pauvre petite chose. Quand j'ai eu ma fille, j'ai eu très peur de ne pouvoir m'en occuper. À onze mois, quand elle a marché, j'ai été stupéfaite de la découvrir autonome, décidée. Un être unique si différent de moi... Je l'ai mise très tôt en pension pour l'accaparer le moins possible. J'ai été si mal avec son père... Notre couple était si fou... Je trouvais inutile qu'elle soit au milieu de nous. Elle a une bonne relation avec lui. Son adolescence a été difficile, elle ne supportait pas ma dépression. J'ai voulu que son père s'occupe d'elle. Ma mère a continué à s'acharner sur moi à travers elle. Ma fille a fait deux séjours chez elle. Ma mère passait son temps à vouloir la détacher de moi et elle a fait tout son testament en sa faveur : elle a mis les appartements à son nom, car, si elle m'avait fait hériter, il paraît que j'aurais tout fait pour déshériter ma fille ! Le délire ne cesse jamais. Je suis son ennemi numéro un.

« Le dessin, la peinture m'ont sauvée d'elle. J'ai pu exister dans le regard des autres autrement. J'aurais voulu être Alain. J'aurais voulu être un homme. Je suis jalouse des hommes, de leur statut, de leur pouvoir de domination. Pour moi, l'homme, c'est un être complet. Il donne son nom, il est courageux. J'ai honte de mon corps soumis au cycle lunaire. Aux hommes que je rencontre, je vais donner ce que j'aurais voulu recevoir si j'avais été un garçon. Je joue les Pygmalion. Quand je quitte un homme, je le laisse en meilleur état que je ne l'ai pris. Pour eux, je suis une femme parfaite, idéale, soumise. Je ne vis pas pour moi.

« Je me rends compte que j'ai tout hiérarchisé. J'ai passé mon temps à référer ma vie à quelqu'un de tout-puissant pour moi. Les dons de créativité qui m'avaient moi-même sauvée, je les ai trouvés chez Alain, c'est devenu la supercherie de mon soi-disant amour pour lui. En fait, je me suis aliénée à celui qui représentait pour moi l'essence de l'art, éperdue de gratitude qu'il ait baissé les yeux vers moi. C'est ça. Il a été mon miroir narcissique, ce qui m'a tellement manqué avec ma mère.

« La conséquence majeure des lois de ma mère, c'est que je

dois toujours être une enfant dans le désir de l'autre, sa pâte à modeler. Les autres doivent m'apporter la vie, je ne la mérite pas par moi-même.

« C'est terrible de réaliser que la vie est en moi... Je l'ai reçue et je fais comme si je ne l'avais pas. Je fais comme si, chaque jour, je devais offrir ma vie à celui qui m'a remarquée, par gratitude qu'il l'ait fait.

« [...] J'ai cru quitter ma mère et j'étais habitée par elle. Elle n'a cessé de régner sur moi. Je ne sais pas vivre. Je me mets toujours dans une relation de dépendance, sous la coupe de quelqu'un. Cette nuit, j'ai rêvé que je cherchais une place dans plusieurs parkings. Je recherchais la place que j'avais la veille ! Je me rends compte qu'au lieu de trouver une place pour moi, je recherche sans arrêt la place que j'avais, enfant, pour ma mère. »

Agnès va sortir de cet engrenage redoutable. Sa vie va se simplifier et s'ouvrir. Elle découvre beaucoup de tendresse pour son père et éprouve une grande compassion pour sa mère, qu'elle a encouragée à écrire ses mémoires. Cette chronique se résume au récit des anecdotes de la haine jalouse entretenue par les mères entre les sœurs sur trois générations. Grâce à son travail analytique, Agnès aura découvert son droit au désir.

Quand une mère fait obstruction, quelles épreuves ne faut-il pas traverser pour s'autoriser la liberté de vivre ?

Les contes ne sont-ils pas beaucoup plus proches de la réalité que nous ne le croyons ?

Chapitre VII

Il était une fois… la jalousie père-fils

Voici un premier conte sur le thème de la difficulté de la transmission entre père et fils. Il nous vient d'Italie, de la région de Naples[1].

La Plume de hou

« Un roi devint aveugle, les médecins ne savaient pas assurer sa guérison. Finalement, l'un d'entre eux déclara que le seul remède pour redonner la vue aux yeux aveuglés était une plume de hou, qui est une manière sicilienne de désigner le paon.

« Le roi avait trois fils. Il les manda et dit :

« "M'aimez-vous, mes enfants ?

« – Comme notre propre vie, père, dirent les fils.

« – Alors, il faut que vous me procuriez une plume de hou pour que je recouvre la vue. Celui d'entre vous qui me l'apportera aura mon royaume." »

Le thème de la cécité du roi est central. « Un roi devint aveugle » : le langage populaire des contes est toujours riche d'intuition clinique, exactement comme nos rêves. Les mots sont ciblés et font mouche. Non seulement le roi perd la vue,

1. Extrait de Italo Calvino, *Contes populaires italiens*, t. 1, Denoël, 1984.

mais il perd plus généralement sa clairvoyance. Cette épreuve de la vieillesse le plonge dans un état dépressif à tel point qu'il faille le rassurer sur l'amour que lui portent ses trois fils. Il annule le droit d'aînesse quand il les met en concurrence sur sa succession. Refusant de vieillir, il leur demande de lui redonner la jeunesse. En fait, il ne peut supporter l'idée que l'un de ses fils puisse prendre sa place. Quand il demande une plume de hou, ce n'est évidemment pas n'importe quelle demande. Grâce aux yeux clairement distincts sur les plumes, dans les symboles collectifs universels, le paon représente l'immortalité. La disposition rayonnante de ses plumes représente la roue solaire, qui brille éternellement dans tous les mythes et toutes les légendes solaires du monde, tant indo-européennes qu'égyptiennes ou asiatiques.

La tradition chrétienne reprend ce symbole de l'immortalité avec l'image du paon qui s'abreuve au calice de l'eucharistie. Dans les traditions populaires et dans le domaine des superstitions, c'est un emblème honorifique, un emblème de pouvoir durable. C'est un porte-bonheur en Auvergne et en Rouergue, mais un «porte-malheur» dans les régions nordiques, car on l'associe au mauvais œil. Aujourd'hui, en France, il est encore interdit dans bien des théâtres d'utiliser des plumes de paon pour la décoration, peut-être en souvenir de la reine Marie-Antoinette, qui les aimait tant et qui a fini de bien tragique façon !

Le roi joue un rôle pervers. Au lieu de passer ses pouvoirs et d'en assumer la responsabilité, il jette ses enfants dans une rivalité sans merci. Ici, la loi du père et sa demande reposent sur le chantage affectif: puisque ses fils disent l'aimer, il leur demande d'aller lui chercher le remède; celui qui le lui rapportera – sous-entendu celui qui aime le plus son père, donc celui qui ne souhaite pas sa mort – sera son successeur.

«Les fils partirent: les deux aînés et le plus petit. Le plus

petit, on ne voulait pas le laisser aller, mais il insista tellement que ses aînés durent bien le prendre avec eux. Tous les trois, ils passèrent par un bois alors que la nuit tombait. Ils grimpèrent sur un arbre et s'endormirent parmi les branches. Le plus petit fut le premier à se réveiller. C'était l'aurore et il entendit, au milieu des bois, le chant du hou. Alors, il descendit de l'arbre et suivit le chant. Il trouva une source d'eau limpide et se baissa pour boire. En se relevant, il vit une plume tomber du ciel. Il leva le regard et vit l'oiseau hou qui volait.

« Quand les aînés virent que le plus petit avait pris la plume de hou, ils furent pleins d'envie, parce que c'était lui qui recevrait le royaume en héritage. Alors, sans hésiter, l'un des frères se saisit de lui, l'autre le tua et, à eux deux, ils l'enterrèrent et prirent la plume.

« De retour chez leur père, ils lui donnèrent la plume de hou. Le père la passa sur ses yeux et recouvra la vue. Dès qu'il vit à nouveau, il demanda :

« "Et le plus petit ?

« – Oh ! Père, si vous saviez ! Nous dormions dans le bois, un animal est passé par là et il a dû prendre notre frère, car nous ne l'avons plus revu." »

La narration est claire : il y a les deux aînés et le plus jeune ; les deux aînés sont couplés comme les deux frères des contes des *Mille et Une Nuits*. Ici, leur entente se fait sur le dos du troisième, le benjamin, qui revendique sa place de fils à part entière. Les aînés pensent qu'il devrait être écarté, car il est trop jeune. Mais c'est justement lui, avec sa naïveté et sa spontanéité, son harmonie avec la nature, qui va être élu. Il se sent valorisé d'être avec ses aînés, il est fier d'être un parmi les autres. Seule la quête de la plume de paon le préoccupe. Les deux aînés se partagent à égalité les pulsions jalouses et passent à l'acte en total accord : l'un le saisit, l'autre le tue.

Les transgressions sont toujours plus légères à supporter lorsqu'elles sont assumées à deux. Les deux frères agissent comme un seul homme, ils mentent de concert et ne se différencient plus. Ils donnent ensemble la plume de paon, guérissent ensemble la cécité de leur père et sont complices ensemble de la disparition du plus jeune. Auquel des deux ira le royaume ? Nul ne le sait. Le père ayant recouvré la vue et son pouvoir, il n'est plus question pour lui de céder la place à personne.

« Sur ces entrefaites, à l'endroit où le petit avait été enseveli, un beau roseau poussa. Un berger passa par là, il vit le roseau et se dit :

« "Le beau roseau ! Je vais le couper et je m'en ferai un flûteau."

« Il fit comme il avait dit et, comme il commençait à souffler dedans, le flûteau chanta :

« "Ô berger qui me tiens dans tes mains,
Joue tout doux car mon cœur se plaint.
Pour une plume de hou on m'a tué.
Cela fut traîtrise de mes aînés."

« En entendant ce chant, le berger se dit :

« "Je ne peux plus m'occuper de mes brebis, maintenant que j'ai ce flûteau ! De par le monde, je gagnerai ma vie en jouant !"

« Ainsi quitta-t-il son troupeau et s'en alla-t-il dans la ville de Naples. Il jouait de son flûteau, le roi se mit à sa fenêtre, l'écouta et dit :

« "Ah, la jolie musique ! Faites monter ce berger !"

« Le berger monta dans l'appartement du roi et joua. Et le roi dit :

« "Laisse-moi jouer un peu !"

« Le berger lui passa la flûte, le roi souffla dedans et la flûte dit :

« "Ô mon père qui me tiens dans tes mains,

Joue tout doux car mon cœur se plaint
Pour une plume de hou on m'a tué.
Ce fût traîtrise de mes aînés."

« "Oh, dit le roi à la reine, écoute ce que dit ce flûteau. Tiens, prends-le et joue."

La reine joua et la flûte dit :

« "Ô ma mère qui me tiens dans tes mains..."

« Avec ce qui suit. La reine, elle-même stupéfaite, demanda à leur deuxième fils d'en jouer à son tour. Le garçon commença par hausser les épaules et dire que tout cela était bien sot, mais, en fin de compte, il lui fallut bien obéir. Et quand il souffla dans la flûte, celle-ci chanta :

« "Ô mon frère qui m'as saisi de tes mains..."

« Il n'en entendit pas plus car, tremblant comme une feuille, il passa la flûte à son frère aîné, en lui disant :

« "À toi de jouer ! À toi de jouer !"

« Mais l'aîné ne voulut pas jouer, en disant :

« "Vous devenez fous, avec cette flûte !

« – Je t'ordonne de jouer !" cria le roi.

« Alors, l'aîné, pâle comme un mort, commença à jouer :

« "Ô mon frère qui m'as tué de tes mains,
Joue tout doux car mon cœur se plaint.
Pour une plume de hou on m'a tué.
Ce fut traîtrise de cet aîné."

« Entendant ces paroles et empoigné par le chagrin, le père tomba par terre et cria :

« "Ah ! Misérables fils, vous avez tué mon enfant pour lui prendre la plume de hou !"

« Les deux frères furent brûlés sur la place. Le berger fut nommé capitaine des gardes. Et le roi acheva son existence enfermé dans son palais, à jouer tristement de son flûteau. »

C'est à nouveau par le chant que l'indicible se dit. La

musique de l'âme des morts ne peut mentir. De façon morale et poétique, les contes assurent qu'aucun meurtre ne peut rester ni secret ni impuni. Il demeure toujours des traces dans l'invisible des inconscients et il y a une justice en boomerang.

Le chant précède la parole dans la mesure où il relie au divin, aux dieux, au sacré. Dans les religions, les mots les plus sacrés sont scandés ou chantés ; au théâtre, pendant très longtemps, les vers ont été déclamés. Il n'est donc pas étonnant que le surnaturel arrive dans les contes par le chant ou par un instrument « à bouche ».

Les deux meurtriers ne sont pas décapités. Ce n'est pas leur mensonge, mais leur complicité meurtrière diabolique qui est châtiée par le feu.

Le roi, quant à lui, se retrouve seul dans son palais à jouer du flûteau. Il n'y aura pas d'élément magique et salvateur pour atténuer sa douleur et le relever de sa responsabilité. Le conte le condamne sans retour pour avoir laissé ses trois fils se débattre dans leur rivalité et pour ne pas avoir accepté sa vieillesse. Il n'aura aucune descendance.

Les contes de Perrault, publiés en 1697, sont, pour la plupart, des contes dits d'avertissement. Ils se terminent en général par la mort du héros lorsque celui-ci n'acquiert pas la clairvoyance, comme c'est le cas dans ce récit. Les frères Grimm ont souvent repris les contes de Perrault et leur ont donné une fin heureuse afin de permettre une lecture enfantine divertissante. Cela est évident pour *Le Petit Chaperon Rouge* et pour *Barbe-Bleue*.

Les Deux Archers

La mythologie chinoise met en scène la rivalité des deux meilleurs archers du monde : Yi et Feng Meng.

Yi est un dieu aux exploits célèbres. Envoyé sur la terre par l'empereur céleste pour détruire les grands fléaux qui alors ravageaient le monde, Yi deviendra un héros vénéré au cours des millénaires de l'histoire chinoise. Aujourd'hui encore, on célèbre ses bienfaits dans les foyers des paysans. Chaque année, lorsqu'ils prient pour la sécurité des hommes et du bétail, et afin que le ciel protège le pays contre les inondations et la sécheresse, ils portent toujours des offrandes à Yi.

« Après le départ de sa femme Chang E, Yi était devenu de plus en plus irascible. Il errait tout le jour dans la forêt, occupé à la chasse ; il s'emportait pour un rien et donnait souvent des coups de fouet à ses domestiques, qui l'évitaient le plus possible.

« Cette situation fut mise à profit par son disciple Feng Meng.

« Yi, qui aimait bien ce jeune homme intelligent, lui apprenait le tir à l'arc. Il lui dit d'abord :

« "Pour bien viser, il faut être capable de rester longtemps sur place, sans cligner des yeux. Quand tu auras fait cela, reviens me voir !"

« Retourné à la maison, Feng Meng s'allongea sous le métier à tisser de sa femme et regarda fixement le va-et-vient de la navette. Avec le temps, il finit par acquérir la qualité demandée.

« "Cela ne suffit pas, dit Yi, comme son disciple lui racontait joyeusement ses expériences. Il faut que tu sois capable de voir les choses en les agrandissant. Quand tu parviendras à distinguer de toutes petites choses sans importance, reviens me voir !"

« Feng Meng retourna chez lui. Il attacha une puce sur un crin de la queue de son bœuf et la fixa du regard toute la journée. Avec le temps, il eut l'impression que la puce

grandissait de jour en jour, pour finir par devenir grande comme un monticule. Il alla, tout heureux, trouver son maître et lui raconta tout. Celui-ci, très content, l'initia alors à l'art du tir à l'arc.

« Des années passèrent... Feng Meng se croyait aussi fort que son maître. Un jour, comme ils passaient tous deux près d'une forêt, ils virent des oies sauvages voler en formation serrée. Feng Meng, qui voulait montrer son art à Yi, visa les trois premières oies, qui tombèrent sur le coup, toutes atteintes à la tête. À ce moment, surprises par l'attaque, les oies sauvages se dispersèrent dans le ciel. Yi, à son tour, banda son arc avec trois flèches, sans avoir l'air de viser un but. Trois oies tombèrent sur le coup, toutes atteintes à la tête. Feng Meng, en félicitant son maître, éprouva de la jalousie.

« C'est alors que l'idée lui vint de tuer Yi pour devenir le premier archer du monde.

« Un jour, Yi, de retour de chasse, entendit le bruit d'une flèche en vol. Sans y prêter attention, il banda son arc et abattit le projectile dans sa trajectoire. Puis, comme une autre flèche survenait, il l'abattit de la même façon, et cela successivement neuf fois. Alors sa provision de flèches fut épuisée. Feng Meng apparut. Avec une dernière flèche, il banda son arc et visa Yi à la gorge.

« Chose curieuse : ce dernier coup, que Feng Meng croyait fatal, n'atteignit que la bouche de Yi, qui s'affaissa sur son cheval. Quand Feng Meng s'approcha, il vit soudain son maître qui se remit sur son séant et qui lui souriait.

« "Il semble que tu aies encore beaucoup de progrès à faire", lui lança Yi en plaçant sur son arc la flèche qu'il venait d'attraper entre ses dents.

« Feng Meng devint tout pâle et bredouilla :

« "Pardonne-moi, mon maître !

« – Va donc, lâche que tu es!" dit Yi en agitant la main. Et il s'en alla.

« Cependant, comme Yi, toujours de mauvaise humeur, devenait de plus en plus insupportable, Feng Meng finit par gagner à lui les domestiques de son maître. Un jour, alors que Yi lançait son char à la poursuite d'un fauve, le conducteur, acheté par Feng Meng, brandit un grand bâton en bois de pêcher et lui assena un coup mortel sur l'occiput.

« Comme Yi avait extirpé tous les fléaux du monde, après sa mort, on l'honora comme le dieu-qui-chasse-le-malheur. Aujourd'hui, on l'encense encore dans les maisons. »

Incapable de rivaliser avec son maître par une plus grande habilité, Feng Meng emploie la corruption pour le tuer. C'est son tueur à gages qui assassine Yi.

Il ne peut plus admirer son maître, car l'art de celui-ci finit par l'humilier. Feng Meng est successivement aux prises avec la jalousie, dans les deux acceptions (positive puis négative) du mot *zelos :* il succombe à la haine après avoir été admiratif.

La relation maître-élève remet en scène la relation père-fils. Comment un père peut-il accepter de vieillir et d'être dépassé par son fils ? Comment un fils peut-il succéder à son père et advenir à lui-même ?

C'est le travail de chaque génération de passer le relais à l'autre, en faisant progresser la condition humaine.

Exemples cliniques

I. La rivalité en politique

Dans *Mémoires de deux jeunes mariées,* Balzac écrit : « En coupant la tête à Louis XVI, la Révolution a coupé la tête à tous les pères de famille.» Stendhal lui donne raison. Il écrit plus tard les effets que cette nouvelle a eus sur lui alors qu'il était âgé de dix ans et en conflit aigu avec son père. «Je vois encore mon père en redingote de molleton blanc qu'il n'avait pas ôtée pour aller à deux pas à la poste afin de chercher des nouvelles. "C'en est fait, dit il avec un gros soupir, ils l'ont assassiné." Je fus saisi d'un des plus vifs mouvements de joie que j'aie éprouvés en ma vie.» Pour le jeune Stendhal, le fantasme de tuer son père devenait possible.

En 1791, la révolution engendra un projet de code civil qui accordait à chacun la possibilité de choisir son nom et d'en changer. Il fut rejeté en 1793. Il ouvrait une aberration de la condition humaine universelle: l'«autofondation», qui permettait, comme dans le cas du petit Stendhal de s'affranchir de toute ascendance. Or, la condition humaine universelle convoque à la vie chaque humain, forcément né d'un couple non choisi.

En Chine, Mao reproduisit pour son peuple ce vertige d'«autofondation» quand il lança, de 1966 à 1976, la Révolution culturelle contre les Anciens. Sa problématique personnelle entraîna tout son peuple à un parricide général, dont les conséquences restent incommensurables.

Le pouvoir politique est la scène où les rivalités père-fils sont finalement les plus flagrantes. Dans un système monarchique ou dictatorial, comme dans le conte *La Plume de hou,* on attend généralement la mort du père, de la mère ou du dictateur pour ouvrir la succession.

Sous un régime démocratique, les hommes de pouvoir vivent des pressions incessantes dues au cycle des élections. En France, par exemple, le couple formé par le Président de la République et le Premier ministre est voué à une guerre parricide. Le poste de Premier ministre est un des plus recherchés et des plus logiques pour accéder à la fonction de Président. C'est en effet le poste qui met en situation de prouver aux électeurs ses capacités à gouverner le pays et son aptitude à occuper la place de celui qui vous a nommé.

Comment le président choisit-il celui qui pourra le déloger ? L'ambition est mise à rude épreuve quand il s'agit de nommer dans son propre camp celui susceptible de prendre sa place. Choisir le meilleur concurrent quand il s'agit de désigner un Premier ministre dans le parti majoritaire opposé au sien, voilà un exercice qui requiert une grande éthique d'homme d'État. Est-ce possible quand le moteur de l'ambition personnelle a fait accéder à la place du vainqueur entre tous ? Est-on vraiment le meilleur d'entre tous quand il a fallu « tuer » les concurrents potentiels dans une lutte fratricide ?

La nomination du Premier ministre est dans les seules mains du Président de la République. C'est un moment monarchique, où le Président a tous les pouvoirs pour nommer l'un et rabaisser les autres. Les marchandages, les intrigues sont multiples. Quel exercice périlleux que le choix de celui qui doit protéger le président, être son fusible, son fidèle second, et qui risque de prendre sa place !

La bonne entente est-elle possible quand des personnalités aussi fortes se jaugent et rivalisent sans cesse ? Combien sont capables de mettre la raison d'État au-dessus de leurs divergences ?

Prudence de bien des électeurs… Nous allons élire celui qui nous semble le meilleur, mais n'oublions pas de le surveiller comme le pire…

Si la démocratie est le « moins pire » des systèmes politiques, elle inflige aux candidats des épreuves éthiques redoutables. Pour savoir encaisser les coups, garder confiance en sa capacité quoi qu'il arrive, rebondir après des échecs, rester celui qui représente les espoirs, quelle puissance d'ambition, quelle confiance en soi et quel ego bétonné il est nécessaire de posséder !

Le quinquennat, avec les majorités présidentielles et parlementaires qui se confondent, entraîne un changement dans l'efficience du pouvoir. La fonction d'arbitrage du Président se confond avec celle d'un capitaine. Les relations Président-Premier ministre fabriquent quant à elles des forces, des tendances sournoises, et créent dans le même courant des rapports de force père-fils redoutables, très passifs ou très parricides. La réussite en politique est un exercice subtil et redoutable.

II. La rivalité maître-élève, père-fils

Léonard de Vinci, par sa naissance hors mariage et par ses dons exceptionnels, a dû lutter avec âpreté pour exister parmi les autres. Dans ses carnets, il a décrit la jalousie fort précisément : « La jalousie porte un masque sur son beau visage. Des éclairs jaillissent d'elle pour symboliser la malignité de son langage. Elle est maigre et ridée parce qu'un désir perpétuel la consume ; un serpent de feu la mord au cœur. Elle porte un carquois avec des langues en guise de flèches, car souvent elle blesse avec la langue… Elle tient dans ses mains un vase plein de fleurs où se dissimulent des scorpions, des crapauds et autres bêtes venimeuses. Elle chevauche la mort, dont elle triomphe parce qu'elle est immortelle… Elle est chargée d'armes diverses et toutes sont des armes de destruction. »

La jalousie, la calomnie, Léonard de Vinci les craignait par-dessus tout. Cette hantise l'a poursuivi toute sa vie. Enfant bâtard, il ne fut jamais un fils à part entière pour son père. Sa naissance à Vinci, en 1452, reste aujourd'hui énigmatique.

A-t-elle été source de réjouissance ou d'humiliation ? Quels furent les liens de Léonard à sa mère ? Les liens de ses parents entre eux ?

Il semble que Léonard a passé ses premières années chez ses grands-parents paternels – d'ailleurs, combien de fois trouvera-t-on, sur les multiples cahiers de croquis de Léonard, la vieillesse représentée dans des expressions soit de colère, soit de fureur face à la sérénité d'un adolescent ? Son père, Piero, leur fils aîné, devenu notaire à Florence, épousa un beau parti l'année de la naissance de Léonard. Quant à sa mère, elle se maria en 1454 à deux kilomètres de Vinci. Il y eut probablement beaucoup d'angoisses de séparation et des paroles très humiliantes à son égard.

Léonard resta probablement jusqu'à l'âge de quatorze ou quinze ans chez son grand-père, puis ce dernier le plaça en apprentissage dans l'atelier d'Andrea di Cione, dit Il Verrocchio, fournisseur des Médicis, qui aurait été « émerveillé par ses débuts ».

Il Verrocchio avait seulement dix-sept ans de plus que Léonard. Il avait suivi une formation d'orfèvre, art qui combine la sculpture, le dessin et la peinture. Il avait été chargé de réaliser la pierre tombale de Côme de Médicis, et les commandes avaient ensuite afflué vers son atelier. Léonard de Vinci y resta douze ans en tant qu'apprenti puis en tant que collaborateur pendant plusieurs années. « Médiocre est l'élève qui ne dépassera pas son maître », écrivit-il plus tard. Pourtant, pendant ses années d'apprentissage, non sans conflit intérieur, il ne se départit jamais d'une grande docilité vis-à-vis de son maître, qui ne cessait d'expérimenter, d'innover et d'améliorer ses techniques. À l'époque, l'apprentissage se faisait par la copie, et Léonard se décrivit « peu satisfait d'imiter les œuvres de [son] maître ». Puis il nota : « Le peintre peindra des tableaux médiocres s'il s'inspire des ouvrages d'autrui.» Noyé sous la culpabilité, il raturait et réécrivait souvent ses écrits. Lorsque, à vingt ans, il assista son maître pour la création d'un Baptême du Christ, il fut chargé de peindre la finition du fond et les deux anges agenouillés à côté du Christ. Stupéfait de découvrir que son élève en savait déjà plus que lui, humilié, Il Verrocchio jura de ne plus toucher un pinceau de sa vie et se cantonna, dès lors, à la sculpture.

Lorsqu'un de ses frères lui annonça la naissance de son fils, Léonard de Vinci lui répondit brutalement: «Sois prudent, car tu te félicites d'avoir engendré un ennemi vigilant dont toutes les forces tendront vers une liberté qui ne lui viendra qu'à ta mort.» Parlait-il de sa relation à son père ou de sa relation à son maître ? En effet, Léonard rêvait de briller aux yeux de son père, qui n'acceptait pas son homosexualité et qui ne lui renvoyait que son courroux et son hostilité. Il ne cessa d'être en disgrâce et d'attribuer ce rejet à la jalousie et à sa mauvaise réputation. Ne pouvant changer sa nature, il resta caché pour donner moins prise au malheur. Quant aux relations avec Il Verrocchio, son maître, elles n'étaient pas plus simples, et Léonard ne réussit à s'en affranchir que vers 1481.

Léonard souffrait beaucoup de ses rapports avec son père, que le génie artistique de son fils n'émouvait pas et qui se montrait distant, ombrageux et sévère, n'acceptant pas non plus son homosexualité. À cette époque, l'homosexualité était assez répandue et même banalisée à Florence, et les peines prévues pour la réprimer n'étaient jamais appliquées. Pourtant d'avoir le nom de son fils impliqué dans une affaire de ce genre fut une cuisante humiliation pour son père. Lui qui faisait partie des notables de la ville, ne supporta pas de voir son nom traîné dans la boue. Même si Léonard n'en dit jamais rien directement, il dut être humilié de cette réaction. À travers des métaphores animales, il parla dans ses carnets de notes de ce qu'il dut endurer dans la relation père-fils ou maître-élève : « La tristesse peut se comparer au corbeau qui, voyant que ses nouveau-nés sont blancs, s'en éloigne avec douleur et les abandonne en poussant des cris plaintifs ; il ne se décide à les nourrir qu'au moment où il leur découvre quelques plumes noires » ; « On dit du milan que, lorsqu'il voit dans son nid ses enfants par trop engraissés, il leur donne des coups de bec aux flancs, par jalousie, et les laisse sans nourriture » ; « Il y a des vices qui ne déplaisent qu'à peu de gens, à ceux seulement à qui ils répugnent par nature. Beaucoup haïssent leur père et perdent leurs amis, quand ceux-ci leur reprochent leurs défauts ; les exemples contraires sont sans prise sur eux, non plus qu'aucun conseil humain. »[1]

Léonard ne voulut bientôt plus refréner les dons qui faisaient pâlir son maître de jalousie : « Il importe de recourir à la nature plutôt qu'aux maîtres qui ont appris d'elle. » Après avoir peint l'un des tableaux les plus étonnants du Quattrocento, *L'Adoration des Mages,* Léonard alla s'installer à Milan pour se mettre à la disposition des Sforza et poursuivre son œuvre. À aucun moment de sa vie, il ne s'approcha des femmes. Il emporta avec lui ses tourments secrets et la douleur de ses traumatismes affectifs précoces.

On note bien par cet exemple que le génie ne peut pas faire l'économie de la maturation affective nécessaire pour vivre en bonne intelligence avec les autres.

Isaac Newton ne cessa de s'acharner et de nuire aux grands esprits de son époque, tels Robert Hook et Gottfried Leibniz. Il

1. Sur ce point, voir l'ouvrage de Sigmund Freud intitulé *Un souvenir d'enfance de Léonard de Vinci*, Gallimard, « Connaissance de l'inconscient », 1987.

ne supportait pas de ne pas être le premier. Devenu président de la Royal Society en 1692, il n'eut de cesse de refuser aux autres la reconnaissance de leurs mérites et la paternité de leurs découvertes. Il utilisa son poste pour s'assurer la primauté dans les divers domaines scientifiques de sa compétence, proférant sans scrupules mensonges et calomnies. C'est seulement en 1805 que le mathématicien Auguste De Morgan put établir l'importance des apports de Hook et de Leibniz. Justice leur fut rendue. Le harcèlement moral jaloux peut habiter les êtres les plus géniaux et rendre les relations intenables par leur entourage.

Chapitre VIII

Il était une fois… la jalousie entre belles-sœurs

Aubépin

Ce conte berbère de Kabylie met en scène la sœur aînée, qui a élevé son jeune frère Aubépin après le décès de leur mère. Le père avait châtié sa femme enceinte et sa fille, coupables de n'avoir pas pris soin de son perdreau pendant son absence.

Dans la tradition populaire et poétique kabyle, la perdrix est le symbole de la grâce et de la beauté féminine. Manger sa chair équivaut à absorber un philtre d'amour. Terrible violence chez cet homme que celle de préférer la représentation de la féminité à la féminité elle-même ! Nous sommes dès l'introduction de ce conte dans la narration brutale de la jalousie d'un homme pour la femme. Voyons la suite.

Chassée de leur maison par le père, la femme et la fille errèrent dans la forêt. La femme mit au monde un petit garçon et, peu après, elle mourut, dévorée par les bêtes sauvages. La sœur et le frère, qui avaient pu survivre à toutes ces épreuves, étaient unis par un lien puissant. Lorsque le jeune frère se maria, la sœur s'installa dans une vaste maison avec lui et sa jeune femme.

« Ils vécurent tous les trois heureux dans leur nouvelle et grande maison. Mais la nouvelle mariée, voyant que sa belle-sœur était plus belle qu'elle et que, du reste, Aubépin continuait d'aimer tendrement sa sœur, en tomba follement jalouse.

Elle chercha, dès lors, un moyen de la séparer de son frère et, si possible, de la bannir à jamais.

« Un jour qu'elle était allée couper du bois dans la forêt, la femme d'Aubépin trouva sept œufs de serpent qui n'étaient pas encore éclos et les rapporta à la maison. Elle en fit une omelette, en prépara une autre de sept œufs de poule et invita sa belle-sœur à venir manger avec elle. Elle lui servit l'omelette aux œufs de serpent, mangea elle-même de l'autre et attendit.

« Au bout de quelque temps, les œufs éclorent dans le ventre de la jeune fille. Les serpents grandirent et, bientôt, commencèrent à y mener un beau charivari. La jeune mariée n'attendait que cela. Au comble de la joie, elle alla trouver son mari :

« "Ta sœur va avoir un enfant, lui dit-elle.

« – Impossible ! dit Aubépin.

« – Si tu ne me crois pas, dit la jeune femme, tu peux t'en assurer toi-même.

« – Comment cela ?

« – En mettant la tête sur les genoux de ta sœur et en écoutant."

« Le lendemain, en rentrant de la forêt où il était allé chasser, Aubépin prétexta une grande fatigue. Il s'allongea pour se reposer et demanda à sa sœur de s'asseoir près de lui, pour qu'il pût mettre la tête sur ses genoux. La jeune fille, confiante, s'approcha. Aussitôt, aux oreilles d'Aubépin parvinrent les bruits de la sarabande que les serpents menaient dans le ventre de sa sœur. Il en resta stupéfait et, au bout d'un instant, alla trouver sa femme :

« "Je ne l'aurais jamais cru", dit-il.

« Sa femme fit mine d'être très attristée :

« "Que deviendrons-nous quand les villageois s'en apercevront ? Tu ne pourras plus sortir sur la place.

« – Quoi faire ? demanda Aubépin.

« – Il faut se débarrasser d'elle.

« – Jamais ! s'écria-t-il. C'est elle qui m'a sauvé des bêtes féroces, elle qui m'a élevé, soigné, nourri jusqu'à ce que je devienne un homme. Sans elle, je ne t'aurais jamais épousée.

« – Alors, c'est nous qui devons partir.

« – Où irons-nous ? »

« – Il y a pourtant un moyen très simple, dit-elle perfidement.

« – Lequel ?

« – Tu vas partir avec elle dans la forêt et l'y abandonner. Quelqu'un, c'est sûr, la recueillera."

« C'est ce qu'il fit. Elle prit peur, seule, perdue au fond des bois. À la nuit tombée, un cavalier qui passait sur le chemin lui proposa de l'héberger.

« La jeune fille pensa que, dans son malheur, c'était encore une chance pour elle que le cavalier voulût bien la recueillir pour la nuit, et elle monta en croupe derrière lui. Quand ils arrivèrent, elle descendit et l'homme vit que la femme qu'il venait de sauver était d'une beauté merveilleuse. Il lui fit raconter son histoire. Elle redit tout, depuis le jour lointain où, jouant avec un perdreau, elle l'avait laissé s'envoler.

« "Les œufs de serpent, dit-elle, ont éclos dans mon ventre. Mon frère me croit enceinte et, pour cela, il m'a menée me perdre dans les bois. C'est là que vous m'avez trouvée."

« Le cavalier était à la fois touché et intrigué. Comme il était peu probable que la femme voulût retourner dans son pays, après ce qui venait de lui arriver, il aurait voulu l'épouser, mais il fallait d'abord la débarrasser des serpents qui vivaient dans son ventre, et il ne savait pas comment s'y prendre. »

Oui, comment s'y prendre pour extirper la jalousie de soi – cette jalousie qui brûle et tord l'estomac ? Elle est ici réciproque : elle concerne autant la jeune épousée envers sa belle-sœur, que la belle-sœur envers la jeune épousée.

La belle-sœur est une mère-sœur-épouse dont le frère est toute la vie. Comment un homme pourrait-il prendre place dans sa vie et dans son cœur tant que ses pensées sont occupées par son frère et par la jalousie pour la jeune épousée ? Le serpent en est l'image précise dans l'expression populaire « le serpent qui se mord la queue ». C'est l'image de la fermeture sur soi, sans ouverture, de l'obsession qui obture la relation aux autres. Ce cavalier « touché et intrigué » ressent comme une évidence que, avant d'épouser la jeune femme, il doit la débarrasser des serpents.

[Le cavalier alla consulter un sage.]

« "Eh bien, dit le vieillard, voilà comment tu vas procéder. Tu iras au marché acheter une grande quantité de viande et tu la saleras abondamment. Donne-la à manger à cette femme, jusqu'à ce qu'elle en soit rassasiée. Elle aura soif. Refuse-lui toute eau pendant trois jours. Le quatrième, prends-la, pends-la par les pieds à la plus haute poutre du toit. Par terre, juste au-dessous d'elle, pose un grand plat de bois empli d'eau. Puis, avec une badine, agite l'eau, de façon qu'on l'entende glouglouter, puis tiens ton couteau ouvert et attends."

« L'homme fit comme le sage avait dit. Il acheta la viande, la sala, la grilla, puis la donna à la jeune fille, qui en mangea jusqu'à n'en pouvoir plus. Une soif intense s'empara d'elle, mais elle demanda en vain à boire pendant trois jours. Le quatrième jour, le cavalier la pendit par les pieds, emplit d'eau un plat de bois, qu'il plaça juste au-dessous d'elle, puis, à l'aide d'une badine, il se mit à donner des petits coups dans l'eau. Le bruit cristallin et frais se répandit dans toute la pièce.

« Les serpents, altérés, commencèrent à mener un grand

vacarme ; ils cherchaient tous à se précipiter vers le bas, pour boire. À mesure qu'ils apparaissaient, un bref coup de couteau les tailladait et les morceaux palpitants tombaient dans le plat avec un bruit flasque. Quand le dernier fut sorti, le cavalier détacha la jeune fille qui n'en pouvait plus.

« Pendant plusieurs jours encore, il s'occupa de la soigner, car le long séjour des serpents dans son ventre l'avait vidée de toute force. Au bout de quelques jours, voyant qu'elle était remise, il lui demanda :

« "Maintenant que te voilà rétablie, que veux-tu faire ? Veux-tu retourner dans ton pays ou préfères-tu rester ici ?

« – Dans mon pays ? dit-elle. Je n'en ai plus : mon frère et sa femme m'ont abandonnée dans la forêt.

« – Dans ce cas, dit le cavalier, veux-tu m'épouser ?"

« La jeune fille, heureuse d'avoir été tout à la fois sauvée des bêtes et débarrassée des serpents qui vivaient dans son ventre, y consentit. Elle épousa le cavalier et ils vécurent heureux plusieurs mois. Puis elle mit au monde un garçon, qui lui ressemblait à s'y méprendre.

« "Quel nom lui donnerons-nous ? lui demanda son mari.

« – J'ai appelé mon frère Aubépin parce qu'il était né parmi les aubépines. Celui-ci, nous allons l'appeler Argenté, parce qu'il naît dans la richesse." »

La méthode est rude. Décapiter la jalousie, ce n'est pas une mince affaire. Pendue par les pieds le quatrième jour, la belle-sœur doit passer trois jours sans pouvoir étancher sa soif et régurgiter chaque serpent qui va s'extraire d'elle. Elle est vidée de toutes ses forces par le chagrin et la colère accumulés. Elle doit renoncer à son propre pays et à son frère, avant d'accepter d'épouser le cavalier. Cet acte accompli le quatrième jour appelle la signification de ce chiffre ; il symbolise un principe d'organisation et de force. La femme débarrassée de ses erreurs pourra acquérir les quatre vertus fondamentales féminines : l'habilité, l'hospitalité, la loyauté et la fécondité.

Par la suite, la naissance de leur enfant la replace dans sa généalogie. Tant qu'il n'y a pas d'enfant, un couple peut fonctionner sans que soient questionnées les histoires respectives, puisque il ne s'agit alors que d'une relation qui répète la dyade mère-enfant. Par contre, lorsque survient une naissance, l'ordre des générations est interrogé à l'insu de tous. C'est ainsi que passer du statut de mari et femme, en complétude totale et fusionnelle, à celui de père et mère, ouvrant à un tiers, institue la filiation et la succession des générations.

Le prénom donné à l'enfant vient en écho à celui d'Aubépin. L'enfant relance l'histoire de sa lignée maternelle en même temps que celui de sa lignée paternelle.

« Les années passaient et, quoiqu'elle n'entendît plus parler d'Aubépin et de sa femme, par moment un violent désir de les revoir la prenait – son frère, surtout, parce qu'elle avait passé toute sa vie avec lui et qu'elle n'était pas sûre qu'avec son épouse il fût entièrement heureux.

« Son enfant, entre-temps, avait grandi. Il sortait maintenant tous les jours sur la place pour jouer avec les camarades de son âge. Un jour, pourtant, sa mère le vit revenir à la maison tout en larmes.

« "Pourquoi pleures-tu ? lui demanda-t-elle.

« – Les enfants se moquent de moi, dit-il. Ils parlent tous de leurs oncles maternels ; ils disent qu'ils vont leur rendre visite, et moi, tu ne m'y as jamais emmené."

« Le cœur de la jeune femme frissonna, car c'était ce qu'elle-même désirait depuis longtemps.

« "Ce soir, dit-elle, quand ton père rentrera, demande-lui de te laisser aller avec moi chez tes oncles. S'il refuse, insiste et pleure jusqu'à ce qu'il te l'accorde."

« Dès qu'ils furent assis à dîner, le soir :

« "Père, dit l'enfant, je voudrais aller chez mes oncles maternels.

« – Tes oncles maternels ? s'étonna le père, mais… tu n'en as jamais eu : j'ai rencontré ta mère dans les bois."

« Argenté se mit à geindre :

« "Tous les enfants vont rendre visite à leurs oncles. Moi aussi, je veux y aller avec ma mère.

« – Très bien ! dit le père. Vous voulez y aller ? Eh bien, allez-y, mais je vous avertis : vous irez seuls ; moi, je ne viendrai pas chez tes oncles, parce que je sais que tes oncles, ce sont des bêtes des bois."

L'enfant, relié à l'inconscient maternel, parle pour sa mère de son frère qui lui manque. Les enfants viennent toujours questionner les impasses, les secrets et les non-dits familiaux. La mère va se servir de leur fils auprès de son mari pour réaliser son désir de revoir son frère et ses neveux et nièces. Le père a rejeté la famille de sa femme, qu'il assimile aux bêtes sauvages de la forêt pour l'avoir ainsi abandonnée. Il n'est pas question pour lui de se mettre en relation avec cette famille, mais il accepte que son fils connaisse sa lignée maternelle.

« La mère et l'enfant prennent la route :

« "Nous allons bientôt être chez tes oncles, dit la jeune femme à son fils. Alors, écoute-moi bien. Il y a longtemps que je n'ai pas vu mon frère : je ne sais seulement pas s'il va me reconnaître. Quant à toi, il ne te connaît même pas. Alors, voilà ce que nous allons faire : nous allons nous présenter chez lui comme des mendiants. Si ton oncle me reconnaît et qu'il nous accueille, nous allons enlever ces vieilles loques et paraître avec nos beaux habits…

« – Et s'il t'a oubliée ?

« – C'est ici que tu dois faire attention. Je lui demanderai de

nous laisser passer la nuit dans sa maison, comme des mendiants. Dès que nous serons installés, tu me demanderas de te lire un conte. Je ferai semblant de refuser. Insiste jusqu'à ce que j'accepte."

« Quand elle arriva à la demeure d'Aubépin, son cœur se mit à battre.

« Elle demanda l'hospitalité pour la nuit et proposa de raconter une histoire à son fils et aux enfants de son frère avant qu'ils s'endorment. Elle commença :

« "Machaho !
« Tellem chaho !"

« Les enfants s'étaient agglutinés autour d'elle. Aubépin et sa femme restaient dans la pièce, faisaient semblant de ne pas écouter, mais ils entendaient tout. La mère s'adressait à son fils, parce que c'est lui qui avait demandé un conte :

« "Argenté, Argenté, mon enfant…

« "… Il était une fois un chasseur qui aimait passionnément la chasse et, un jour, il rapporta un perdreau et le confia à sa femme en lui recommandant de ne pas le laisser s'envoler. Mais sa fille, en jouant avec l'oiseau, le laissa s'échapper, et le père les chassa toutes deux de la maison…

« "… Argenté, Argenté, mon enfant…

« "… Dans la forêt, les animaux sauvages dépecèrent la femme, et la petite fille partit par les chemins, avec le bébé, un garçon, qu'on avait trouvé dans le ventre de sa mère. Quand son frère fut grand, il se maria…"

« Tout en contant, la mère jetait de temps à autre un coup d'œil dans la pièce et, à mesure qu'elle parlait, elle voyait et son frère et sa belle-sœur s'enfoncer peu à peu dans la terre : jusqu'aux chevilles, aux mollets, aux genoux, aux cuisses. Ils étaient maintenant engloutis jusqu'à la taille.

« "… Argenté, Argenté, mon enfant…

« “… Mais sa belle-sœur, jalouse d'elle, lui donna à manger sept œufs de serpent, qui bientôt éclorent dans son ventre, et son frère la crut enceinte…”

« La jeune femme regarda : la terre avait aspiré jusqu'à une partie du ventre de son frère et de sa belle-sœur.

« “… Argenté, Argenté, mon enfant…

« “… Ils allèrent dans le bois avec elle et l'abandonnèrent la nuit, au milieu des fauves…

« “… Argenté, Argenté mon enfant…

« “… Elle allait être dévorée si un cavalier qui passait par là ne l'avait recueillie et emmenée dans sa maison. Il réussit à faire sortir les serpents qu'elle portait dans son ventre et il l'épousa…”

« La mère regarda à la dérobée derrière elle : d'Aubépin et de sa femme, il ne restait que les têtes, qui émergeaient au-dessus du sol comme des courges rondes.

« “… Argenté, Argenté, mon enfant…

« “… Ils eurent un garçon, qui grandit et qui, un jour, revint de la classe en pleurant, parce que ses camarades allaient rendre visite à leurs oncles maternels, et lui n'en avait même jamais entendu parler.”

« À cet instant, la mère vit que les deux têtes avaient disparu : à la place, il y avait des touffes de cheveux, les uns longs, à côté les autres plus courts. Elle sentit son cœur tressaillir. Elle se leva, agrippa la tête de son frère par les cheveux et, de toutes ses forces, elle tira. Le corps résista d'abord, mais la jeune femme, tremblant de tous ses membres, ne lâcha pas prise. Bientôt, la masse commença à céder. Le haut du crâne de son frère, puis la tête, les épaules, le buste, la taille, les jambes, les genoux, les pieds, enfin, furent déterrés.

« Quand Aubépin, tout endolori, se dressa enfin devant elle, elle se précipita pour l'embrasser. Elle alla chercher un maillet

et, frappant à toute volée sur ce qui restait du corps de sa belle-sœur, elle l'enfonça à tout jamais dans la terre.

« Par la suite, elle fit venir son mari. Aubépin se remaria, et ils furent très heureux dans leur pays. »

Ce conte est composé d'une imagerie merveilleuse. L'évocation de la belle-sœur qui trouve sept œufs de serpent et en fait une omelette pour la sœur de son mari est remarquable. Celle-ci va en avoir l'estomac fort embarrassé, au point que sa belle-sœur va pouvoir suggérer une grossesse illégitime.

Le serpent, qui depuis l'Éden représente la pensée jalouse, empoisonne tellement ces deux femmes que l'une veut tuer l'autre. Un homme se trouve entre elles. Il est légitime que la femme revendique de vivre dans son foyer avec son mari, sans sa belle-sœur, dont ce n'est plus la place, mais de là à mettre cette dernière en danger de mort par la calomnie, cela peut paraître excessif…

La sœur-mère éprouve des maux d'estomac jaloux, car « les serpents […] y [mènent] un beau charivari ». Elle ne va réussir à se défaire de cette haine pour sa belle-sœur que grâce à l'arrivée d'un homme dans sa vie. Chacun va trouver sa juste place.

Comme dans tous les contes, la femme d'Aubépin est punie de mort pour avoir menti et avoir tenté de faire mourir sa belle-sœur. La vengeance est alors permise. Des faits divers meurtriers illustrent sans cesse ces fantasmes jaloux qui passent à l'acte. Or, il n'est pas possible de s'arranger avec la vie, d'annuler l'autre parce qu'il gêne.

Les événements qui ont eu lieu à la génération des grands-parents et qui concernent les géniteurs ont besoin d'être dits, au fur et à mesure des mutations de la vie. Dans ce conte, la mère n'en parle jamais à personne, mais son histoire l'habite. Il est nécessaire que son fils apprenne son histoire, afin de guérir de la blessure causée par le fait qu'il n'est pas comme les autres, en l'occurrence, sans référence de lignée maternelle.

Exemple clinique : Mireille

L'histoire de Mireille vient souligner la nécéssité pour chacun de connaître ses origines et ses liens de filiation.
« Quand je rêve, je ne trouve ni sens ni charge affective, comme si mes rêves n'étaient pas à moi [...] Je n'ai de l'énergie que contre quelque chose, mais je ne sais pas quoi [...] J'ai un rêve récurent : je quitte ma mère, elle me quitte. Nos dissensions sont infinies...
« [...] Sur les photos de mon enfance, je me trouve maigre, ébouriffée. On dirait Cosette ou le Petit Chose en fille [...]
« J'ai rêvé qu'on a coupé l'arbre, je sais qu'il va refleurir, mais je sais que quelqu'un va chercher à voler ses fruits. Je me sens impuissante [...]
« Je ne sais pas ce que je représente pour ma mère. Je crois que, pour elle, c'est l'argent qui remplace la parole et l'amour.
« La plupart de mes photos d'enfant se passent sur le pot. C'était sa grande préoccupation maternelle. Elle me disait : "Tu es malade dans ta tête, alors je parle à ton cul." Quand elle avait des gaz, elle me disait : "Tiens, tu vois, c'est une parole !" C'est vrai que j'étais une enfant difficile. Quand j'ai eu quatre ans, nous avons déménagé. J'avais une vieille poupée qui ne me quittait jamais. Mon père l'a jetée dans les W.-C. et a tiré la chasse d'eau. Je ne l'ai jamais revue [...] J'avais peur de ma mère et j'en ai toujours peur. Je cherche le fil rouge de sa vie, il m'échappe sans arrêt.
« [...] j'ai rêvé que j'étais Sherlock Holmes à la recherche du secret de ma mère, elle était derrière la porte. J'étais sur le point de le découvrir. J'étais dans une terreur totale. Ça m'a réveillée.

« Elle est une grande maniaque de la propreté. Elle ne supporte aucune trace chez elle de quiconque. Elle passe sans arrêt derrière nous pour effacer toute trace de notre passage.
Chez mes parents, nous avons une curieuse façon de nous parler. Je n'avais pas voix au chapitre – quel chapitre ? Pas le droit à la parole – quelle parole ? Ma mère me scrutait pour deviner les bêtises et les diableries que j'étais censé inventer sans arrêt.
« Je ne correspondais manifestement pas à l'idée qu'elle s'était faite d'une fille.
« Je réalise que j'étais une petite fille courageuse qui devait faire face à des adultes tourmentés… Je n'aimais pas ma chambre, elle était artificielle. C'était celle de ma mère, pas la mienne. Je n'avais jamais osé penser que ma mère était folle. C'est incroyable comme je me sens mieux de pouvoir le dire et le penser. C'était elle ou moi. Ça me permet de m'ouvrir au plaisir de vivre, à la chaleur de vivre. Ça fait tomber la culpabilité énorme de me croire une mauvaise fille. »
Une infection pulmonaire emporte subitement le père de Mireille. Quelques semaines plus tard, elle reçoit une lettre du notaire par laquelle elle apprend qu'elle a été adoptée à huit mois en guise de cadeau de Noël pour sa mère. Tremblement de terre et extraordinaire soulagement !
« Si je n'avais pas ces mois de travail psychanalytique derrière moi, je ne sais pas comment j'aurais réagi. Là, tout prend sens, ce que j'éprouvais, ce que je ressentais, mes recherches autour de ma naissance, qui déclenchaient des crises d'hystérie chez ma mère. Je devais soutenir le mensonge de ma mère et de mon père pour elle. Tous mes rêves parlaient de cette contradiction entre mon ressenti et ce que mes parents adoptifs voulaient nier. Cela remet tellement ma vie en justesse que c'est la première fois que je ressens de l'amour pour ma mère ! »
Mireille devra faire face au désespoir de sa mère, qui se trouve

dévoilée dans sa blessure narcissique de n'avoir pas pu porter un enfant comme ses sœurs.

Mireille a couru le risque de confondre sa propre vérité avec la faille narcissique de sa mère. Le fait de ne pas correspondre à l'enfant rêvé par sa mère l'a sauvée d'une symbiose qui aurait pu être mortifère. La force de captation de sa mère a échoué, l'enfant Mireille gardait en elle une autre scène : je n'ai de l'énergie que contre quelque chose, mais je ne sais pas quoi...

Le désir de connaître le secret familial était frappé d'interdit. La mère préférait maintenir un mensonge qui lui plaisait (faire comme si elle avait été enceinte) plutôt que reconnaître une vérité qui lui déplaisait.

Le mensonge sur les origines entraîne des distorsions dans la communication verbale et non verbale. Il ne peut que perturber le narcissisme[1] de base d'un enfant et lui faire courir le risque d'un déséquilibre grave pour sa personnalité. C'est son sentiment de sécurité de base qui est en jeu. Cela impose souvent une grande violence entre le porteur du secret et celui qui en est l'objet. Le non-dit sur l'origine est l'une des plus grandes violences faites à un être humain. Cela lui fait vivre d'emblée sa vie sur un mode de culpabilité et d'humiliation.

Par son opposition systématique à sa mère, Mireille témoignait sans cesse de l'événement frappé d'interdiction. Leur relation pointait sans arrêt ce mensonge originel.

À vouloir faire correspondre leurs enfants à une image idéale, bien des parents les enferment dans des secrets indicibles. C'est une façon, pour les parents, de rester dans la toute-puissance, car les enfants se heurtent ainsi à l'impossibilité du contact avec la réalité. Pour grandir, nous devons admettre que les gens ne

---

1. Narcissisme signifie ici acquérir la confiance en soi et la solidarité de base nécessaire pour vivre et faire face aux épreuves.

sont pas forcément ce qu'ils semblent ou voudraient être, ni ce qu'on voudrait qu'ils soient. On ne peut rester idéaliste ou innocent. La sagacité ouvre à la conscience et à la réalité responsable. Pour tout humain, connaître ses origines maternelle et paternelle fait partie des droits de l'homme universellement reconnus.

Chapitre IX

Il était une fois… la jalousie envers les beaux-enfants

Ce thème est récurrent dans les contes. Les belles-mères, comme les sorcières, permettent d'exprimer l'ambivalence des sentiments maternels sans ternir l'image de la mère idéale souhaitée par tous. L'extrême fréquence de la mortalité des mères à l'accouchement expliquait l'importance des familles « recomposées ». Aujourd'hui, c'est la fréquence des divorces qui l'explique.

Un conte japonais très bref aborde le sujet sans fioritures.

La Flûte de bambou magique

« Jadis, on racontait ceci :

« Il y avait un père, sa seconde femme et sa fille d'un premier lit. Un jour, le père dut partir pour Edo. Il recommanda à sa fille de bien obéir à sa marâtre.

« "Attends mon retour !" »

« La fille avait peur de sa marâtre. Elle devait donc s'efforcer de lui plaire, mais sa belle-mère cherchait un moyen de la faire périr. Un jour, elle l'envoya faire une course fort loin dans la montagne. Sur le chemin du retour à travers la forêt, dans la nuit, la fille tremblait de frayeur. Peu avant d'arriver à la maison, elle s'effondra. Pattari !

« La marâtre la trouva morte, et se dit que son désir était

exaucé. Elle l'enterra. Aussitôt, à la place du cadavre poussa un magnifique bambou! Un moine komuso qui passait par là dit:

« "Je n'ai jamais vu un aussi beau bambou! Pourriez-vous m'en couper un bout, que je m'en fasse une flûte ?" »

« La marâtre acquiesça, à condition que le moine n'en joue pas à Edo. Le moine partit avec sa flûte, qui sonnait merveilleusement bien. Arrivé à Edo, il oublia la consigne de la marâtre. Il souffla dans la flûte, et celle-ci exécuta cette chanson magique :

"La marâtre eut de la rancune.
Hyuu hyororo.
Mon papa, je te chéris!"

« Ces paroles tombèrent dans l'oreille du père, qui reconnut la voix de sa fille. Il rentra dans son village, accusa la marâtre et la tua. »

Ce conte met en scène la terreur qu'un enfant peut éprouver face à des adultes haineux. L'expression « mourir de peur » prend ici tout son sens.

Le père, malgré son affection pour l'enfant, ne la protège pas. En effet, comme beaucoup d'adultes, il veut croire à la désobéissance et aux caprices enfantins pour ne pas avoir à prendre parti lors des conflits. Il refuse d'admettre la haine jalouse de sa femme pour cette enfant. Entre lâcheté et égoïsme, il refuse que son enfant lui complique la vie. Il désire la tranquillité à court terme, plutôt que l'affrontement *ici et maintenant* aux situations. C'est une façon de se dédouaner, au détriment de l'enfant, de sa propre histoire et d'éviter toute remise en question personnelle.

Un homme raconte: « Mon père était toujours aveugle et sourd. Il ne voulait rien savoir de nos conflits avec notre mère. Il partait à la pêche ou dans ses bouquins. À nous de nous débrouiller. »

Lorsque les hommes sont élevés par des mères possessives et culpabilisantes, ils choisissent souvent pour compagne le même type de femme ou, si elle est différente, ils l'accusent de trop d'autorité. En fait, ils passent leur temps à fuir pour être tranquilles. Durant l'enfance, cette attitude n'est pas possible. Une fois adulte, on peut préférer la fuite : c'est une issue peu glorieuse, mais cela évite d'avoir à assumer sa responsabilité.

Dans ce conte, pourquoi un bambou ?

Le bambou est riche de symboles dans les pays asiatiques. Avant l'invention des pendules, la croissance de sa tige, d'un nœud à l'autre, servait à mesurer le temps. La prolifération rapide de ses racines est signe de profusion, et son utilisation multiple rend cette plante généreuse et créative. Le bambou ne peut pas disparaître, il est signe d'éternité. Par ses radicelles, il repousse sans cesse toujours plus loin. Et les jardiniers connaissent bien cette plante tant il est bien difficile de se débarrasser quand elle a conquis un premier espace.

C'est bien ce dont la marâtre va s'apercevoir. Elle a enterré le corps de la fillette, croyant ainsi s'en débarrasser, mais elle n'a enterré ni son esprit ni son âme. Or, comme le bambou, elle renaît sans cesse. Dans ce conte, sa renaissance est symbolisée par la flûte taillée dans le bambou qui a poussé sur sa tombe et dont joue le moine. La musique et le chant sont toujours utilisés dans les contes pour démasquer les menteurs. La musique est la vérité de l'âme.

Les passages à l'acte apaisent la pulsion sur l'instant, mais ont, à long terme, un effet de boomerang. La pulsion est vitale, mais non vivable : voilà la morale simple et naturelle de ce conte, comme de ceux que nous avons déjà rencontrés.

Le Conte du genévrier

Dans la tradition orale populaire, le genévrier est un arbuste béni. Il aurait caché la Vierge et l'Enfant Jésus lorsque les soldats du roi Hérode les pourchassaient pendant leur fuite en Égypte. Les faibles, les pauvres, les animaux se réfugient sous les branches de cet arbuste, dont l'odeur puissante égare les prédateurs. Le genévrier est l'emblème de la protection et du secours. Autrefois, lorsque l'on ouvrait une auberge, on plantait toujours un genévrier près du seuil. Dans certaines campagnes, on diffuse, encore aujourd'hui, de l'huile essentielle de genévrier dans l'atmosphère pour purifier une pièce où se sont déroulés des événements violents.

« Il était une fois – il y a de cela bien longtemps, au moins deux mille ans – un homme riche qui avait une femme de grande beauté, honnête et pieuse ; il s'aimaient tous les deux d'un grand amour, mais ils n'avaient pas d'enfants. Ils en désiraient tellement que la femme priait beaucoup, beaucoup, nuit et jour pour avoir un enfant. Mais elle n'arrivait pas, non, elle n'arrivait pas à en avoir.

« Devant leur maison s'ouvrait une cour où se dressait un genévrier et, une fois, en hiver, la femme était sous le genévrier et se pelait une pomme. Son couteau glissa et elle se coupa le doigt assez profondément pour que le sang fît quelques taches dans la neige. La femme regarda le sang devant elle dans la neige et soupira très fort en se disant, dans sa tristesse :

« "Ah, si j'avais un enfant, si seulement j'avais un enfant vermeil comme le sang et blanc comme la neige !"

« Dès qu'elle eut dit ces mots, elle se sentit soudain toute légère et toute gaie, avec le sentiment que son vœu serait réalisé. Elle rentra dans la maison. Un mois passa et la neige

disparut ; un deuxième mois, et tout avait reverdi ; un troisième mois, et la terre se couvrit de fleurs ; un quatrième mois, et, dans la forêt, les arbres étaient tout épais et leurs branches vertes s'entrecroisaient sans presque laisser de jour. Les oiseaux chantaient en foule et tout le bois retentissait de leurs chants, les arbres perdaient leurs fleurs qui tombaient sur le sol. Le cinquième mois passé, la femme était un jour sous le genévrier et cela sentait si bon que son cœur déborda de joie et qu'elle en tomba à genoux, tant elle se sentait heureuse. Puis le sixième mois s'écoula, et les fruits se gonflèrent, gros et forts, et la femme devint toute silencieuse ; le septième mois passé, elle cueillit les baies du genévrier et les mangea toutes avec avidité, et elle devint triste et malade ; au bout du huitième mois, elle appela son mari et lui dit en pleurant :

« "Quand je mourrai, enterre-moi sous le genévrier."

« Elle en éprouva une immense consolation, se sentit à nouveau pleine de confiance et heureuse jusqu'à la fin du neuvième mois.

« Alors, elle mit au monde un garçon blanc comme la neige et vermeil comme le sang, et, lorsqu'elle le vit, elle en fut tellement heureuse qu'elle en mourut. »

L'action est rapide : le couteau glisse sur la pomme. La femme se coupe, des taches de sang s'étalent sur la neige, la femme forme un souhait. Neuf mois plus tard, un enfant naît et la mère meurt.

Le sang, par le sang des règles, de la défloration et de l'accouchement, évoque le destin des femmes. L'image de l'enfant vermeil comme le sang et blanc comme la neige de ce conte germanique est proche de celle de l'imagerie de la mère de Blanche-Neige, qui, elle, ajoute la couleur noire, noire comme le bois d'ébène de la fenêtre. Ces deux femmes vont mourir à la naissance de leur enfant, sans commentaire pour la mère dans *Blanche-Neige* et avec cette indication pour la mère dans le *Conte du genévrier :* « Elle [... est] tellement heureuse qu'elle en [meurt]. » La couleur blanche et le froid de la neige nous font ressentir le désir ambigu de ces deux femmes en difficulté d'être mères. Le blanc et le froid rappellent la pâleur fascinante des cadavres. Ces femmes manquent de pulsion de vie et se trouvent dans l'impossibilité de sortir de leur rêve de symbiose archaïque, elles ne sont pas en état d'assumer la vie de leur enfant au-delà de sa naissance. Certaines femmes pressentent qu'élever leur bébé serait pour elle insupportable et pourrait réveiller chez elles des angoisses de morcellement corporel insurmontables.

Dans ce conte, la version poétique des neuf mois de gestation est magnifique. Les images sont pleines et ravissantes. Au sixième mois, lorsque l'enfant commence à être viable, la mère devient toute silencieuse, puis, au septième mois, quand il est tout à fait viable, elle est triste et malade. Au huitième mois, la future mère ressent qu'elle n'aura pas la force d'aller au-delà de la naissance : « Quand je mourrai, enterre-moi sous le genévrier », demanda-t-elle à son mari. Comme la mère de Blanche-Neige, cette femme éprouve une plénitude dans l'état de grossesse, mais ne peut pas assumer la séparation inexorable avec l'enfant. Elle éprouve une incapacité à vivre la rencontre entre l'enfant fantasmatique et l'enfant réel.

Cet enfant, comme Blanche-Neige, va être marqué par la morbidité de sa mère. Il devra dépasser les vœux de mort de sa marâtre. C'est par un amour oblatif que l'un et l'autre vont pouvoir accéder à la vie hors de toute culpabilité : l'amour des sept nains et du prince pour Blanche-Neige, l'amour de son père et celui de sa sœur – qui va naître plus tard – pour le jeune garçon du *Conte du genévrier*.

« Son mari l'enterra alors sous le genévrier et la pleura tant

et tant. Il ne faisait que la pleurer tout le temps. Mais un jour vint qu'il commença à la pleurer moins fort et moins souvent, puis il ne la pleura plus que quelquefois de temps à autre, puis il cessa de la pleurer tout à fait. Un peu de temps passa encore et, maintenant qu'il ne la pleurait plus, il prit une autre femme.

« De cette seconde épouse, il eut une fille, et c'était un garçon qu'il avait de sa première femme : un garçon vermeil comme le sang et blanc comme la neige. La mère, chaque fois qu'elle regardait sa fille, l'aimait beaucoup, beaucoup. Mais si elle regardait le petit garçon, cela lui écorchait le cœur de le voir ; il lui semblait qu'il empêchait tout, qu'il était toujours là en travers, qu'elle l'avait dans les jambes continuellement ; et elle se demandait comment faire pour que toute la fortune revînt à sa fille, elle y réfléchissait, poussée par le Malin, et elle se prit à détester le petit garçon, qu'elle n'arrêtait pas de chasser d'un coin à l'autre, le frappant ici, le pinçant là, le maltraitant sans cesse, de telle sorte que le pauvre petit ne vivait plus que dans la crainte. Quand il revenait de l'école, il n'avait plus un instant de tranquillité.

« Un jour, la femme était dans la chambre du haut et la petite-fille monta la rejoindre en lui disant :

« "Mère, donne-moi une pomme !

« — Oui, mon enfant !" » lui dit-elle, en lui choisissant dans le bahut la plus belle pomme qu'elle put trouver. Ce bahut, où l'on mettait les pommes, avait un couvercle épais et pesant muni d'une serrure tranchante, en fer.

« "Mère, dit la petite fille, est-ce que mon frère n'en aura pas une aussi ?"

« La femme en fut agacée, mais elle répondit quand même :

« "Bien sûr, quand il rentrera de l'école."

« Mais quand, en regardant par la fenêtre, elle le vit qui revenait, ce fut vraiment comme si le malin l'avait possédée :

elle reprit la pomme qu'elle avait donnée à sa fille en lui disant :

« "Tu ne dois pas l'avoir avant ton frère."

« Et elle la remit dans le bahut, dont elle ferma le pesant couvercle. Et lorsque le petit garçon fut arrivé en haut, le Malin lui inspira son accueil aimable et ses paroles gentilles :

« "Veux-tu une pomme, mon fils ?"

« Mais ses regards démentaient ses paroles, car elle fixait sur lui des yeux féroces, si féroces que le petit garçon lui dit :

« "Mère, tu as l'air si terrible, tu me fais peur. Oui, je voudrais bien une pomme."

« Sentant qu'il lui fallait insister, elle lui dit :

« "Viens avec moi !"

« Et, l'amenant devant le bahut, elle ouvrit le pesant couvercle et lui dit :

« "Tiens ! Prends toi-même la pomme que tu voudras !"

« Le petit garçon se pencha pour prendre la pomme, et alors le diable le poussa et boum ! Elle rabattit le lourd couvercle avec une telle force que la tête de l'enfant fut coupée et roula au milieu des pommes rouges.

« Alors, elle fut prise de terreur (mais alors seulement) et pensa :

« "Ah ! si je pouvais éloigner de moi ce que j'ai fait !"

« Elle courut dans une autre pièce et ouvrit une commode pour y prendre un foulard blanc ; puis elle revint au coffre, replaça la tête sur son cou, la serra dans le foulard pour qu'on ne puisse rien voir et assit le garçon sur une chaise, devant la porte, avec une pomme dans la main. »

La description de l'intolérance à la présence de l'autre est sans détour. La vie donnée à cet enfant est insupportable pour cette marâtre. Le bahut représente le corps de la première femme de son mari ; c'est pourquoi elle voudrait bien que le garçon y retourne, elle aimerait qu'il ne soit pas né ! Les pommes, dans ce conte, possèdent toujours leur force tentatrice. La marâtre succombe à sa pulsion meurtrière. Elle ne peut pas arrêter son bras à temps. Elle veut ensuite effacer son meurtre et faire comme si cela n'était pas.

La suite est encore plus redoutable.

« La petite Marlène, sa fille, vint la retrouver dans la cuisine et lui dit, tout en tournant une cuillère dans une casserole qu'elle tenait sur le feu :

« "Bon ! Mère, mon frère est assis devant la porte et est tout blanc ; il tient une pomme dans sa main et, quand je lui ai demandé s'il voulait me la donner, il ne m'a pas répondu. J'ai peur !

« – Retournes-y, dit la mère, et, s'il ne te répond pas, flanque-lui une bonne claque !"

« La petite Marlène courut à la porte et demanda :

« "Frère, donne-moi la pomme, tu veux ?"

« Mais il resta muet et elle lui donna une gifle bien sentie, en y mettant toutes ses petites forces. La tête roula par terre et la fillette eut tellement peur qu'elle se mit à hurler en pleurant, et elle courut, toute terrifiée, vers sa mère :

« "Oh ! mère, j'ai arraché la tête de mon frère !"

« Elle sanglotait, sanglotait à n'en plus finir, la pauvre petite Marlène. Elle en était inconsolable.

« "Marlène, ma petite fille, qu'as-tu fait ? dit la mère. Quel malheur ! Mais à présent tiens-toi tranquille et ne dis rien. Que personne ne le sache, puisqu'il est trop tard pour y changer quelque chose et qu'on n'y peut rien. Nous allons le faire cuire en ragoût, à la sauce brune."

« La mère alla chercher le corps du garçonnet et le coupa en menus morceaux pour le mettre à la sauce brune et le faire cuire en ragoût. Mais la petite Marlène ne voulait pas

s'éloigner et pleurait, pleurait et pleurait, et ses larmes tombèrent dans la marmite, tellement qu'il ne fallut plus y mettre de sel.»

La perversité de la mère est à son comble: non seulement elle fait assumer son meurtre par sa petite fille, mais, de plus, elle l'associe à sa cuisine en disant: «*Nous* allons le faire cuire.» Nous vérifions une nouvelle fois que, pour le jaloux pervers, la sensibilité à l'autre n'existe pas. La mère n'a aucune empathie pour sa propre fille. L'angoisse extrême et les pleurs de sa petite fille ne la touchent pas. Elle l'assimile totalement à elle-même et la manipule à sa guise.

La cruauté de la préparation du garçon en sauce brune n'est pas adoucie par le sel des larmes de la fillette. L'humour macabre est à son paroxysme dans cet épisode cannibalique, puisque le ragoût, comme la vengeance, est un plat qui se fait cuire à petit feu.

«Le père rentra à la maison pour manger, se mit à table et demanda:

« "Où est mon fils?"

« La mère vint poser sur la table une pleine marmite de ragoût à la sauce brune, et la petite Marlène pleurait sans pouvoir s'en empêcher. Une seconde fois, le père demanda:

« "Mais où est donc mon fils?

«– Oh! dit la mère, il est allé à la campagne chez sa grand-tante, il y restera quelques jours.

«– Que va-t-il faire là-bas? demanda le père. Et il est parti sans seulement me dire au revoir!

«– Il avait tellement envie d'y aller! répondit la femme. Il m'a demandé s'il pouvait y rester six semaines et je le lui ai permis. Il sera bien là-bas.

«– Je me sens tout attristé, dit le père. Ce n'est pas bien qu'il soit parti sans rien me dire. Il aurait pu quand même me dire adieu!"

« Tout en parlant de la sorte, le père s'était mis à manger, mais il se tourna vers l'enfant qui pleurait et lui demanda :

« "Marlène, mon petit, pourquoi pleures-tu ? Ton frère va revenir bientôt."

« Puis il se tourna vers sa femme :

« "Oh, femme ! lui dit-il, quel bon plat tu m'as fait là ! Sers-m'en encore !

« Elle le resservit, mais plus il en mangeait, et plus il en voulait.

« "Donne-m'en, donne-m'en plus, je ne veux en laisser pour personne : il me semble que tout est à moi et doit me revenir."

« Et il mangea, mangea jusqu'à ce qu'il ne reste plus rien, suçant tous les petits os, qu'il jetait à mesure sous la table. Mais la petite Marlène se leva et alla chercher dans le tiroir du bas de sa commode le plus joli foulard qu'elle avait, un beau foulard de soie, puis, quand son père eut quitté la table, elle revint ramasser tous les os et les osselets, qu'elle noua dans son foulard de soie pour les emporter dehors en pleurant à gros sanglots. Elle alla et déposa son petit fardeau dans le gazon, sous le genévrier ; et quand elle l'eut mis là, soudain son cœur se sentit tout léger et elle ne pleura plus.

« Le genévrier se mit à bouger, écartant ses branches et les resserrant ensemble, puis les ouvrant de nouveau et les refermant comme quelqu'un qui manifeste sa joie à grands gestes des mains. Puis il y eut soudain comme un brouillard qui descendit de l'arbre jusqu'au sol, et, au milieu de ce brouillard c'était comme du feu, et de ce feu sortit un oiseau splendide qui s'envola très haut dans les airs en chantant merveilleusement.

« Lorsque l'oiseau eut disparu dans le ciel, le genévrier redevint comme avant et le foulard avec les ossements n'était plus là. La petite Marlène se sentit alors toute légère et

heureuse, comme si son frère était vivant. Alors elle rentra toute joyeuse à la maison, se mit à table et mangea.»

Comme le déclarait un conteur vannier dans le recueil d'Ariane de Felice: «Il faut bien mentir puisque ce n'est pas la vérité.» C'est en effet la seule issue que trouve cette mère.

Les femmes phalliques jalouses qui prennent le pouvoir sur les autres ont souvent des maris falots, sensibles, encore infantiles, qui restent les petits garçons d'une femme-mère autoritaire. Ils sont leur outil indispensable pour acquérir le pouvoir maternel dans l'annulation de leur virilité et de leur symbolique paternelle. La complémentarité, on le voit bien, est anecdotique pour elles.

Après les stades oral et anal, que nous avons déjà décrits, le stade phallique est celui où l'enfant prend conscience qu'il appartient à l'un ou à l'autre sexe, mais qu'il n'aura jamais les deux. Dans l'imaginaire, ces femmes, jalouses de ce que les hommes ont et qu'elles n'ont pas, développent un besoin de contrôle sur tout ce qui bouge et tout ce qui ne bouge pas. Elles sont dans le désir de toute-puissance et annulent toute différence, puisqu'elles-mêmes ne l'ont pas acceptée. Pourtant la différence est la meilleure chose que nous ayons tous en commun.

Si le père est très attaché affectivement à ses deux enfants, il est intéressant de noter que, à la fin du conte, il appellera sa femme «Mère». Il se préoccupe du chagrin de sa fille au lieu de s'en informer directement. Il suppose que, comme lui, elle est attristée du départ de son frère. Banale erreur des adultes, qui imaginent connaître les causes des peines enfantines alors que, très souvent, ils sont à cent lieues de leur raison profonde. Là encore, l'altérité dans sa différence n'est pas respectée.

La gourmandise avec laquelle le père, cannibale sans le savoir, déguste son fils est stupéfiante. Il n'y a aucune censure.

C'est vigoureux, et cela serait intolérable si notre sensibilité n'était pas amoindrie par la formule inaugurale du conte : « Il était une fois » – c'est-à-dire que cela n'était pas... La narration n'est pas avare d'effets : « Plus il en mangeait, et plus il en voulait », et : « Je ne veux en laisser pour personne : il me semble que tout est à moi et doit me revenir. »

La sauce brune est bonne, et le lecteur est pris entre le rire et les larmes devant ce grand nigaud sympathique de père qui se lèche les doigts en suçant les os de son fils ! La belle-mère transgresse une loi universelle : l'interdit d'incorporer l'autre. La jalousie envers son mari et son enfant est à son paroxysme. « Puisque tu aimes tellement ton fils chéri, je vais t'en faire un ragoût et tu pourras, pour ma plus grande puissance, t'en délecter éperdument ». C'est le passage à l'acte du délire jaloux sans limite.

L'amour fou pour le fils sans faim (il le dévore en effet au-delà de la faim) donne à voir ce sentiment sans limite qui ne protège pas l'être aimé. Le père éprouve pour son fils un amour cérébral qui fonctionne en circuit fermé, qui se nourrit de lui-même et se révèle incapable de prendre soin, dans le réel, de celui dont il est l'objet. Comment aimer pourrait-il signifier dévorer l'autre ? C'est l'interdit suprême du cannibalisme, leurre d'amour ou de haine qui nie l'altérité.

La petite sœur, elle, sanglote toujours. Comment assumer le fait d'avoir décapité son frère ? Elle a perdu son intégrité, et cherche à la restituer au corps de son frère. C'est une belle image que de la voir s'apaiser à l'ombre du genévrier, l'arbre qui protège et secourt, et sous lequel la mère du garçon avait émis le vœu de sa naissance.

Le chagrin profond et l'amour sincère de la fillette redonnent vie à son frère. Elle se sent à nouveau légère et heureuse « comme si » son frère était vivant. Ce « comme si », qui l'allège tant, a pris la forme d'« un oiseau splendide qui s'envola très haut dans les airs en chantant merveilleusement ».

Le pouvoir magique du genévrier a opéré et va se manifester encore de jolie façon. Ce bel oiseau a en effet une chanson si extraordinaire qu'il obtiendra une récompense de tous ceux qui la lui réclameront une deuxième fois : chez un orfèvre, il sera payé d'une belle chaînette d'or ; chez un cordonnier, il sera payé d'une paire de chaussures rouges ; chez un meunier, il sera payé d'une meule.

Voici la chanson, et la fin du conte :

« "Ma mère m'a tué ;
Mon père m'a mangé ;
Ma sœurette Marlène
A pris bien de la peine
Pour recueillir les os jetés
Dessous la table, et les nouer
Dans son foulard de soie
Qu'elle a porté sous le genévrier.
Kiwitt, kiwitt, bel oiseau que je suis !"

« Le bel oiseau déploya ses ailes et s'envola. Il avait la chaînette d'or dans sa serre droite, la paire de souliers dans sa serre gauche et la meule autour de son cou, et il s'envola ainsi loin, très loin, jusqu'à la maison de son père.

« Le père, la mère et la petite Marlène sont là, assis à table. Et le père dit :

« "C'est drôle comme je me sens bien, tout rempli de lumière !

« – Ah, moi, dit la mère, je me sens accablée comme s'il allait éclater un gros orage."

« La petite Marlène est sur sa chaise, qui pleure et qui pleure sans rien dire. L'oiseau donne ses derniers coups d'ailes, et, quand il se pose sur le toit de la maison, le père dit :

« “Ah ! Je me sens vraiment tout joyeux et le soleil est si beau ! Il me semble que je vais revoir une vieille connaissance.

« – Oh ! Et moi, dit la mère, je me sens oppressée et tout apeurée, j'ai les dents qui claquent, et dans mes veines on dirait qu'il y a du feu !”

« Elle se sent si mal qu'elle déchire son corsage pour essayer de respirer et se donner de l'air. Et la petite Marlène, dans son coin, est là qui pleure, qui pleure, et qui tient son tablier devant ses yeux, et elle pleure tellement qu'elle a complètement mouillé son assiette. L'oiseau est venu se percher sur le genévrier ; il se met à chanter :

« “Ma mère m'a tué…”

« Alors, la mère se bouche les oreilles et ferme les yeux pour ne rien voir ni entendre ; mais ses oreilles bourdonnent et elle entend comme un tonnerre dedans, ses yeux la brûlent et elle voit comme des éclairs dedans.

« “… Mon père m'a mangé…”

« “Oh ! Mère, dit le père, dehors il y a un splendide oiseau qui chante merveilleusement, le soleil brille et chauffe magnifiquement, on respire un parfum qui ressemble à de la cannelle.”

« “… Ma sœurette Marlène
A pris bien de la peine…”

« La petite Marlène cache sa tête dans ses genoux et pleure de plus en plus.

« “Je sors, dit le père, il faut que je voie cet oiseau de tout près.

« – Oh non, n'y va pas ! proteste la mère. Il me semble que toute la maison tremble sur sa base et qu'elle s'effondre dans les flammes.”

« L'homme alla néanmoins dehors et regarda l'oiseau.

« “… Qu'elle a porté sous le genévrier.
Kiwitt, kiwitt, bel oiseau que je suis !”

« Aux dernières notes, l'oiseau laissa tomber adroitement la chaîne d'or qui alla juste se mettre autour du cou de l'homme, exactement, et ce collier lui allait très bien.

« "Regardez ! dit l'homme en rentrant, voici le cadeau que le bel oiseau m'a fait : cette magnifique chaîne d'or. Et voyez comme il est beau !"

« Mais la femme, dans son angoisse, s'écroula de tout son long dans la pièce et son bonnet lui tomba de la tête. L'oiseau, de nouveau, chantait :

« "Ma mère m'a tué..."

« "Ah ! s'écria la femme, si je pouvais être à mille pieds sous terre pour ne pas entendre cela !"

« "... Mon père m'a mangé..."

« La femme retomba sur le dos, blanche comme une morte.

« "... Ma sœurette Marlène..."

chantait l'oiseau, et la petite Marlène s'exclama :

« "Je vais sortir aussi et voir quel cadeau l'oiseau me fera !"

« Elle se leva et sortit.

« A pris bien de la peine
Pour recueillir mes os jetés
Dessous la table, et les nouer
Dans son foulard de soie..."

« À ces mots, l'oiseau lui lança les souliers.

« "... Qu'elle a porté sous le genévrier.
Kiwit, kiwitt, bel oiseau que je suis !"

« La petite Marlène sentit que tout devenait lumineux et gai pour elle. Elle enfila les souliers rouges et neufs et se mit à danser et à sauter, tellement elle s'y trouvait bien, rentrant tout heureuse dans la maison.

« "Oh ! dit-elle, moi qui étais si triste quand je suis venue dehors, et à présent tout est si clair ! C'est vraiment un merveilleux oiseau que celui-là, et il m'a fait cadeau de souliers rouges !

« – Que non! Que non! dit la femme en revenant à elle et en se levant, ses cheveux se dressant sur sa tête comme des langues de feu. Pour moi, c'est comme si le monde entier s'anéantissait : il faut que je sorte aussi, peut-être que je me sentirai moins mal dehors !"

« Mais aussitôt qu'elle eut franchi la porte, badaboum ! L'oiseau laissa tomber la meule sur sa tête et la lui mit en bouillie. Le père et petite Marlène entendirent le fracas et sortirent pour voir. Et que virent-ils ? De cet endroit s'élevait une vapeur qui s'enflamma et brûla en montant comme un jet de flammes et, quand ce fut parti, le petit frère était là, qui les prit tous les deux par la main. Et tous les trois, pleins de joie, rentrèrent dans la maison, se mirent à table et mangèrent. »

Que pouvons-nous dire de ces trois cadeaux ?

La chaînette en or, qui vient s'ajuster autour du cou du père est, me semble-t-il, l'illustration du lien d'alliance et d'amour entre l'enfant et son père.

Les chaussures rouges font danser et sauter la fillette, qui retrouve sa dynamique et sa joie de vivre.

La meule du moulin n'aura pas à moudre ou à écraser du grain, mais à mettre en bouillie les pensées jalouses et leur cruauté. En principe, la meule écrase toujours, de même que l'imaginaire est obsédé et délire continuellement au sujet de la personne jalousée, en formulant des vœux de destruction.

Trouver un bouc émissaire détourne le jaloux de son vide personnel et cristallise sa haine afin d'apaiser ses tensions intérieures. La marâtre est anéantie. La famille va se mettre à table et manger tout tranquillement, dans le calme revenu.

La gamme des fantasmes du stade oral y est décrite d'une façon étonnante : nous y trouvons les tentations gourmandes, le cannibalisme et la satisfaction des besoins.

Ce conte fait partie du recueil que les frères Grimm ont

publié en 1812. Comme dans la plupart des contes merveilleux, l'animisme y est très présent. C'est la faculté de projeter la vie, la parole et le ressenti dans le monde inanimé et dans le monde animal. C'est une étape naturelle chez l'enfant que l'on retrouve en poésie et dans certaines cultures. La mimologie est le sens donné aux cris des animaux par analogie mimétique (l'univers parle et nous communique des messages).

Le petit conte du fermier qui ne paye pas ses dettes en est un des exemples les plus connus en France. Les animaux sont convoqués auprès de lui

La caille dit : *« Paye tes dettes »*, *« Paye tes dettes », « Paye tes dettes »*

La perdrix dit : *« Paiera-t-y ? »*, *« Paiera-t-y ? », « Paiera-t-y ? »*

L'oie dit : *« J'paierons »*, *« J'paierons », « J'paierons »*

Le canard dit : *« Quand ? »*, *« Quand ? », « Quand ? »*

Et le mouton conclut : *« Jaméééé », « Jaméééé », « Jaméééé »*

Les animaux, les oiseaux en particulier, interviennent toujours pour rétablir la véracité des faits et appeler les personnages à ne pas se contenter de l'apparence des choses.

Nous retrouverons cette utilisation des oiseaux dans Cendrillon.

La Baba Yaga

Avant de découvrir ce conte, faisons connaissance avec cette sorcière qui, en Russie, est connue comme le loup blanc.

Baba Yaga est une sorcière très, très vilaine : elle a la peau toute plissée et couverte de verrues de crapaud, les cheveux embroussaillés, les yeux torves, avec des lueurs rougeoyantes, sans oublier son nez et son menton, qui se rejoignent en crochet comme une pince-monseigneur. Pour compléter ce sympathique visage, elle se déplace dans un chaudron en forme de mortier et le pilon qui remplace une de ses jambes lui sert de gouvernail. Elle efface ses traces grâce à un balai fait des cheveux des morts qu'elle a dévorés. Baba Yaga a d'ailleurs fort bon appétit, car elle engloutit tous ceux qui viennent l'importuner dans sa bien curieuse maison : celle-ci tient sur quatre immenses pattes de poulets jaunes et elle tourne sur elle-même. La barrière du jardin est faite d'ossements et de crânes. Les serrures sont des groins de porc aux nombreuses dents acérées, les poignées des portes et des volets sont faites d'orteils et de doigts humains. Voilà de quoi rassurer les curieux et les visiteurs.

Dans son livre *Les Femmes qui courent avec les loups*[1], Clarissa Pinkola Estés apprivoise pour nous cette sorcière et nous ouvre un joli champ de réflexion : sous ses aspects terrifiants, Baba Yaga aide à franchir des étapes importantes pour la vie psychique. Elle a pour tâche de « faire acquérir l'autonomie et de développer la prise de conscience du danger, des intrigues et des ruses ; apprendre à être soi-même, sur ses gardes, pour soi-même ; laisser mourir la mère dominatrice et protectrice des premières années pour faire advenir l'adulte responsable ».

N'y a-t-il pas, en français, dans le mot « sorcière » le signifiant « force, hier » ? Les forces engrangées par l'expérience ? En anglais, le mot *« witch »*, sorcière, vient de *wit*, qui signifie sage. Baba Yaga a peut-être deux visages ?

Découvrons ce conte, recueilli par Afanassief.

« Il était une fois un vieux et une vieille qui avaient une fille. Devenu veuf, le vieux se remaria. La méchante marâtre prit la fille en haine, ne cessant de la martyriser et n'arrivant pas à s'en débarrasser. Un jour que le père était absent, elle dit à sa belle-fille :

1. Éditions Grasset, 1996 et Livre de Poche, 2001.

« " Va chez ma sœur, ta tante, et demande-lui une aiguille et du fil pour te coudre une chemise !"

« En fait, cette tante n'était autre que la Baba Yaga en personne.

« La fille, qui n'était point sainte, courut d'abord chez sa tante maternelle :

« "Bonjour, tata !

« – Bonjour, ma chérie ! Que se passe-t-il ?

« – Ma mère m'envoie chez sa sœur lui demander une aiguille et du fil pour me coudre une chemise !"

Alors, sa tante la mit en garde :

« "Là-bas, ma nièce, quand le bouleau essaiera de te cingler les yeux, attache les branches avec un ruban. Là-bas, quand les battants du portail grinceront et s'efforceront de te frapper, verse de l'huile sur le seuil. Là-bas, quand les chiens se jetteront sur toi pour te mettre en pièces, lance-leur du pain. Là-bas, quand le chat voudra te sauter à la figure pour t'arracher les yeux, donne-lui du jambon !"

« La fillette se mit en route et ne tarda pas à arriver. »

La marâtre invite la fillette à aller chercher le nécessaire pour se coudre une chemise. Elle pense l'envoyer à la mort – la mort qui la relie à sa mère, comme nous l'avons déjà vu pour les héros orphelins.

La marâtre nous offre ici un bel exemple de double discours : la fillette a l'âge de s'autonomiser. Dans la mesure où elle va posséder du matériel de couture, fils et aiguilles, elle va pouvoir coudre une chemise, donc se montrer capable de se placer dans un agir conscient, de savoir et de s'approprier ce qui convient à sa taille, à son âge. C'est donc une invitation valorisante.

En revanche, l'envoyer acquérir cette autonomie chez sa tante par alliance, c'est l'envoyer à la mort à travers d'horribles épreuves. Heureusement, l'enfant, déjà maligne, profite de la généralité du mot « tante » pour aller d'abord chez la sœur de sa mère plus proche de sa filiation de vie, qui la rapproche en même temps, de la source de sa souffrance.

La fillette va-t-elle être capable de se coudre un vêtement, de trouver ce qui lui convient ? Va-t-elle pouvoir développer ses qualités féminines, comme le lui conseille sa tante maternelle, face à l'agressivité ? Va-t-elle pouvoir affronter le pouvoir des autres et acquérir de la combativité ?

« Tout à coup, devant elle, apparut une chaumine. Dedans était assise la Baba Yaga jambe d'os, occupée à tisser :

« "Bonjour, tante !

« – Bonjour, ma chérie !

« – Ma mère m'envoie te demander une aiguille et du fil pour me coudre une chemise !

« – Fort bien. Assieds-toi et tisse en m'attendant."

« Tandis que la fillette s'installait au métier, la Baba Yaga sortit et dit à sa servante :

« "Va faire chauffer l'étuve pour laver ma nièce. Surtout, frotte-la bien, car je veux en faire mon déjeuner !" »

Tout n'est pas consommable. C'est un des premiers interdits auxquels est soumis tout humain : ne mange pas ceci, ne mange pas cela, ne mets pas à ta bouche… Les limites donnent la vie en canalisant et en rendant les pulsions possibles ou non. Non seulement tout n'est pas consommable, mais, en outre, ce n'est pas en mangeant l'autre que l'on va devenir l'autre.

C'est la pulsion cannibalique fréquente chez les très jeunes enfants « mordeurs », qui sont, la plupart du temps, jugés agressifs ou méchants alors que c'est la pulsion jalouse admirative qui les pousse à vouloir manger. Comme on ne peut s'empêcher de grappiller dans un bon plat, l'enfant mord pour acquérir la bonne joue de celui qui a un joli jouet ou les regards positifs des adultes. Manger ce qui semble bon fait partie des pulsions vitales à éduquer. « Tu es à croquer… Je vais te manger » sont des termes affectueux et fréquemment employés ; dévorer de baisers, c'est une façon de déplacer une pulsion cannibalique d'amour.

Aux temps primitifs, manger le foie ou le cœur de ses ennemis était légitime et l'on pensait engranger ainsi leur force et leur courage.

Les ogres et les ogresses comme Baba Yaga illustrent ces pulsions d'avidité orale jalouse qui veulent considérer l'autre comme un objet à consommer, à absorber, à faire sien. Ils représentent la jalousie envers la chair fraîche des enfants, surtout ressentie par ceux qui sont en général en plein déclin et bien éloignés de la beauté et de la jeunesse.

C'est par le passage de l'interdit du cannibalisme que la présence à l'autre différent est acceptée. C'est une des premières forme de reconnaissance de l'altérité.

Comment la petite fille va-t-elle faire affronter une Baba Yaga dévorante après avoir subi une marâtre jalouse de sa présence ?

« La fillette, qui avait tout entendu, restait là, plus morte que vive. Quand la servante vint la chercher, la pauvre petite lui fit cadeau d'un foulard et la pria ainsi :

« "Quand tu feras brûler les bûches, ma bonne, arrose-les sans compter, ne plains surtout pas l'eau que tu verseras dessus"

« Et la sorcière se mit à attendre. Elle s'approcha de la fenêtre et questionna :

« "Tu tisses toujours, ma nièce ?

« – Mais oui, mais oui, tante, je tisse !"

« Quand la Baba Yaga se fut éloignée, la fillette en profita pour donner du jambon au chat et pour lui demander :

« “Dis-moi comment faire pour m’en aller ?

« – Tiens, voici un peigne et une serviette, répondit le chat. Prend-les et fuis, car la sorcière va te pourchasser. Toujours courant, tu colleras de temps à autre l’oreille contre la terre pour savoir où elle est. Et quand tu l’entendras venir, tu jetteras la serviette derrière toi. Alor,s une rivière immense se mettra à couler. Si jamais la Baba Yaga parvient à la traverser et te talonne à nouveau, colle derechef l’oreille contre terre et, quand elle sera tout près, jette le peigne : il se dressera alors une forêt infranchissable qu’elle ne pourra traverser !” »

La fillette possède des qualités que n’a pas acquises sa marâtre : son attention à l’autre et sa générosité, conseillée par sa tante maternelle. C’est bien pour cela que sa marâtre désire sa perte. Elle est jalouse des liens affectueux tissés entre son mari et la fillette, persuadée que c’est, pour elle, autant de moins à recevoir de la part de son mari. Pourtant, l’empathie se multiplie et se donne. L’empathie donnée n’enlève rien à personne.

La fillette, par sa gentillesse, se fait des alliés. Les cadeaux que lui offre le chat sont riches de sens : le peigne, qui démêle, va faire surgir une forêt inextricable et la serviette, qui éponge, va créer une rivière immense.

Il n’y aurait pas de peigne s’il n’y avait pas de cheveux, et il n’y aurait pas de serviette s’il n’y avait pas d’eau ; pas de boutonnière sans bouton ni de chaussures sans pieds, etc. Le conte souligne ici la complémentarité nécessaire à la vie.

Le chat conseille à la fillette de mettre son oreille à terre, c’est-à-dire de se mettre en acuité de perception pour faire face au danger des quatre éléments : le feu, l’eau, la terre et l’air.

« La fillette s’en alla en emportant peigne et serviette. Quand les chiens voulurent se précipiter sur elle, elle leur jeta du pain et ils la laissèrent passer ; quand le bouleau voulut lui cingler

les yeux, elle lui attacha les branches avec un ruban et il la laissa passer. Le chat, lui, besognait, assis devant le métier à tisser, en mêlant à vrai dire plus de fils qu'il n'en démêlait. La Baba Yaga s'approcha de la fenêtre et questionna :

« "Tu tisses toujours, ma nièce ?

« – Mais oui, mais oui, tante, je tisse !" ronronna le chat.

« La Baba Yaga bondit à l'intérieur et, s'avisant du tour qu'on lui avait joué, elle se mit à battre et à tancer le chat pour n'avoir pas arraché les yeux à la visiteuse.

« "Depuis le temps que je te sers, répondit le chat, jamais tu ne m'as abandonné le plus petit os et elle, elle m'a donné du jambon !"

« La Baba Yaga se jeta vers les chiens, vers le portail, vers le bouleau pour les rudoyer et les malmener tour à tour. Les chiens lui dirent :

« "Depuis le temps que nous te servons, jamais tu ne nous as jeté la moindre croûte, même brûlée, et elle, elle nous a donné du pain !"

« Le portail de continuer :

« "Depuis le temps que je te sers, jamais tu n'as versé la moindre goutte d'eau sur mon seuil, et elle, elle y a versé de l'huile !"

« Le bouleau d'ajouter :

« "Depuis le temps que je te sers, jamais tu n'as attaché mes branches avec le moindre fil, et elle, elle les a attachées avec un ruban !"

« Et la servante de renchérir :

« "Depuis le temps que je te sers, jamais tu ne m'as donné le moindre chiffon, et elle, elle m'a fait cadeau d'un foulard !"

« La Baba Yaga jambe d'os monta au plus vite sur son mortier et, chassant de son pilon, effaçant les traces de son balai, elle se mit à filer à la poursuite de la fillette. Celle-ci colla son

oreille contre terre et, entendant la poursuite, elle se saisit de la serviette, la jeta derrière elle : aussitôt, une rivière immense se mit à couler. La sorcière en grinça des dents de fureur. Elle partit chercher ses taureaux, qui burent toute l'eau. Voilà la Baba Yaga qui fonçait à nouveau. La fillette colla son oreille contre terre et entendit la course. Alors, elle jeta son peigne, et une forêt sombre et terrifiante se dressa. La Baba Yaga voulut la ronger, mais ses efforts furent vains, elle ne put en venir à bout et rebroussa chemin.

« De retour au logis, le vieux s'inquiéta :

« "Où est ma fille ?

« – Elle est allée chez sa tante", répondit la marâtre.

« Au bout d'un peu de temps, la fillette arriva en courant.

« "Où étais-tu ? demanda le père.

« – Ah, père, si tu savais ! dit-elle. Mère m'a envoyée chez ma tante lui demander une aiguille et du fil pour me coudre une chemise, mais ma tante, c'est la Baba Yaga, et elle a voulu me dévorer !

« – Et comment t'es-tu échappée ?

« La fillette raconta et, quand le vieux sut tout ce qui s'était passé, il se mit en colère contre sa femme et la fusilla. Et il se mit à vivre avec sa fillette en amassant du bien.

« J'y étais. De l'hydromel et de la bière j'ai voulu goûter, sur ma moustache ils ont coulé, dans ma bouche rien n'est tombé. »

La compassion est une qualité recherchée dans les contes, au contraire de l'arrogance, du mépris et de l'avarice. Ce sentiment est en deçà de la parole, c'est un mode de communication pré-verbale qui vient des premiers échanges humains. Pour Freud, la compassion naît de l'identification à ceux qui sont déshérités ou en position de dépendance, comme le nouveau-né par rapport à sa mère.

Claude Lévi-Strauss y voit « un mode originel de communication, antérieur à l'émergence de la vie sociale et du langage articulé, capable d'unir les hommes entre eux et avec toutes les autres formes de vie[1] ». La compassion humanise, ouvre à l'altérité, au respect du vivant et encourage à prendre soin des choses produites par les autres.

La fillette se défend, agit et passe sur une autre rive, où Baba Yaga ne pourra pas la poursuivre. Nicole Belmont[2] souligne que dans les contes, mais aussi dans les croyances populaires et dans les rituels, l'eau constitue une frontière, un passage entre ce monde-ci et le monde des mortels.

Quant à la forêt, lieu initiatique par excellence, la fillette l'a laissée derrière elle, elle est passée au-delà.

La justice des contes est toujours sans appel. Comme l'enfant a fait face à l'obstacle et a surmonté l'épreuve, l'obstacle disparaît.

Exemple clinique : Charles

La jalousie d'un enfant pour sa belle-mère, situation inverse de celle que nous venons de voir, peut être lourde de conséquences. Voici ce que peut en dire Charles, qui se souvient de lui, enfant, face à sa belle-mère.

« Mes sentiments étaient aussi ambigus qu'exacerbés. Je m'étais allié avec ma mère contre ma belle-mère sans prendre la peine de la connaître. J'avais dix ans quand j'ai fait sa connaissance. Sa gentillesse était désarmante ; plus elle était affectueuse, plus j'étais méchant. Je fouillais dans ses affaires, je jetais ses bijoux dans les fourrés, je refusais de lui parler, je faisais comme si elle

1. *Le Regard éloigné,* 1983, p. 315.
2. *Op. cit.*

n'était pas là, je trouvais sa nourriture infâme et je traitais mon demi-frère de bâtard.
« Ma mère m'envoyait en espion et, plus je calomniais ma belle-mère plus je sentais ma mère heureuse. À ces moments-là, elle m'offrait tout ce que je voulais. Pourtant, je découvrais mon père heureux, et je disais que sa nouvelle femme le menait par le bout du nez et qu'elle ne cessait de lui réclamer de l'argent. C'était faux. Je jalousais mon demi-frère d'être né d'un couple en harmonie. Je faisais tout pour lui faire mal. Je réalise la patience de ma belle-mère, qui faisait en sorte de ne jamais me laisser seul avec lui. Elle avait raison. J'ai vite prétexté mille fausses excuses pour ne plus aller voir mon père. J'ai pris sa place auprès de ma mère. Elle m'a phagocyté et je me suis laissé acheter.
« Aujourd'hui, je suis incapable d'aimer et d'être père. Je ne suis pas encore sorti des entrailles jalouses de ma mère. C'est pourtant grâce à mon père que je suis devenu ingénieur. Je pense que cela a été ma façon silencieuse de l'honorer, lui qui a toujours beaucoup travaillé. J'ai aujourd'hui quarante-cinq ans et je ne me sens toujours pas capable de le revoir. Ma vie affective est un échec total. Je suis toujours jaloux de tous ceux qui vont bien dans leur relation aux autres. Je ne m'aime pas. »
Charles s'est laissé prendre dans une alliance œdipienne perverse avec sa mère. La dépression qui le terrasse est signe qu'une part de lui-même veut naître. La psychanalyse sera le chemin de son ouverture à l'altérité.

Chapitre X

Il était une fois… la jalousie entre frères et sœurs

La fratrie des frères Grimm se composait de cinq garçons et d'une fille, venue tardivement et qui tiendra une grande place dans l'histoire familiale. C'est probablement pourquoi ils se sont intéressés, en particulier, aux contes ayant trait aux relations frères-sœurs.

Le hasard existe-t-il ? Freud, dans son texte « Sur le plus général des rabaissements de la vie amoureuse »[1], souligne l'importance de l'investissement des liens frères-sœurs pour la vie amoureuse : « Qui est vraiment libre dans la vie amoureuse et doit, en plus, être heureux, doit avoir surmonté le respect de la femme et s'être réconcilié avec la représentation de l'inceste avec mère ou sœurs. » Autrement dit, tant qu'un homme, au fond de son cœur, reste attaché par l'un ou l'autre de ces liens, il ne peut aimer librement une autre femme que sa mère ou sa sœur.

Que veut dire Freud quand il parle de réconciliation ? Chaque homme a besoin de dépasser la peur de l'inceste pour ne pas avoir à y résister d'une façon confuse. La sœur ou le frère devient alors un(e) ami(e), ni ennemi(e) ni amoureux(se). Nous avons déjà vu combien la sœur ou le frère vient en doublon de la mère et du père. Or, cette relation peut être idéalisée au point de signifier un attrait colossal inconscient pouvant

1. PUF, 2001.

faire barrage à toute relation amoureuse durable, si toutefois elle ne provoque pas des symptômes d'impuissance ou de frigidité. On notera que le cas des jumeaux n'est pas différent. Il intensifie simplement la problématique.

Dans une famille, voir grandir un garçon ou une fille à ses côtés permet de découvrir les différences propres à chaque sexe et de préparer la rencontre génitale exogamique. Cette situation crée une éducation sentimentale inconsciente riche d'observation, pour peu qu'elle dépasse l'écueil de l'inceste : il s'agit en effet de renoncer au frère-époux ou à la sœur-épouse comme au frère-ennemi ou à la sœur- ennemie pour arriver au mariage, avec un rapport à l'altérité à sa juste place.

N'oublions que les contes permettent une revalorisation du féminin – et même son sauvetage quand il est par trop malmené, comme nous l'avons vu dans les contes des *Mille et Une Nuits* –, et cela reste valable aujourd'hui. Au passage, constatons d'ailleurs la quasi-inexistence de contes relatant le désespoir parental de n'avoir pas de garçon, en dépit de la loi salique, en application depuis le XIe siècle.

Retrouvons maintenant *Les Six Frères cygnes,* dont la première partie nous a familiarisés avec le thème de la jalousie des belles-mères pour leurs beaux-enfants.

Les Six Frères cygnes

Souvenons-nous que, de son premier mariage, le roi a eu sept enfants, six garçons et une fille. Craignant que sa deuxième femme ne les traite pas bien, il les emmène dans un château au cœur d'une forêt, où il les visite en secret. Mais la marâtre les découvre, et transforme les six garçons en six cygnes en jetant sur eux une petite chemise. Elle pense être définitivement débarrassée de ces enfants nés d'une autre mère, mais elle ignore l'existence de la fille. Quand celle-ci apprend à son père, le roi, la transformation de ses frères en cygnes, il désire l'emmener avec lui, mais elle refuse, préférant aller à la recherche de ses frères sans en parler à son père.

« … La nuit venue, elle se glissa dehors et s'enfonça dans la forêt. Toute la nuit elle marcha, et tout le jour suivant sans s'arrêter, jusqu'à ce que la fatigue ne lui permît pas d'aller plus loin. Mais, voyant devant elle une cabane de branchages, elle y entra et y trouva une pièce avec six petits lits. N'osant pas s'y étendre, elle se recroquevilla sous l'une de ces couchettes pour y passer la nuit, couchée à même le sol, qui était pourtant bien dur.

« Quand le soleil fut sur le point de disparaître, elle entendit comme un froissement, et des cygnes entrèrent en volant par la fenêtre, six en tout, qui se posèrent sur le sol et se soufflèrent dessus, jusqu'à souffler la dernière plume, après quoi leur peau de cygne s'enleva comme une chemise. En les regardant alors, elle reconnut ses frères et se tira, tout heureuse, de sa cachette sous le petit lit. Grande aussi fut la joie des six frères quand ils virent devant eux leur sœur, mais cette joie fut bien vite assombrie.

« "Tu ne peux pas rester ici, lui dirent-ils, c'est un refuge de brigands ; s'ils reviennent, ils te tueront.

« – Ne pouvez-vous pas me protéger ? demanda la sœurette.

« – Oh ! non, lui dirent-ils, parce que nous ne pouvons quitter notre corps de cygne qu'un quart d'heure chaque soir pour retrouver notre forme humaine, mais après nous redevenons des cygnes de nouveau."

« La sœurette se mit à pleurer.

« "N'est-il donc pas possible de vous délivrer ? demanda-t-elle.

« – Hélas ! non, lui dirent-ils, les conditions sont trop dures. Il faudrait que tu restes six années sans parler ni rire, et que, pendant ce temps, tu nous tisses et nous couses six chemisettes de fleurs étoilées. Mais qu'un seul mot vienne à tes lèvres et tout serait perdu. L'ouvrage ne serait plus rien."

« Le temps que ses frères lui parlent ainsi, et le quart d'heure était passé ! Redevenus des cygnes, ils s'envolèrent par la fenêtre. Pour elle, sa décision était fermement arrêtée : elle délivrerait ses frères, fût-ce au prix de sa vie. Elle quitta, elle aussi, la cabane de branchages, s'enfonça plus avant dans la forêt, grimpa dans un arbre et y passa la nuit. Le matin, elle descendit et partit ramasser les fleurs étoilées, qu'elle se mit à tisser et à coudre. Pour parler, il n'y avait personne, et, pour rire, il n'y avait pas de quoi ! Elle n'en avait d'ailleurs pas envie. Assise là, elle ne pensait qu'à son ouvrage. Et le temps passait. »

Les retrouvailles sont heureuses, mais le sort maléfique interdit toute possibilité de vie commune. Une période de six ans de silence est imposée, de même que la fabrication de six chemises en fleurs étoilées qui annuleront le maléfice des six chemises lancées par la marâtre sur les garçons. La métamorphose des frères en animaux est fréquente dans de nombreuses versions qui évoquent la relation frère-sœur. Cette transformation arrive à point nommé, au moment de la puberté, et éloigne une composante incestueuse possible.

Le délai de six ans va être une période de maturation et d'apprentissage pour la jeune fille. Elle ne pense qu'à sauver ses frères, mais elle reste hors de leur présence. Elle tisse et coud comme les Parques, c'est-à-dire qu'elle tisse son destin, son identité sexuelle, différente de celle de ses frères. Les six chemises de fleurs étoilées sont en opposition à sa propre identité sexuelle : en effet, l'étoile à cinq branches est une représentation primitive du corps humain : la tête et les quatre membres, et la fleur contient en son cœur les graines mâles et femelles ; il s'agit donc de tisser la différence sexuelle entre elle et ses frères. Son affection pour eux l'oblige à un apprentissage pendant lequel elle ne peut faire autrement que garder le silence. Elle va donc ainsi vivre l'épreuve initiatique de la mort symbolique nécessaire entre elle et ses frères. Elle est vivante, mais sans droit à la parole, et eux sont des oiseaux, donc également privés de la parole.

Remarquons que, dans ce conte, les enfants ne sont pas des individus précis, avec des prénoms distinctifs : c'est donc bien uniquement de la relation frère-sœur dont il s'agit. Les frères cygnes forment en effet un groupe indifférencié, et c'est avec eux tous que la sœur va devoir surmonter l'épreuve de l'interdit de l'inceste. La distance et la métamorphose en sont la métaphore, et le silence signifie pour chaque enfant l'enfermement dans cette problématique, avec un risque de mort symbolique s'ils n'en sortent pas.

« Le temps qu'elle avait passé comme cela s'était déjà bien prolongé quand, un jour, il arriva que le roi de cette contrée allât chasser dans la forêt, et ses chasseurs s'arrêtèrent au pied de l'arbre sur lequel elle était perchée.... Ils grimpèrent sur l'arbre, s'emparèrent d'elle pour la faire descendre et l'amenèrent devant le roi.

« "Qui es-tu ? Que fais-tu sur cet arbre ?" demanda le roi.

« Elle ne répondit rien. Il l'interrogea dans toutes les langues qu'il connaissait, mais elle resta muette comme un poisson. Elle était si belle, pourtant, que le cœur du roi s'en émut et qu'il s'éprit d'elle passionnément. Il la couvrit de son manteau, la prit sur son cheval et la ramena dans son château, où il l'habilla richement. Elle resplendissait comme le jour dans sa grande beauté, mais il fut impossible de lui tirer

une seule parole de la bouche. Le roi la fit asseoir à côté de lui à sa table, la trouva si gracieuse dans ses bonnes manières et si délicieusement pudique dans ses façons qu'il déclara :

« "Voilà celle que je veux épouser, et aucune autre sur la terre !"

« Et quelques jours plus tard il se maria avec elle. »

Le silence annule tout mariage puisque les échanges et le consentement sont impossibles. Le lien entre les frères et la sœur n'est pas résolu. La jeune fille ne cesse de penser à eux pour les sauver ; comment pourrait-elle donc investir une nouvelle relation ?

L'amour du prince est unilatéral, et la jeune fille est décrite comme n'étant préoccupée que par ses frères et par son travail de couture.

« Mais la mère du roi était une méchante femme à qui ce mariage déplaisait. Elle ne cessait de médire de la jeune reine :

« "Qui sait d'où sort cette garce qui ne sait pas parler ? disait-elle. Ce n'est pas une épouse digne d'un roi !"

« Au bout d'un an, lorsque la jeune reine mit au monde son premier enfant, la vieille mère le lui enleva pendant qu'elle dormait et lui barbouilla les lèvres de sang, afin d'aller clamer devant le roi que c'était une ogresse et qu'elle avait mangé l'enfant. Le roi refusa de la croire et n'admit pas qu'on fît le moindre mal à cette épouse qu'il aimait. Quant à la jeune reine, elle s'occupait à coudre ses chemises de fleurs et concentrait là-dessus toute son attention. Quand, pour la deuxième fois, elle donna naissance à un superbe garçon, la vieille mère usa du même subterfuge, mais le roi ne put se résoudre à ajouter foi à ses accusations.

« "Elle a trop de piété et de bonté pour pouvoir faire une chose pareille, affirma-t-il, et, si elle n'était pas muette et pouvait se défendre, son innocence serait claire comme le jour !"

« Mais quand la vieille eut, pour la troisième fois, enlevé l'enfant et accusé plus fermement que jamais la jeune reine, qui ne souffla pas le moindre mot pour sa défense, le roi ne put pas faire autrement que de la laisser passer devant le tribunal, qui la condamna à mourir par le feu. »

Cette deuxième marâtre dans la vie de la jeune femme vient souligner par sa malignité son incapacité à investir sa relation maritale.

Comme toute personnalité paranoïaque, la marâtre accuse la jeune femme, qu'elle envie, de ses propres fantasmes d'ogresse jalouse et de sa pulsion dévorante meurtrière sur les enfants de son fils, car ils sont nés d'une autre femme qu'elle : elle signe ainsi sa relation incestueuse à son fils. Lui reste pris dans les rets de sa mère. Il a épousé un bel objet, et le silence de sa jeune femme ne leur permet pas de créer une relation à deux, responsable et dynamique. Le fils reste inféodé à sa mère et finit par prendre sa parole pour vérité.

Les enfants de ce couple ne peuvent être reconnus, car, pour la mère, ils sont symboliquement les enfants de ses frères, étant donné que ceux-ci occupent continuellement ses pensées. Tant que cette problématique est opérante, le mariage et ses fruits sont anéantis.

« Le jour de son exécution arriva, mais c'était également le dernier jour des six années pendant lesquelles elle avait dû se taire et ne jamais rire. Elle avait donc délivré ses frères de la puissance de l'ensorcellement. Les six chemises étaient tissées, cousues et terminées, sauf la dernière, à laquelle manquait encore la manche gauche. Et lorsqu'on vint la prendre pour l'amener sur le bûcher, elle emporta les petites chemises sur son bras. Sur le bûcher, au moment où on allait l'allumer, elle regarda autour d'elle et vit alors arriver les six frères cygnes à tire-d'aile dans les hauteurs. Elle sut que sa propre délivrance

approchait, et la joie envahit son cœur. Les cygnes se hâtaient et plongeaient vers elle du haut du ciel, passant assez près pour qu'elle pût leur jeter, l'une après l'autre, les chemises, à chacun la sienne ; et sitôt que la chemise les touchait, ils se défaisaient de leur peau de cygne pour redevenir ses frères, qu'elle avait maintenant devant elle, parfaitement vivants et alertes, éclatants de santé et de beauté. Au cadet, seul, il manquait le bras gauche, à la place duquel il gardait, repliée sur son dos, une aile de cygne.

« Ils s'embrassèrent avec effusion et tendresse, puis la jeune reine descendit du bûcher pour revenir devant le roi, tout éberlué, auquel elle se mit à parler.

« "Il m'est permis à présent d'ouvrir la bouche, mon mari bien-aimé, lui dit-elle, et de te révéler que je suis innocente : c'est faussement, mais à dessein, qu'on m'a accusée !"

« Après quoi elle raconta au roi comment la vieille avait usé de fraude en lui dérobant elle-même ses trois enfants pour les cacher. Alors, pour la plus grande joie du roi, les enfants furent retrouvés et amenés devant lui, tandis que la méchante belle-mère devait monter sur le bûcher, où elle fut attachée, brûlée et réduite en cendres.

« Le roi, la reine et ses six frères, en revanche, vécurent de longues, longues années ensemble dans la tranquillité parfaite et le complet bonheur. »

L'héroïne a donc délivré ses six frères de l'ensorcellement. De l'ensorcellement incestueux, pourrait-on dire, bien que le petit dernier, le plus proche d'elle par l'âge, garde une aile d'oiseau. Représente-t-il les traces de l'attachement ? À chacun de répondre à cette question.

La méchante belle-mère, qui représente les pensées jalouses et les dangers de l'inceste, est réduite en cendres. Les frères-époux sont devenus des amis ; l'amour conjugal peut donc s'épanouir.

Admirons la poésie des contes, qui devient un outil de l'inconscient pour faire travailler en nous ces questions essentielles et humanisantes.

La Sicile, plus précisément la ville de Palerme, nous offre cet autre conte qui relate l'exclusivité jalouse d'un frère pour sa sœur.

La Sœur du comte

« On conte et raconte qu'il était une fois un comte riche comme la mer, et ce comte avait une sœur de dix-huit ans belle comme le Soleil et la Lune. Jalousant cette sœur, il la gardait toujours sous clef dans une partie de son palais, tant et si bien que personne ne l'avait jamais vue ni connue. La jolie petite comtesse n'en pouvait plus de rester ainsi enfermée et se mit donc, la nuit, tout doucement, à creuser le mur de sa chambre, derrière un tableau. Ce mur du palais du comte était mitoyen du palais du fils du roi, et ce trou donnait donc dans les appartements du roitelet, derrière un autre tableau, si bien qu'on ne le voyait pas.

« Une nuit, la jeune comtesse déplaça un peu le tableau et regarda dans la chambre du roitelet. Elle vit un lampadaire allumé et lui dit :

« "Lampe d'or, lampe d'argent, que fait ton prince, endormi ou présent ?"

« Elle entra et se mit sous les draps.

« "Madame, d'où êtes-vous, d'où venez-vous ? Quel est donc votre état ?

« – Prince, que demandez-vous, que regardez-vous ? Taisez-vous et aimez-moi."

« Ainsi s'endormirent-ils, et le roitelet avait attaché à son bras les beaux cheveux de la jeune comtesse. Celle-ci prit des ciseaux, coupa les cheveux et s'en alla. Le roitelet se réveilla.

« "Conseil ! Conseil ! La déesse m'a laissé ses cheveux et elle a disparu !"

« Le Conseil répondit :

« "Sacrée Couronne, attachez à votre cou son petit collier d'or."

« La nuit d'après, la petite comtesse surgit derechef.

« "Lampe d'or, lampe d'argent, que fait ton prince, endormi ou présent ?"

« Le lampadaire répondit :

« "Entrez donc, madame, entrez, le roitelet dort à poings serrés."

« Quand le roitelet tint la petite comtesse entre ses bras, il demanda encore :

« "Madame, d'où êtes-vous, d'où venez-vous ? Quel est donc votre état ?"

« Et elle répond comme les autres fois.

« Prince, que demandez-vous, que regardez-vous ? Taisez-vous et aimez-moi."

« Le Roitelet passa autour de son cou la chaîne d'or de la jeune fille, mais dès qu'il s'endormit, elle coupa le collier et disparut. Le matin venu :

« "Conseil ! Conseil !"

« Le roitelet raconta ce qui lui était arrivé. Alors le Conseil :

« "Sacrée Couronne, prenez donc une bassine d'eau de safran et mettez-la sous le lit. Quand elle ôtera sa chemise, jetez-la dans cette eau de safran... Ainsi, quand elle la remettra pour partir, partout où elle passera elle laissera, avec l'odeur, la trace de son passage."

« La nuit venue, le roitelet apprêta la bassine avec le

safran et se coucha. À minuit, la petite comtesse dit au lampadaire :

« "Lampe d'or, lampe d'argent, que fait ton prince, endormi ou présent ?"

« Et le lampadaire répondit :

« "Entrez donc, madame, entrez, le roitelet dort à poings serrés."

« En se réveillant, le roitelet de demander comme à l'accoutumée :

« "Madame, d'où êtes-vous, d'où venez-vous ? Quel est donc votre état ?"

« Et elle, comme à son habitude :

« "Prince, que demandez-vous, que regardez-vous ? Taisez-vous et aimez-moi."

« Quand le roitelet sombra dans le sommeil, elle se leva tout doucement et, au moment de partir, elle s'aperçut que sa chemise marinait dans le safran. Sans piper mot, elle la tordit et l'essora bien soigneusement, puis s'enfuit sans laisser la moindre trace.

« Après cette nuit, le roitelet attendit vainement le retour de sa déesse : il était au désespoir. Mais, neuf mois plus tard, un matin, ouvrant les yeux, il vit, couché à son côté, un petit enfant beau comme un ange. Il s'habilla en un clin d'œil en criant :

« "Conseil ! Conseil !"

« Et il montra l'enfant au Conseil en disant :

« "Celui-ci est mon enfant. Comment vais-je faire à présent pour retrouver sa mère ?"

« Et le Conseil répondit :

« "Sacrée Couronne, faites comme s'il était mort. Mettez-le au milieu de l'église, et donnez l'ordre que toutes les femmes de la ville viennent le pleurer. Celle qui le pleurera le plus, ce sera la mère."

« Ainsi fit le roitelet. Et toutes sortes de femmes vinrent, qui disaient :

« "Fils ! Fils !"

« Puis elles repartaient comme elles étaient venues. Vint à la fin la petite comtesse, tout en larmes, qui se mit à s'arracher les cheveux et à crier :

« "Oh, fils ! Fils !
Pour avoir trop de beauté
Mes tresses brunes j'ai coupé,
Et pour être encore plus belle
J'ai coupé ma chaînette,
Et encore plus vainement
Ma chemise est au safran."

« Et, aussitôt, le roitelet, le Conseil, tout le monde de crier :

« "Voilà la mère ! Voilà la mère !"

« Au même instant, un homme se fraya un chemin et brandit son sabre : c'était le comte. Et il dirigea son arme contre sa sœur. Mais le roitelet se jeta au milieu et dit :

« "Arrête-toi. Point n'est-ce honte,
Épouse de roi et sœur de comte."

« Et ils se marièrent dans la même église. »

L'héroïne creuse le mur de sa chambre fort heureusement contiguë à celle du prince, dans la maison voisine.

Dans les contes, il est remarquable de constater que c'est toujours à la sœur de faire le travail, de s'éloigner de la consanguinité. Elle trouve en elle l'énergie vitale pour sortir de la prison incestueuse où la maintient son frère. L'initiation sexuelle est simple et tranquille entre les deux jeunes gens, sans censure sociale ou morale superficielle. Le conte va à l'essentiel : il faut sortir de la prison créée par l'inceste.

Les contes n'ont jamais encouru aucune condamnation de

l'Église. L'Italie et la Sicile sont pourtant des pays connus pour leur rigidité morale redoutable surtout pour les jeunes filles. Cela n'a pas empêché la diffusion de contes merveilleux qui ouvrent sans aucune censure, sans aucun déguisement et sans fard à la vie amoureuse exogamique.

C'est la raison pour laquelle les contes intéressent tous les hommes, quelles que soient leur culture, leurs coutumes et leur race. C'est avec la plus grande simplicité qu'ils touchent au cœur l'humanité tout entière et nous touchent encore aujourd'hui. Ils se situent en dehors de l'espace et du temps. Leur langage est non seulement vivant, mais aussi vivifiant.

Ce conte souligne particulièrement la rupture nécessaire des liens consanguins pour ne pas mettre en péril les liens conjugaux.

La ruse du roitelet et de son Conseil pour faire dévoiler l'identité de la mère de l'enfant rappelle le jugement de Salomon : à deux femmes qui se disputaient la maternité d'un enfant, Salomon proposa de le couper en deux ; celle qui refusa cet acte était la mère.

La mort d'un enfant né de sa chair est la plus grande douleur pour une femme. Une fois de plus, ce sont les valeurs de la sensibilité et du cœur qui triomphent dans ce conte.

Au début du récit, la comtesse s'offre au roitelet, dans la gratuité de sa beauté sans masque social. Leurs premiers baisers éveillent le roitelet à l'homme nouveau qui se trouve en lui. C'est un prince, fils de celui qui a l'autorité civile et spirituelle du royaume. Son pouvoir est latent, pas encore éveillé. Il dort d'ailleurs beaucoup : la comtesse le réveille à son arrivée et, après leurs ébats, il s'endort profondément. Il va ensuite s'incarner en s'opposant au comte : il le sépare de sa sœur, et son mariage avec elle peut enfin être célébré.

Deux exemples cliniques : Pierre et Fanny

Pierre

Pierre a trente ans. Au cours de son travail analytique, il découvre le séisme qu'a été pour lui la naissance de sa sœur Armelle, alors qu'il avait à peine quatre ans.

« À sa naissance, j'ai perdu le contact avec ma mère. Je n'ai plus voulu être son fils. Je suis entré dans une attitude boudeuse sans fin. Plus tard, j'ai coupé le contact avec mes parents. Je me suis construit dans une bulle. J'ai tellement peur de ne pas être tout que j'ai choisi de n'être rien. J'ai perdu mes émotions, je me renie moi-même…

« Je voudrais suivre mes pulsions – c'est ça, la vraie liberté. Je voudrais avoir la liberté de tuer ma sœur. En fait, ma sœur, elle m'obsède, je suis collé à elle, je suis sans arrêt en compétition avec elle dans ma tête. Pour tout. Je ne choisis rien pour moi dans ma vie, je choisis tout contre elle. Alors, je me rends compte maintenant que j'évite ma propre vie. Bien sûr, puisque je passe ma vie à faire semblant, je suis toujours dans le mensonge…

« Finalement, je meurs de trouille tout le temps. J'ai peur de ma sœur, qui empiète sur mon orgueil. Elle réussit tout mieux que moi, je voudrais la supplanter, mais je ne veux rien apprendre par moi-même. Je suis un bon à rien, seulement très fort en jalousie. Je ne me rendais pas compte de tout ça. Je gâche ma vie tout seul, je me suis tellement bâti dans le refus que je m'oppose moi-même à moi-même…

« J'ai peur des autres. Je voulais tuer tout le monde parce que j'ai peur de rencontrer les autres, et mon père en premier.

« Est-ce que je vais pouvoir m'en sortir ?

« Jamais je n'aurais imaginé possible de se construire un tel enfer pour soi-même. Mes parents n'y comprennent rien. Ils sont prêts à tout pour m'aider. Quelle patience ! J'ai à me reconstruire sur de nouvelles bases. Quel boulot !.... Mais je ressens combien c'est vital pour moi. »

La peur et le rejet de l'autre dans sa différence peuvent faire basculer une vie tout entière.

Découvrir des intérêts et des modèles masculins valeureux vont être des chemins qui permettront à cet homme de sortir de ce miroir narcissique mortifère envers sa sœur et de son état dépressif grave.

La dépression peut être un appel au secours inconscient qui cherche à sortir d'un fonctionnement invivable et mortifère. Vue sous cet angle, elle peut être une chance pour le sujet qui en souffre, une chance pour remanier sa vie et la reconstruire sur d'autres bases. C'est un appel à faire cesser les contradictions. Le sujet cherche à naître ; emprisonné derrière des lignes de défense, il lutte contre de vieux tourments et cherche une issue vivante. Ce moment peut être fructueux lorsqu'il consacre la séparation par le patient de son imaginaire pris comme réel et de la réalité.

Fanny

Fanny a huit ans. Elle a un frère, Jean, âgé de quatre ans. Ce deuxième enfant a eu de graves ennuis de santé, qui ont monopolisé toute l'énergie et le temps des deux parents pendant ses trois premières années.

Fanny, très sage, n'a rien manifesté pendant toute cette période. Depuis que son frère va bien, elle ne dort plus, elle est très agitée. Elle a la sensation d'étouffer. Son travail scolaire reste excellent, mais ses parents sont inquiets de cet état d'angoisse qui augmente au fil des jours. Fanny est d'emblée soulagée d'avoir un lieu de parole personnelle. Au cours des séances successives, elle laisse déborder sa colère, sa haine et sa rancune.

« Je voulais papa et maman pour moi toute seule. Cela fait six ans maintenant que tout tourne autour de Jean. Je voudrais l'écrabouiller. »
Incapable de dessiner, tellement elle serait coupable de laisser des traces de cette jalousie terrifiante, elle s'exprime grâce à la pâte à modeler.
« Je vais le jeter dans le camion poubelle, lui arracher sa tête et lui couper son corps... Je voudrais le jeter dans le feu avec des serpents, des scorpions, des araignées, des chats qui griffent, des tigres, des sorcières qui pourraient aussi le transformer en fourmi... Je veux le mettre à la porte et l'étrangler avant pour qu'il ne revienne jamais. »
Fanny fait des cauchemars horribles où c'est elle-même qui subit tous les supplices qu'elle imaginait pour son frère, tant est grand son sentiment de culpabilité.
Elle craint que ses parents ne se séparent, mais elle réalise que cela l'arrangerait bien ; elle imagine ainsi qu'elle pourrait être seule avec chacun, sans Jean, en organisant une garde alternée.
La jalousie a fini par s'apaiser et Fanny commence à jouer avec son frère.
« Si c'était moi la plus jeune, maintenant que je l'aime bien, je pourrais me marier avec lui ! Maintenant, j'aimerais aller camper dans les bois avec lui et faire de grands feux ! »
Après les feux de la haine, les feux de l'amour s'embrasent.
Fanny, après avoir accepté l'interdit de l'inceste, va poursuivre son chemin de vie. Elle a retrouvé une identité valeureuse et la joie de grandir.

Chapitre XI

Il était une fois… la jalousie entre frères

Comment la fraternité, qui est l'emblème de l'entente, peut-elle être également l'emblème de la mésentente la plus radicale ? Les frères unis ou les frères ennemis ?

Venir d'une même source engrange un même fleuve, et la fratrie, née d'une même origine, crée une communauté aux liens indissolubles. Dans un premier temps, ces liens indissolubles sont voués à la rivalité et à la jalousie, puisque les frères et sœurs partagent les mêmes objets d'amour.

À l'âge adulte, il est fréquent qu'une solidarité s'installe, que l'humour et les taquineries suffisent à réguler la communauté familiale, dans la mesure où les parents ne mettent pas d'huile sur le feu par des paroles ou des actes qui annuleraient l'un ou les uns par rapport aux autres. Les notaires sont bien placés pour évaluer la maturité affective des membres d'une famille au moment des héritages.

La concurrence est incontournable. Si elle implique la rivalité, elle implique aussi l'accord. Il va bien falloir reconnaître l'autre et trouver un arrangement – c'est ce que permet la résolution œdipienne. Cela signifie, en psychanalyse, que l'enfant accepte l'interdit de la réalisation de ses désirs sexuels en famille et qu'il libère ainsi ses désirs pour leur réalisation en dehors du milieu familial. C'est ainsi que le sujet va s'ouvrir au lien social et trouver sa place parmi les autres. Mais, auparavant, l'arrivée intrusive d'un nouveau-né va faire vivre, comme le dit Paul Laurent Assoun[1], « l'expérience déterminante de l'altérité ».

Saint Augustin, dans les *Confessions,* écrit sur la jalousie : « L'esprit des enfants n'est pas innocent. J'en ai vu un que j'ai remarqué particulièrement avoir été jaloux et si envieux qu'il en était devenu tout pâle ; et que, ne sachant pas même encore parler, il ne laissait pas de regarder avec colère et avec aigreur un autre enfant qui tétait la même nourrice que lui. Mais peut-on se persuader qu'un enfant soit innocent, lorsque, trouvant dans les mamelles de sa nourrice une source très abondante de lait, et qu'étant si riche, pour le dire ainsi, qu'il y en a assez pour lui et pour un autre, il en est néanmoins si avare qu'il ne peut souffrir qu'un autre enfant aussi faible et aussi jeune que lui, qui a un extrême besoin de cet unique secours de son indigence et de cette seule nourriture qui peut conserver sa vie, entre en partage avec lui, et reçoive ce qu'il a de trop. »

Dans ce texte, écrit aux alentours de l'an 390, saint Augustin se scandalise qu'un enfant si jeune exprime un sentiment si peu altruiste. La croyance en l'innocence est justement mise à mal. En effet, ce couple de la mère et du puîné, dont il est exclu, fera naître chez l'aîné une violence haineuse viscérale si les parents ne viennent pas le rassurer dans sa différence valeureuse. Le manque de parole est à ce moment-là redoutable, car il laisse l'enfant seul avec ses fantasmes d'exclusion. En effet, si le père ne vient pas rassurer l'enfant dans son identité propre, l'enfant risque de s'enfermer dans une haine meurtrière : ça sera « lui *ou* moi », et non pas « lui *et* moi ».

Ce moment d'agressivité intense a aussi ses effets bénéfiques : il va ouvrir l'intelligence pour éclaircir les raisons de la

---

1. Paul-Laurent Assoun, *Leçons psychanalytiques sur frères et sœurs*, t. 1, Economica, 1998.

venue de l'intrus et pour trouver une solution acceptable sans provoquer le rejet parental.

Un des grands dangers est celui de faire semblant d'accepter l'autre, de masquer et mentir pour ne pas risquer le rejet parental. Il crée une idéalisation leurrante, derrière laquelle se cachent des possibilités de passage à l'acte de dépression grave. Se construire dans un faux-semblant de gentillesse ou de charité entraîne l'enfant devenu adulte dans des impasses pour sa vie affective et sociale.

Rien, cependant, n'est figé. La vie est mouvement. Chaque épreuve, chaque expérience peut permettre une évolution, une impulsion nouvelle. Le temps lui-même fait évoluer les individus. Les interactions multiples, à l'intérieur de la famille comme à l'extérieur, permettent des transactions, des ouvertures et des solutions.

Les contes, dans leur écriture poétique, font surgir les vérités inconscientes et mettent en scène de façon extraordinaire les alliances et les exclusions meurtrières.

Nous allons maintenant approfondir les difficultés particulières des aînés. La naissance du premier enfant est un événement bouleversant pour tout être humain. Cet enfant ouvre une étape, il tourne une page. Il transforme le couple amoureux en couple parental. Devenir père et mère d'un être humain, c'est devenir responsable d'un être en devenir qui ne peut subvenir seul à ses besoins. Une grande partie du temps des parents va devoir être consacrée à cet enfant. Leur vie de couple en sera complètement chamboulée. Comment chacun va-t-il passer ce cap ? De fils et fille, ils deviennent père et mère, partenaires à vie pour faire advenir à maturité le fruit de leurs amours.

Est-ce une des raisons pour lesquelles s'est institué, pour le premier né, le droit d'aînesse ? Cet enfant premier va être le seul à provoquer ce bouleversement inouï chez chacun de ses parents. Ensuite, plus il y aura d'espace entre lui et sa fratrie, plus il y aura, pour lui, risque d'installation dans une toute-puissance égocentrique, souvent revendiquée comme légitime et naturelle. Les parents vont-ils lui garder la place prépondérante, ou vont-ils y mettre cet enfant ? Lui qui a inauguré la parentalité est exposé au danger de se prendre pour sa propre origine. En outre, il pourrait en venir à croire que son rang de naissance l'invite à dominer, à ordonner, à posséder ; l'autre, à ses côtés, risque alors de ne pouvoir exister que pour l'admirer ou être à son service...

Lorsque le couple ne se désagrège pas à la suite de la première naissance, pour immaturité affective de l'un ou l'autre des parents, ou des deux, le premier-né, ayant acquis l'autonomie œdipienne, va pouvoir accueillir la fratrie dans sa diversité et sa richesse. Pour les frères et sœurs plus jeunes, l'aîné est toujours un modèle paternel ou maternel, suivant son sexe, et, pour eux, partager d'emblée leur père et leur mère est une situation de fait. Leur place et la façon dont ils la vivent est aussi variable que le sont les histoires humaines, mais ils auront toujours, la même place d'être un parmi d'autres.

Voici un nouveau conte venu de Chine. Il se déroule au fond des mers.

La Perle phosphorescente

La mer, matrice universelle, symbolise le monde féminin par excellence. Plus l'homme prend le pouvoir, plus le monde marin devient mystérieux et obsédant. La mer abrite des palais et des trésors dont les hommes rêvent mais dont l'accès est non seulement très difficile, mais aussi très souvent dangereux. Il faut alors des qualités exceptionnelles pour y pénétrer. Nous allons découvrir ce monde à travers la rivalité de deux frères.

« Il était une fois le roi des dragons, qui vivait, il y a bien longtemps, bien loin d'ici, dans la mer Orientale. Il avait une fille, très belle et avisée. Il en avait toujours tiré joie et satisfaction, mais voilà qu'elle allait sur ses dix-huit ans et commençait à donner du souci à son père. Le roi des dragons voulait donner un époux à sa fille, mais elle s'était mis en tête de ne pas se marier. L'un des fiancés qu'on lui proposait était trop maigre, l'autre trop gros, le troisième trop bête, et ainsi de suite. Un jour, le roi, qui en avait par-dessus la tête de ces refus, dit à sa fille :

« "Ma chérie, dis-moi enfin quel genre d'homme tu veux pour époux.

« Je ne veux ni un riche ni un fonctionnaire ; ce que je veux, c'est un garçon honnête et courageux", dit la jouvencelle en rougissant quelque peu.

« Alors le roi des dragons recommanda à ses conseillers de se mettre en quête d'un fiancé tel que le souhaitait sa fille.

« Le général Crabe se présenta, mais ne convint pas à la fille. Le ministre Grenouille vint lui proposer quelqu'un, mais la princesse ne faisait que hocher la tête en signe de refus jusqu'à ce que, enfin, le général Homard vînt, tout glorieux, annoncer qu'il avait trouvé le fiancé idéal : un orphelin, nommé A-eul, qui habitait non loin, dans le golfe, pauvre, certes, mais avec un cœur d'or et ne craignant rien au monde. Un tel fiancé n'était pas pour plaire outre mesure au roi des dragons. Il fit venir sa fille et lui dit :

« "Mon enfant, à dire vrai, ce fiancé-là ne me convient guère. Qui sait ce qu'il en est au juste de son fameux courage ? Et, qui plus est, il n'est pas de sang royal et ne sied pas à notre famille."

« Mais la fille, elle, s'était mis en tête que c'était ce fiancé-là qu'elle voulait. Elle s'enfuit dans sa chambre, refusant d'en sortir, et se mit à se plaindre et à pleurer tant de larmes que le niveau de la mer en montait. Le roi des dragons ne savait à quel saint se vouer. Il fit venir ses conseillers les plus fidèles et s'entretint longuement avec eux. Enfin, le général Homard eut une idée.

« Cette nuit-là, A-eul, qui vivait non loin, juste dans le creux du golfe, fit un rêve. Il vit apparaître un vieillard aux cheveux blancs qui lui dit :

« "Va vite au bord du fleuve, ta fiancée t'y attend."

« A-eul se réveilla d'un coup, et fit aussitôt part de son rêve à son frère qui partageait sa couche. Mais ce frère aîné était de caractère jaloux. Il abattit vite l'enthousiasme du puîné :

« "Qu'est-ce que tu crois ? Comme si une fiancée pouvait t'attendre ! Qui voudrait de toi comme fiancé, pauvre comme tu es ! Dors, tu ferais mieux."

« A-eul se rendormit, et son frère en profita pour se lever sans bruit et se rendre vite au bord du fleuve. Mais A-eul s'était réveillé et avait senti la place vide à ses côtés. Il se rappela alors sa vision et, pour en avoir le cœur net, il s'élança lui aussi vers le fleuve. Son frère était parti le premier, mais il alla si vite que les deux jeunes gens arrivèrent en même temps sur la berge. L'eau du fleuve était calme et semblait dormir, sa surface irradiait une lueur argentée qui se répandait au loin. Très haut dans le ciel était suspendue la Lune, toute ronde, brillante comme une pièce d'or. Une belle jeune fille se baignait et ses longs cheveux flottaient au gré des flots berceurs.

« "Belle demoiselle, veux-tu me prendre pour époux ? lui demanda hardiment A-eul.

« – Non, pas lui, prends-moi plutôt, s'écria vite le frère aîné.

« – Je prendrai celui qui me rapportera la perle phosphorescente, déclara la jeune fille.

« – Où se trouve cette perle ? demandèrent les deux frères en même temps.

« – Elle est cachée au palais de mon père, le puissant roi des dragons. Je vais vous donner à chacun une épingle qui vous permettra d'apaiser les flots houleux de la mer", leur dit-elle.

« Et, ce disant, elle retira de sa chevelure deux épingles d'argent ; elle en offrit une à chacun des deux frères et disparut en plongeant dans l'eau du fleuve. »

La fille du roi des dragons, belle et avisée, est à marier. Or, ce n'est pas n'importe qui. La fille du roi se retrouve fréquemment dans toutes les traditions. Elle est souvent accordée au héros en récompense de son courage et de sa valeur. Elle est associée au symbole de l'eau en tant qu'élément primordial dans sa fonction purificatrice ; elle symbolise aussi la providence. Dans les récits anciens, la fille du roi calme le courroux des océans comme nous venons de le voir. Elle est la face propice de l'eau en opposition à l'eau qui engloutit. Elle possède l'aspect rassurant de la mère.

Si le Roi, son père, représente la mémoire de l'inconscient collectif, sa fille représente l'inconscient individuel qui va faire l'alliance des deux dans l'union avec le prétendant valeureux.

Le roi des dragons unit l'eau, la lune et le feu par le tonnerre et les éclairs qui annoncent la pluie nécessaire à la vie.

Le dragon, qui vit dans des grottes souterraines et sous-marines, réunit, à lui seul, toutes les grandes forces souterraines qui peuvent nous habiter, ainsi que l'énergie qui caractérise le feu. Chez cette fille, il s'agit de la lumière et de la chaleur féminine à son apogée. Elle sait à quel homme elle veut s'unir. Elle recherche les qualités profondes sans s'embarrasser des apparences.

Chez les deux frères, le puîné partage son rêve avec son aîné, sans arrière-pensée, puisqu'il a toujours dû partager. D'emblée, l'aîné exprime l'impasse primitive, l'impossibilité archaïque pour lui d'accepter une vie pour son frère. En effet, le plus jeune est un intrus, il doit se contenter des miettes dans la mesure où c'est la seconde place qui lui a été donnée dans la vie. Ce raisonnement forme la base jalouse de la paranoïa : tout pour moi, moi tout seul.

Au sujet de Caïn et Abel, Paul-Laurent Assoun écrit[1] : « C'est le drame de l'intrusion et de ses effets paranoïaques avec leur violence. » L'aîné désire être l'unique. Il se méprend continuellement, confondant le hasard d'être né le premier et une place prépondérante dans la vie. Il en fait une position narcissique de dominant, alors qu'il n'a rien fait par lui-même pour acquérir une position valeureuse.

L'apparition de la belle jeune fille place les deux frères en situation de convoiter la même femme. Pour l'aîné, il s'agit de passer en premier, en annulant son frère comme dans la relation à leur mère. Pour A-eul, il s'agit de se faire aimer et de se faire choisir par la jeune fille.

Sans arrêt, l'aîné prend la place du deuxième. Il l'annule et le couvre de son mépris et de ses sarcasmes. C'est une attitude fréquente dans les fratries de dévaloriser et de prendre comme bouc émissaire celui qui ose vivre et qui travaille à se développer naturellement.

En revanche, sans chicaner, allant vers sa vie sans se narcissiser sur le dos des autres, le plus jeune frère a traversé l'expérience œdipienne : l'autre n'est plus un ennemi potentiel, mais un modèle ou un compagnon avec qui il ferait bon partager les émotions et les aventures. Les attitudes et les choix de son frère lui importent peu. Il ne tient pas compte de la jalousie de son aîné. Il avance sur le chemin de son désir.

---

1. *Op. cit.*, p. 6, t. 2.

La jeune fille leur donne une épingle pour affronter et apaiser les flots houleux de la mer. Ils possèdent donc le même outil, mais en feront-ils le même usage ? C'est là qu'intervient la liberté de chacun : si nous ne sommes pas responsables de notre histoire, nous le sommes de ce que nous en faisons. L'aîné ne saura pas tirer parti de cet outil, puisqu'il a toujours opté pour la passivité. A-eul viendra à son secours, naturellement, car il a l'habitude d'agir par lui-même face aux difficultés.

« Les deux frères s'inclinèrent ensemble devant l'endroit où la princesse des dragons avait disparu et ils se mirent en route sur l'heure.

« L'aîné emprunta un cheval rapide à son voisin et se dirigea au galop vers la mer Orientale. A-eul coiffa son grand chapeau de paille, chaussa ses sandales et se mit en marche le long du fleuve, vers l'orient. Il y avait une longue route jusqu'à la mer Orientale des dragons, une route difficile de plaines étendues et terrifiantes. Bien des jours s'étaient écoulés à galoper quand l'aîné des deux déboucha sur un village entièrement envahi par les eaux. Toutes les maisons y baignaient, et tous les gens devaient se déplacer en barque. Le cavalier demanda ce qui s'était passé et on lui répondit :

« "Il y a une dizaine de jours, les grosses pluies ont fait sortir le fleuve de son lit et maintenant, malgré le beau temps, il ne peut plus y rentrer. Au contraire, l'eau ne fait que monter. Elle atteindra bientôt nos toits, quelle misère ! Il paraît qu'il y a un moyen de faire rentrer le fleuve dans son lit, c'est de le battre avec la verge d'or qui se trouve au palais du roi des dragons.

« – C'est justement là que je me rends, répondit, tout fier, le frère aîné. Je vous rapporterai cette verge d'or."

« A-eul, lui, qui était à pied, arriva un peu plus tard à ce

village inondé. En apprenant le désastre qui frappait cette malheureuse population, il promit lui aussi de rapporter la verge d'or du palais du roi des dragons, si par chance il pouvait se la procurer. Puis il reprit sa route et arriva enfin au bord de la mer Orientale. Mais que vit-il ? Son frère, qui pourtant avait tant d'avance sur lui, restait là, figé, à regarder l'eau mugissante, les vagues qui déferlaient comme pleines de colère.

« "N'aie pas peur", dit A-eul à son frère, et il lança avec force dans l'eau bouillonnante l'épingle qu'il avait reçue de la princesse. Dès l'instant où l'épingle eut touché la première vague, l'eau se calma par enchantement, et un chemin s'ouvrit dans la mer pour permettre aux deux frères de pénétrer dans le royaume des eaux.

« Au palais, ils furent accueillis par le roi des dragons en personne. Les deux frères lui présentèrent poliment leur requête : ils désiraient emporter la perle phosphorescente pour conquérir la main de sa fille.

« "Je sais, mais je vous avertis seulement qu'en ce royaume des eaux la loi permet à un mortel de n'emporter qu'un seul objet, un seul trésor. Choisissez donc bien !"

« Après leur avoir ainsi parlé, le roi les conduisit dans sa chambre au trésor. Quand il leur en eut ouvert la porte, les deux frères, d'admiration, retinrent leur souffle. Les murs étaient incrustés de pierres précieuses et de perles. Partout où se posait le regard, ce n'étaient que mille feux de diamants, d'or et de perles. Au milieu de tout ce luxe, un feu surpassait tous les autres : celui de la perle la plus rare, la perle qui brille dans la nuit, la perle phosphorescente !

« A-eul contempla cette merveille qui aurait pu lui valoir la main de la belle et séduisante princesse, mais, cette perle, il ne pouvait la prendre ! Au village inondé, les gens l'attendaient, pleins d'espoirs et de confiance, des gens à qui il avait promis,

s'il le pouvait, de rapporter la verge d'or qui devait faire rentrer le fleuve dans son lit. Sans hésiter davantage, c'est vers la verge qu'il se dirigea en demandant poliment au roi :

« "Si votre majesté le permet, je prendrai cette baguette d'or."

« Au même moment, le frère aîné se jetait sur la perle phosphorescente, il s'en saisissait et pour rien au monde il ne l'eût lâchée !

« "Emportez chacun votre trésor. Peut-être vous apportera-t-il le bonheur", dit le roi avec un étrange sourire. »

La vanité de l'aîné est admirablement décrite. Lui ne part pas par ses propres moyens, comme son frère, à pied : il emprunte le cheval de son voisin. Signe que l'autre est uniquement là pour le servir. Comme dans la première relation à sa mère, dont il n'a pas décroché, il profite de l'autre ; pour lui, c'est un dû, c'est naturel. Les malheurs des villageois inondés ne l'intéressent qu'à partir du moment où il se fait remarquer comme un sauveur, pour qui il serait aisé de rapporter la verge d'or du roi des dragons. Il se prend pour le plus beau des phallus ambulants, et sa vanité serait à son comble s'il était porteur de la verge d'or du roi. Pourtant, quel poltron devant l'eau mugissante ! Mais comment s'en étonner ? Il se croit le meilleur, alors qu'il ne développe rien de son potentiel par lui-même. Comme nous l'avons dit, il prend son rang de naissance pour une qualité au-dessus de toute autre considération. Pauvre garçon ! Il se contente de sa place de premier-né et n'est ni en recherche ni en dynamique d'apprentissage. Il profite des autres et de leur talent pour son bénéfice personnel, sans manifester aucune notion de l'altérité.

En revanche, pour A-eul, qui choisit la verge d'or pour respecter, avant toute chose, la promesse qu'il a faite aux affligés, cette notion est primordiale.

« Là-dessus, les deux frères sortirent ensemble du palais.

Lorsqu'ils eurent atteint la rive, l'aîné sauta en selle et reprit au galop le chemin du retour. Il arriva bientôt au village inondé, où il fut aussitôt entouré par les malheureux habitants.

« "La verge d'or, criaient-ils, avez-vous apporté la verge d'or ?

« – Non, le roi des dragons n'a pas voulu que je l'emporte", répondit le jeune homme. Et il incita son cheval à poursuivre sa route.

« Pendant ce temps-là, son frère arrivait à pied. Il lui fallait marcher des jours et des nuits, mais enfin, un beau matin, il atteignit le village, où l'eau montait de plus en plus.

« "Mes amis, cria-t-il de loin, je vous apporte la verge d'or, la bienheureuse verge d'or que m'a donnée le roi des dragons !"

« Ce disant, il se pencha sur l'eau, qu'il se mit en demeure de fouetter avec sa verge d'or. Et, miracle des miracles ! l'eau se mit aussitôt à reculer, à descendre vers son lit, où elle reprit paisiblement son cours d'antan. La reconnaissance de la population ne connut pas de bornes.

« "Comment pourrons-nous jamais vous rendre un tel service, ô notre jeune ami et protecteur ?"

« Ils avaient les larmes aux yeux d'être dans un tel dénuement après l'inondation qu'aucun n'avait le moindre cadeau à offrir au jeune homme. Mais l'un d'eux aperçut un gros coquillage dans la vase laissée par le fleuve. Il l'ouvrit et y découvrit une perle noire – toute sale, mais enfin, une perle.

« "Jeune homme, nous n'avons rien de convenable à vous offrir, mais, nous vous en prions, emportez cette perle en souvenir de nous."

« A-eul reçut la perle avec des remerciements et reprit sa marche tout en se disant que ce n'était pas une pauvre perle comme celle qu'il rapportait que désirait la princesse. Malgré

tout, le sentiment d'avoir accompli une bonne action lui réchauffait le cœur et le consolait.»

Nous retrouvons le mensonge, avec la calomnie, comme outil indispensable à tout être englué dans la jalousie: «Le roi des dragons n'a pas voulu que j'emporte [la verge d'or].» Pour le frère jaloux, c'est toujours la faute de l'autre. L'humilité lui est une terre inconnue, et l'échec lui est inconcevable.

A-eul, quant à lui, connaît la joie dans l'altérité et la reconnaissance profonde des autres. Il illustre à merveille ce beaau proverbe arabe: «Fais du bien et oublie-le.»

«Entre-temps, le frère aîné était arrivé au golfe, où il trouva la princesse. Il s'inclina profondément devant elle et lui dit:

« "Princesse, je te rapporte la perle phosphorescente. Je te prie donc de devenir ma femme.

«– Reviens ce soir, répondit la princesse. Seule la nuit peut décider si c'est bien la vraie perle phosphorescente que tu apportes ou une perle ordinaire."

«À la nuit tombée, le frère aîné revint au bord du golfe avec son trésor. Mais ô stupeur, la perle n'émettait pas le moindre rayonnement dans la nuit.

« "Ce n'est pas la vraie perle que tu as apportée, déclara tristement la princesse.

«– Mais c'est impossible!" dit le frère aîné en se fâchant.

«Il reprit la perle de la main de la princesse pour mieux voir et, du coup, la perle éclata. Sur la paume du jeune homme, il n'y avait plus qu'une goutte d'eau.

«Quelques jours plus tard, A-eul, à son tour, arriva au bord du golfe. Il dit à la princesse:

« "Je te prie de ne pas m'en vouloir, ô princesse, mais je n'ai pas pu te rapporter la perle du palais royal.

«– Que portes-tu dans ton foulard noué en coin? demanda la princesse, curieuse.

« – Pas grand-chose, princesse ! Ce n'est qu'une perle tout à fait ordinaire que de braves gens m'ont offerte en cours de route.

« – Donne-la-moi", dit la princesse, qui lui prit la perle et la lui posa délicatement sur la paume qu'elle lui avait fait présenter.

« A-eul ouvrit alors les yeux comme des roues de char. Oui, c'était la fameuse perle, la perle qui illumine la nuit, la perle phosphorescente ! On eût dit que la Lune était venue se poser dans sa main. Des rayons lumineux s'en dégageaient et allaient se perdre dans les lointains, faisant luire toute la surface du golfe. La princesse des dragons prit alors la perle et la lança bien haut, bien haut dans les airs. A-eul regardait ce qui se passait, tout éberlué, et il n'en croyait pas ses yeux, car, par-dessus leurs têtes, un palais enchanté s'était dressé dans les airs, au faîte duquel scintillait la perle éblouissante, qui semblait leur indiquer le chemin.

« La princesse prit A-eul par la main en lui disant d'une voix suave :

« "Vois, là-haut, c'est ton cœur bon et courageux qui resplendit !"

« Et elle l'emmena avec elle dans son palais aérien. »

Le texte se suffit à lui-même. L'image du château enchanté dressé dans les airs symbolise la destinée humaine transcendante qui se confond avec le ciel, et représente la conjonction des désirs et la plénitude de la réciprocité. La perle phosphorescente indique le chemin : le chemin de l'altérité où les relations s'entrelacent, s'enrichissent, portent des fruits grâce aux différences respectées.

Je ne voulais pas quitter la Chine sans vous offrir ce conte très court, à l'enseignement très cru et très cruel.

Les Deux Frères

« Jadis, deux frères. Le cadet dit à l'aîné :

« "Dans le jardin pousse un ficus. C'est à son ombre que je prends le frais. Si nous secouons cet arbre, de l'or en cherra."

« L'aîné répondit :

« "Eh bien, moi aussi, je vais prendre le frais à son ombre et le secouer. Ainsi, je deviendrai riche à coup sûr."

« Sur-le-champ, l'aîné alla à l'ombre du ficus, le secoua. Ce qui en tomba, ce furent des vers et des pierres. L'aîné, furieux, voulut abattre l'arbre.

« Le cadet dit :

« "Tu ne m'as pas cru ?"

« Il alla sous l'arbre, le secoua. De l'or en tomba, avec des rouleaux de tissu. L'aîné fut bien forcé de le croire.

« Une autre fois, le cadet dit à l'aîné :

« "J'ai une houe fort bonne. Avec elle, je déterre des trésors."

« L'aîné :

« "Prête-la-moi !"

« Le cadet la lui prêta. L'aîné, s'en servant, ne trouva que des pierres et des racines, se fâcha, jeta la houe. La discorde naquit. Les frères ne se parlèrent plus.

« Un jour, après avoir mangé de l'ail, le cadet alla chez le chef et péta. Le chef trouva cela très parfumé, donna de l'argent et des victuailles au cadet.

« L'aîné apprit l'affaire, alla péter chez le chef après avoir mangé de l'ail. Il pensait ainsi obtenir de l'argent avec cet ail volé. Mais le chef trouva ce pet fort puant, et, furieux, fit décapiter l'aîné. »

La décapitation est radicale et sans appel. Dans les « contes merveilleux », c'est la fin habituelle et banale de tous ceux qui vivent dans le mensonge. Le corps est scindé en deux. En Chine ou ailleurs, la décapitation sanctionne la non-cohérence des actes avec les paroles. Le bûcher est réservé à ceux qui sont accusés de sorcellerie ou qui sont jugés pour avoir fait alliance avec les instances diaboliques.

Combien d'êtres humains passent leur temps à vouloir être comme l'autre, à vouloir être l'autre, au lieu de développer leur propre potentiel ? Cette attitude ne peut que les faire passer à côté de leur propre vie.

Exemple clinique : John

Frères ennemis

John, un jeune homme de trente-deux ans, peintre sud-africain, vit en France depuis dix ans. Bien intégré en France, il parle couramment notre langue. Il souffre de douleurs paralysantes dans la main et le bras droits qui handicapent fort son travail. Une opération et des séances de rééducation lui apportent un certain soulagement, mais les médecins soulignent une dimension psychologique non résolue qui entraverait la guérison du symptôme. John fait donc une demande d'analyse. Au cours de son travail analytique, il prend conscience de la violence qui existe entre son frère aîné de deux ans, Mark, et lui-même.

« Nous avons été élevés comme des enfants uniques. Mon frère appartenait à mon père et moi à ma mère. Il nous était demandé de tout vivre et ressentir pour eux, mon frère devait être l'équivalent de mon père en modèle réduit et moi celui qui devait tout ressentir comme ma mère. Jamais, je crois, nos parents n'ont pu être à notre écoute, à nous. Une partie de moi vivait à l'extérieur de moi, elle correspondait à l'image que ma famille avait fabriquée de moi. J'observais cette image comme si elle ne faisait pas partie de ma vie. J'étais incapable de ressentir quelque chose, d'être touché. Là où moi, John, j'étais, je m'étais blindé au maximum pour observer sans ressentir. En fait, je m'étais fermé aux autres. En France, personne ne me demandait quelque chose. Je prends conscience que j'ai tenté une ouverture à ce moment-là. L'échec d'une rencontre sentimentale a refermé cette tentative. Ça correspond à mon problème de main. Ma mère me disait : "Nous sommes comme les cinq doigts de la main."

« [...] Mon père, il n'a jamais existé pour moi. Je ne le voyais pas, même quand il était là. Il ne comptait pas pour moi.

« Je provoquais mon frère sans arrêt. Il était très jaloux de moi. J'avais plus de facilité pour apprendre, mais je n'en ai rien fait ; j'étais l'artiste, c'est-à-dire : j'avais la sensibilité de ma mère. En France, j'ai passé les concours pour enseigner le dessin, j'ai découvert le plaisir d'apprendre avec un professeur. Mon frère Mark me jalousait tellement ! C'était moi qui avais toujours ma mère pour moi tout seul. Elle était complice de ça avec moi, j'étais son fils à elle. Lorsque cela ne m'a plus amusé de provoquer mon frère, je l'ai annulé. Il est devenu un inconnu, un étranger. Lui, il avait son père... Son père... C'est drôle, jamais je n'ai dit notre père ou notre mère. Moi aussi, j'ai dû être jaloux de lui... [Silence.] Il a fait le même métier que son père... Son père... Je devrais pouvoir dire notre père, le même métier que notre père. Mark n'a cessé d'avoir des accidents gravissimes et, après une transfusion, il a été touché par le sida. Quand il s'est senti condamné, lors d'un de mes séjours là-bas, il est venu à une de mes expositions. Il m'a félicité et m'a fait un dossier de presse. Je ne savais pas quoi faire de son potentiel d'amour. Je n'étais pas prêt. Maintenant, il n'est plus... Je ne sais pas qui était mon frère... Je ne l'ai jamais rencontré... Je me souviens avoir seulement rencontré ce qu'il voulait peut-être faire mourir en lui sans arrêt : cette fausse identité qui le liait au père et qui annulait la mère.

« Notre histoire, c'est peut-être l'histoire de la rivalité de mon père et de ma mère entre eux. Je viens peut-être de faire mourir également en moi cette fausse identité, celle qui me lie à ma mère et qui annule mon père.

« Dans quel pétrin je me suis enlisé pour garder ma mère pour moi tout seul, au détriment de ma vie ! »

Nous pouvons mesurer les conséquences de l'annulation de la triangulation et ses effets dévastateurs : l'annulation du désir du sujet aliéné à un seul autre sans espace symbolique au tiers. John était le miroir narcissique de la mère, sans référence au père. Mark était le miroir narcissique du père, sans référence à la mère. L'imaginaire jaloux de chacun était alors omniprésent et empêchait toute tentative de rencontre.

Chapitre XII

Il était une fois… la jalousie entre sœurs

La sororité met naturellement les sœurs en concurrence, tout comme la fraternité, les frères entre eux. Le temps de vie en commun de l'enfance jusqu'au départ pour le travail ou pour une alliance va construire chaque personnalité à travers le chemin de la jalousie. Comment ce sentiment de rivalité incontournable va-t-il être géré et enrichir chacune des sœurs ? Chaque rencontre nous modifie, nous bouscule, nous questionne et relance le désir.

Dans une fratrie, lorsque le père ne tient pas sa place – pour de multiples raisons : soit parce qu'il la refuse, soit parce qu'il est annulé, etc. –, la mère va tenir le rôle de chef de famille sans référence masculine. La famille peut devenir ainsi une poudrière. La mère est en position totalitaire. Elle décide de qui est élu et qui ne l'est pas. Elle enferme dans sa puissance ceux ou celles qui s'y laissent prendre et les maintient dans un état fusionnel avec elle. Dans ce cas, pour les enfants qu'elle a élus, c'est l'enfermement dans un registre pervers. Ils se narcissisent sur le dos des non-élus et se coupent de leur propre individualité. Ils jouissent de faire jouir leur mère – ou leur père, si la situation est inversée.

Ces schémas se retrouvent dans tous les contes où une fratrie se ligue contre un enfant, souvent né d'un autre lit. C'est plus caricatural pour la narration, mais c'est aussi fréquent dans les fratries classiques. Il se produit un déplacement narratif de mère à belle-mère ou de père à beau-père pour censurer l'insupportable. C'est exactement ce déplacement que nous opérons dans les rêves.

Voici un exemple. Pendant une séance d'analyse, une jeune femme annonce un rêve très bref : « Je rêve d'un architecte qui veut détruire notre maison et nous empêcher d'y faire la fête. » Après un long silence, je lui demande si elle peut dire quelque chose à propos de cet architecte : « Oui, il ressemble au maire de notre village… » Silence… Puis : « Ça ne peut pas être ma mère, quand même !… C'est terrible comme je ressens ma mère jalouse de notre couple… Cette pensée m'insupporte… »

Nous allons découvrir dans ce conte recueilli en Allemagne par les frères Grimm une famille de trois filles autour de leur mère, sans homme auprès d'elles. À aucun moment le père n'est mentionné. Est-il mort, est-il vivant ? De toute façon, son absence est abyssale. La mère règne sans partage.

Unœil, Deuxyeux, Troisyeux

« Il était une fois une femme qui avait trois filles. L'aînée s'appelait Unœil parce qu'elle n'avait qu'un œil unique au milieu du front, et la deuxième s'appelait Deuxyeux parce qu'elle avait ses deux yeux, comme tout le monde, tandis que la cadette se nommait Troisyeux parce qu'elle avait trois yeux, ayant elle aussi un œil au milieu du front, telle sa sœur aînée. Mais, comme Deuxyeux n'était pas faite autrement que les autres gens, ni ses sœurs ni sa mère ne pouvaient la souffrir.

« "Toi, avec tes deux yeux, lui disaient-elles, tu ressembles à tout le monde et tu n'es pas des nôtres !"

« Elles ne faisaient que de la malmener et la maltraiter. Elles la bousculaient et la chassaient toujours dans les coins, ne lui

laissant que de vieilles frusques pour s'habiller, ne lui donnant que leurs restes à manger – et encore, juste de quoi ne pas mourir de faim. Bref, c'était leur souffre-douleur.»

Voilà la famille bien campée. Il y est très mal *vu* d'être une parmi les autres. Ce qui est recherché, c'est d'être *vu* remarquable, repérable, grandiose, au-dessus du commun des mortels.

L'image transmise par la tradition ancestrale ne s'y trompe pas. Aller chercher les Cyclopes pour illustrer la problématique familiale cible merveilleusement bien le contenu latent du récit. Homère a créé ces géants caractérisés par leur seul œil rond frontal et leur a attribué des particularités précises: ils vivent dans de hautes montagnes, dans de profondes cavernes. Chaque Cyclope s'occupe de sa famille, sans nul souci des autres. Ils vivent solitaires comme des sauvages, hors des cités et hors des lois, comme des bêtes. Ils ne respectent pas les lois de l'hospitalité. Les plantes croissent autour d'eux naturellement pour les nourrir et leur seul travail consiste à s'occuper des brebis et des chèvres.

Leur œil rond comme un cratère de volcan évoque les forces obscures instinctives et passionnelles. La sagesse du raisonnement de l'esprit et la sensibilité de l'âme n'y ont pas établi leur demeure.

Dans le conte, la benjamine, Troisyeux, a aussi un œil au milieu du front, telle son aînée. C'est leur signe fusionnel, ce qui les unit à leur mère contre leur deuxième sœur. Aucune description physique de la mère n'est faite. Elle élève seule ses trois filles et ne peut souffrir la deuxième, qui ressemble à tout le monde: «Tu n'es pas des nôtres.» Le rejet et l'exclusion sont clairs.

L'importance de la fonction de l'œil dans notre vie humaine est considérable. De l'œil, qui est une structure anatomique, dépend la vision, qui est une perception subjective des images extérieures, et le regard, par lequel toute relation à l'autre s'établit. Le regard met en partage et en échange. À lui seul, il crée le contact. C'est un moyen de communication sans parole.

Paul Valéry ne manque pas d'humour quand il déclare : « Si le regard pouvait féconder et tuer, les rues seraient pleines de cadavres et de femmes grosses ! »

Nous avons déjà vu, grâce au conte *La Plume de hou,* le rôle magique de la vision dans les récits mythiques de l'ancienne Égypte, de l'Inde, dans les religions amérindiennes, ainsi que dans l'iconographie religieuse du christianisme.

Les traditions persane et arabe ont gardé l'œil d'Horus pour protéger chacun du mauvais œil. On pensait alors qu'un faisceau lumineux partant de l'œil de la personne jalouse jetait un sort maléfique à la personne ou à l'objet visé.

Nous sommes donc, avec ce conte de Grimm, au cœur de la problématique jalouse entre des sœurs, problématique qui devient aigüe lorsqu'elle est de surcroît entretenue par la mère.

« Or, il advint qu'un jour, comme Deuxyeux s'en était allée garder la chèvre dans les prés, la faim dont elle souffrait la fit pleurer, parce qu'une fois de plus ses deux sœurs ne lui avaient donné que trop peu. Assise dans l'herbe, la pauvre pleura et pleura tellement qu'elle avait de petits ruisseaux qui lui coulaient sur les joues. Mais, quant elle leva les yeux pour implorer le ciel dans sa détresse, elle vit devant elle une dame qui lui demanda :

« "Deuxyeux, pourquoi pleures-tu ?

« – Comment pourrais-je ne pas pleurer ? lui répondit Deuxyeux. Sous prétexte que j'ai deux yeux comme tout le monde, mes deux sœurs et ma mère ne peuvent pas me souffrir et me font toutes les misères. Elles me chassent de partout, m'habillent de loques et ne me donnent pas assez à manger : je

n'ai jamais que les restes, et aujourd'hui il y en avait si peu que la faim me tenaille sans cesse.

« – Allons, sèche tes larmes, Deuxyeux ! lui dit la fée, et écoute-moi bien. Tu ne connaîtras plus jamais la faim. Tu n'as qu'à dire :

« 'Méhéhé la Biquette,
Petite table prête !'

« Et tu auras devant toi la table mise proprement, avec la nappe blanche et le couvert, et les plats finement servis, dont tu pourras manger autant que ton envie. Et après, lorsque tu te seras bien régalée et que tu n'en auras plus besoin, tu diras :

« 'Méhéhé la Biquette,
Petite table arrête !'

« Et aussitôt, elle disparaîtra sous tes yeux."

« Ces paroles dites, la fée partit. Alors, Deuxyeux se dit qu'elle allait essayer tout de suite si c'était bien vrai, puisqu'elle avait si grand faim :

« "Méhéhé la Biquette,
Petite table prête !"

« Mais oui, presque en même temps que la parole, la petite table se trouvait là, avec sa nappe blanche, l'assiette, le couteau, la fourchette et une cuillère d'argent. Et les plats succulents et fumants attendaient devant elle et sentaient bon : on eût dit qu'ils arrivaient tout droit de la cuisine.

« "Mon Dieu, soyez notre hôte en tous les temps ! Amen."

« Telle était la prière que Deuxyeux s'empressa de dire, parce que c'était la plus courte qu'elle savait. Puis elle se servit et se régala de tout son cœur. Après, quand elle eut bien mangé de tout et se sentit complètement satisfaite, elle dit ce que la fée lui avait enseigné :

« "Méhéhé la Biquette,
Petite table arrête !"

« La table, avec tout ce qu'il y avait dessus, s'évanouit et disparut à l'instant même. "Le service est fameux!" se dit Deuxyeux, tout heureuse et rassérénée. Et le soir, quand elle rentra avec la chèvre et trouva son écuelle de terre avec les restes que lui avaient laissés ses sœurs, elle n'y toucha pas, pas plus qu'elle ne toucha aux rares bribes qui lui étaient destinées, le lendemain, quand elle repartit avec la chèvre. Une fois, deux fois, cela passa, et les sœurs ne s'en aperçurent même pas. Mais, comme la chose se répétait sans cesse, elles s'en firent la remarque :

« "Il y a quelque chose de louche là-dessous : Deuxyeux ne touche plus à rien, alors qu'elle a toujours dévoré ce qu'on lui laissait jusqu'à maintenant. Elle doit avoir trouvé quelque chose..."

« Pour mettre le doigt dessus et découvrir la vérité, Unœil, la sœur aînée, décida de l'accompagner le lendemain, quand elle gardait la chèvre, afin de voir si quelqu'un lui donnait à manger ou à boire. »

La chèvre, qui est pourtant l'animal élu des Cyclopes, est sous la garde unique de Deuxyeux. C'est une pierre supplémentaire dans le jardin de ses sœurs, qui se révèlent incapables de s'en occuper.

La fée qui vient pour consoler la fillette est une figure maternelle positive, comme celle qui apparaît dans *Peau d'Âne*. Elle permet à cette enfant de se construire un optimisme foncier, de trouver confiance en elle. Dans les situations les plus noires, une lumière peut surgir. Alors que le désespoir n'a pas de dynamisme, l'espoir crée la lumière et l'espace possible pour celle-ci. Après la nuit, le jour arrive. Le mouvement de la vie ouvre toujours des portes, même lorsqu'elles paraissent fermées.

[L'aînée va donc épier Deuxyeux sous le prétexte de voir si

elle garde convenablement leur chèvre. Deuxyeux n'est pas dupe et l'endort par une chanson avant de commander son festin. À la suite de cet échec, Troisyeux se propose à son tour d'aller épier Deuxyeux. Au retour, elle dit à sa mère :]

« "J'ai tout vu clairement et nettement, parce qu'avec une petite chanson elle m'avait endormi deux yeux, mais le troisième était resté ouvert."

« C'était plus qu'il n'en fallait pour exciter la jalousie furieuse de la mère.

« "Mademoiselle a des prétentions, hein ? s'écria-t-elle en s'en prenant à Deuxyeux. Mademoiselle veut jouir d'une meilleure existence que la nôtre, hein ? Eh bien ! c'est un plaisir dont tu vas te priver !"

« Empoignant un couteau, elle courut à la chèvre et lui enfonça le couteau dans le cœur. En voyant sa chèvre morte, Deuxyeux se précipita hors de la maison et s'en alla pleurer amèrement, assise dans l'herbe du premier pré. Soudain, la fée se trouva de nouveau devant elle et lui demanda :

« "Pourquoi pleures-tu, Deuxyeux ?

« –Comment pourrais-je ne pas pleurer ? répondit Deuxyeux. La chèvre qui dressait si joliment la petite table pour moi quand je lui chantais votre petite chanson, hélas ! elle est morte à présent, et c'est ma mère qui l'a égorgée ! La faim et les misères sont revenues pour moi…

« – Écoute-moi bien, Deuxyeux, je vais te donner le bon conseil, lui dit la bonne fée : tu demanderas à tes deux sœurs qu'elles te laissent les boyaux de ta chèvre, et tu les enfouiras sous terre devant la porte de la maison. Avec cela, ton bonheur est assuré."

« Ces paroles dites, la fée disparut, et Deuxyeux revint à la maison pour demander à ses sœurs :

« "Mes chères sœurs, s'il vous plaît, laissez-moi avoir

quelque chose de ma pauvre chèvre : je ne demande rien de bon, seulement les boyaux !”

« Cette modeste requête les fit éclater de rire, et elles répondirent :

« “Si c'est ton seul désir, cela peut se faire !”

« Deuxyeux prit les boyaux, qu'elle enterra en cachette, le soir venu, sans faire de bruit, devant la porte de la maison. Ainsi, elle avait fait comme la fée le lui avait dit.

« Le lendemain matin, la maisonnée se réveilla et se leva en même temps, et quand elles allèrent à la porte, quelle ne fut pas leur surprise d'y voir un arbre merveilleux qui avait poussé là : un arbre d'une splendeur et d'une magnificence sans égales dans le monde entier, car il avait un feuillage d'argent et portait des fruits d'or ! Comment cet arbre avait-il pu venir là en une nuit ? Ni la mère ni les sœurs n'en eurent la moindre idée, mais Deuxyeux, elle, le savait très bien, parce que l'arbre avait poussé à l'endroit même où elle avait enterré les boyaux de la chèvre. »

Comment Deuxyeux peut-elle survivre à cette famille ? En développant ses qualités de sensibilité : la chèvre, maltraitée et mise à mort avec cruauté par la mère lors d'une crise de colère jalouse, est pleurée par Deuxyeux. Sa compassion et sa reconnaissance pour l'animal vont porter leurs fruits, grâce aux entrailles mêmes de la bête. L'arbre d'or et d'argent vient récompenser les qualités de cœur de Deuxyeux.

« “Monte sur l'arbre, mon enfant, dit la mère à Unœil, et cueille-nous quelques-uns de ces fruits merveilleux.”

« Unœil monta dans l'arbre, mais, quand elle avança la main pour attraper un fruit d'or, la branche s'écarta brusquement. Elle eut beau recommencer autant de fois qu'elle voulut, ce fut à chaque fois la même chose, et il lui fut impossible de toucher à un seul des beaux fruits d'or.

« "Vas-y, toi, Troisyeux, commanda la mère. Tu pourras mieux te débrouiller avec tes trois yeux que ta sœur avec son œil unique."

« Unœil se laissa glisser au pied de l'arbre et Troisyeux y grimpa prestement. Mais elle ne put bien s'y prendre comme elle voulut et regardait partout à la fois avec ses trois yeux, et elle n'eut pas plus de succès que son autre sœur : les fruits d'or se tenaient toujours hors de sa portée. La mère, impatientée, y monta à son tour, mais, pas plus que ses filles, elle ne put attraper un seul fruit d'or. Sa main se refermait toujours sur du vent !

« "Si je montais, dit Deuxyeux, peut-être réussirais-je mieux ?

« – Toi ! se moquèrent les sœurs. À quoi peux-tu bien arriver avec tes deux yeux ?"

« Elle grimpa néanmoins dans l'arbre, et voici que les fruits d'or, au lieu de fuir devant ses mains, venaient d'eux-mêmes s'y placer et se laissaient cueillir l'un après l'autre. Elle en avait le tablier plein quand elle redescendit de l'arbre, et sa mère les lui prit. Jalouses toutes trois qu'elle pût cueillir les fruits précieux alors qu'elles ne l'avaient pas pu, elles ne furent que plus méchantes avec elle, au lieu de lui en être reconnaissante, et la traitèrent d'autant plus durement. »

Comment décrire mieux la vanité jalouse qui rend incapable de se réjouir du talent des autres ? Les fruits du talent de Deuxyeux sont récupérés comme un bien personnel. Au lieu de remerciements, elle ne récolte que mépris et sarcasmes.

« Un jour, comme elles se trouvaient ensemble au pied de l'arbre merveilleux, arriva un jeune seigneur à cheval.

« "Vite, Deuxyeux, cache-toi pour ne pas nous faire honte !" lui crièrent ses deux sœurs en la fourrant précipitamment sous un tonneau vide qui se trouvait là, et, avec elle, les pommes d'or qu'elle venait de cueillir.

« Le jeune seigneur avait belle allure, comme elles purent le voir quand il fut tout près, et il s'arrêta pour admirer ce merveilleux arbre d'argent et d'or.

« "À qui ce bel arbre appartient-il ? demanda le jeune seigneur aux deux sœurs. Si l'on m'en donnait une branche, on pourrait me demander ce qu'on voudrait."

« Unœil et Troisyeux répondirent ensemble que l'arbre était à elles, s'élançant déjà pour en casser un rameau. Mais, quelque peine qu'elles y prissent, elles n'en furent capables ni l'une ni l'autre : les branches, comme les fruits, se tenaient tout à coup à l'écart de leurs mains.

« "Il est vraiment étonnant que l'arbre vous appartienne, dit le jeune cavalier, si vous n'avez pas le pouvoir d'en couper un simple petit rameau !"

« Les deux sœurs soutinrent néanmoins que l'arbre était bel et bien leur propriété, mais, tandis qu'elles parlaient de la sorte, Deuxyeux poussa du pied, sous son tonneau, quelques pommes d'or, et les envoya rouler jusqu'aux pieds du beau cavalier, parce que le mensonge de ses sœurs l'avait indignée. Voyant les fruits d'or devant lui, le seigneur s'étonna et demanda d'où ils venaient. Alors, Unœil et Troisyeux avouèrent qu'elles avaient une autre sœur, qui ne devait pas se montrer parce qu'elle n'avait que deux yeux, comme le commun des gens. Le jeune seigneur voulut pourtant la voir, il l'exigeait, c'était son grand désir, et il l'appela lui-même en criant :

« "Deuxyeux ! Viens ! Sors de là !"

« Le plus naturellement du monde, Deuxyeux se glissa hors du tonneau pour s'approcher, et le beau cavalier s'émerveilla de sa grande beauté.

« "Deuxyeux, lui dit-il, tu peux sûrement me cueillir une branche de l'arbre !

« – Mais oui, répondit Deuxyeux, je le peux bien, puisque cet arbre m'appartient."

« Grimpant à l'arbre, elle en cassa une merveilleuse branche avec ses feuilles d'argent et ses fruits d'or, qu'elle tendit au beau cavalier.

« "Que veux-tu que je te donne en échange, Deuxyeux ? demanda le cavalier.

« – Ah ! répondit Deuxyeux, moi qui ne suis que misère, chagrin et douleur, qui ne connais que la faim et la soif, de la pointe de l'aube jusqu'au bout du soir, si vous vouliez m'emmener avec vous, ce serait ma délivrance et j'en serais heureuse !"

« Le jeune seigneur la prit en croupe et galopa jusqu'au château de son père, où elle eut une garde-robe magnifique et une table selon son cœur. Épris d'elle comme il l'était, le beau seigneur fit bénir leur réunion, et leurs noces furent célébrées en grande joie. »

La jeune fille a grandi par ses épreuves. Elle s'est tenue éloignée de la fusion mère-fille. Elle va pouvoir s'évader à la première occasion et suivre l'évolution naturelle libidinale de son âge.

« Après le départ de Deuxyeux avec le beau seigneur à cheval, les deux sœurs lui envièrent furieusement son bonheur, tout en se cherchant des consolations.

« "Au moins, se dirent-elles, il nous reste l'arbre merveilleux ! Et même si nous ne pouvons pas y cueillir de fruits d'or, tout le monde sera attiré par sa splendeur et viendra à nous, s'arrêtant là pour l'admirer et nous complimenter. Qui sait jusqu'où peut aller notre chance ?"

« C'était peut-être ce qu'elles croyaient, mais, le lendemain matin, quand elles se levèrent, l'arbre avait disparu, emportant avec lui leurs belles espérances. Par contre, Deuxyeux, en se

mettant à la petite fenêtre de sa jolie chambrette, vit qu'il était là : il l'avait donc suivie, et elle en fut heureuse infiniment.

« Mariée et heureuse, elle vécut de longues années de joie et de plaisir. Mais, un jour, il y eut deux pauvresses qui frappèrent à la porte du château et qui mendièrent une aumône. Et voilà que Deuxyeux, en les regardant de plus près, reconnut Unœil et Troisyeux, ses deux sœurs, devenues si misérables qu'elles allaient de porte en porte mendier leur pain. Deuxyeux les reçut avec cœur et les garda près d'elle, les traitant avec une telle générosité et une telle affection qu'elles eurent toutes les deux un sincère remords et se repentirent profondément du mal qu'elles avaient pu faire à leur sœur dans sa jeunesse. »

La fin du conte est intéressante. La mère a disparu du récit, mais les deux sœurs sont restées collées l'une à l'autre sans possibilité d'ouverture, jusqu'au moment de leur remords. Deuxyeux ne se venge pas, elle accueille ses sœurs et leur pardonne, son bonheur ne se nourrit pas de vengeance.

Une fois de plus, un conte populaire, antérieur à toute théorie et tout dogme, nous lègue un patrimoine universel nourri de la sagesse des âmes.

Cendrillon

Il existe des versions multiples de ce conte dans toutes les cultures. Le thème de la rivalité entre sœurs, exacerbée par le personnage maternel, est universel. C'est un archétype initiatique d'une grande portée symbolique.

Nicole Belmont, dans *La Poétique du conte*[1], parle de la figure mythique de Cendrillon : « Si l'on reconnaît le mythe à

1. *Op. cit.*

sa faculté de perdurer à travers les siècles et à celle de s'adapter à chaque époque qu'il traverse, alors Cendrillon est bien une figure mythique. Elle existe avant Charles Perrault dans la tradition orale où il a puisé, mais son modèle le plus ancien, sinon son ancêtre, on le trouve dans la mythologie grecque ancienne : c'est Hestia, la divinité vierge qui a renoncé à jamais aux noces pour devenir la gardienne du foyer domestique paternel. Hestia a résolu d'une certaine manière le problème des filles à marier qui, fidèles au foyer de leur père, n'en sont pas moins obligées de le quitter pour s'intégrer à celui de leur époux, accomplissant ainsi leur destin de femme. »

Chaque version de ce conte apporte ses propres richesses symboliques et met en exergue certains passages. J'ai choisi la version des frères Grimm de 1812, qui va à l'essentiel, sans fioritures, pour le thème qui nous occupe.

Laissons-nous toucher à nouveau par ce récit et laissons éclater les sens multiples qu'il fait surgir.

« Il était une fois un homme riche dont la femme était tombée malade. Quand elle se sentit approcher de sa fin, elle appela à son chevet son unique fillette et lui dit : « Mon enfant chérie, reste toujours pieuse et bonne, tu pourras compter sur l'aide du bon Dieu, et moi, du haut du ciel, je te regarderai et te protégerai. » Après ces paroles, elle ferma les yeux et mourut. Chaque jour, désormais, la fillette se rendait sur la tombe de sa mère et chaque jour elle pleurait, s'appliquant à rester pieuse et bonne. Quand l'hiver vint, il mit un blanc manteau de neige sur la tombe, et quand le soleil du printemps l'eut enlevé, le père prit une seconde femme.

« Cette femme avait amené dans la maison ses deux filles, qui étaient jolies et blanches de visage, mais vilaines et noires de cœur. Et pour la pauvre enfant du premier lit, ce fut une période affreuse qui commença.

« “Cette dinde idiote, est-ce qu'elle va rester avec nous ? dirent-elles. Elle n'a pas sa place au salon ! Il faut gagner son pain quand on veut le manger. Allez, oust ! Hors d'ici, la fille de cuisine !”

« Elles lui ôtèrent ses beaux vêtements, lui mirent un vieux tablier gris et la chaussèrent de sabots de bois, puis se moquèrent d'elle en la poussant dans la cuisine.

« “Oh, la fière princesse, elle est bien attifée, voyez-moi ça !”

« Alors elle dut travailler dur du matin jusqu'au soir, se lever tôt, tirer de l'eau, allumer le feu, faire la cuisine et la vaisselle, la lessive et tous les gros travaux. Les deux sœurs, au surplus, n'arrêtaient pas de lui faire toutes les misères possibles et imaginables, elles riaient d'elle à tout propos, jetaient les pois ou les lentilles dans la cendre pour qu'elle ait à rester là encore à les trier une fois de plus. Le soir, quand elle était exténuée de sa journée, elle n'avait pas de lit pour se coucher, mais devait s'étendre par terre, sur la pierre du foyer, dans les cendres, et comme elle en était toujours souillée et salie, les sœurs l'appelaient Cendrillon.

« Un jour que le père devait se rendre à la foire, il demanda à ses deux belles-filles ce qu'elles voulaient qu'il leur rapportât.

« “De belles robes ! dit l'une.

« – Des perles et des joyaux ! dit l'autre.

« – Et toi, Cendrillon, qu'aimerais-tu ? demanda-t-il à sa fille.

« – La première branche qui cinglera votre chapeau en cours de route, père, coupez-la pour moi”, répondit-elle.

« Il acheta donc pour ses deux belles-filles de jolies toilettes, des perles et des pierres précieuses, et il s'en revenait quand, en passant à cheval dans un bosquet, une branche de noisetier lui cingla le chapeau et le fit tomber à terre. Il coupa le rameau et l'emporta. Arrivé à la maison, il donna aux sœurs ce qu'elles

avaient voulu et à Cendrillon le rameau de noisetier. Cendrillon l'en remercia et s'en alla planter la petite branche sur la tombe de sa mère. Elle pleura si fort que ses larmes arrosèrent le rameau, qui prit racine, poussa et devint un fort bel arbre. Cendrillon s'y rendait chaque jour trois fois, pleurant et priant sous le bel arbre, et toujours un petit oiseau blanc venait s'y poser et, si elle formulait un souhait, le petit oiseau de l'arbre lui jetait aussitôt ce qu'elle avait souhaité.»

Comme pour le *Conte du genévrier* et *La Baba Yaga,* il s'agit de la jalousie d'une belle-mère pour l'un de ses beaux-enfants, qui est ici réactivée par la complicité avec ses propres enfants, et ce malgré la présence paternelle.

Les cendres qui servent de lit à Cendrillon renvoient au monde de la mort et du deuil. Elle s'y réfugie et s'y cache dans le souvenir de la chaleur de l'amour maternel disparu. Elle demeure au cœur du foyer de son père, dans l'âtre, attachée à son père qui la relie à sa mère. Sa mère est présentée comme une femme croyant dans les forces spirituelles et attachée aux valeurs du cœur. Sa fille s'applique à rester «pieuse et bonne», en identification à sa mère.

Les deux belles-filles du père sont claires dans leur demande: des belles robes et des bijoux. Le beau-père les satisfait, elles ne se préoccupent que de leur apparence.

Cendrillon ne demande pas de choses précieuses ni onéreuses, seulement de posséder la branche qui pourrait cingler le chapeau de son père, donc la branche qui sera capable de lui rappeler ses devoirs. Rappelons que les hommes enlèvent leur chapeau pour respecter la présence d'une femme. Si l'on suit ce principe, le père de Cendrillon n'a pas droit à son chapeau, puisqu'il ne sait pas l'utiliser pour respecter et protéger sa fille. Il ne joue pas son rôle de père. Cendrillon veut cette branche pour réveiller son père dans sa position paternelle. Pour cela, n'y arrivant pas seule, elle se tourne alors vers sa mère. Le pouvoir dont son père ne se sert pas, elle le donne à celle qui la protégeait. À ce stade, elle ne peut encore avoir cette force intérieure ; ce pouvoir, elle l'attend de l'extérieur, comme tous les enfants, avant de l'intérioriser. Elle va donc planter la branche sur la tombe de sa mère pour que celle-ci lui transmette la force qui lui manque encore. La symbolique du noisetier remonte au temps des druides : ils rendaient la justice avec une baguette de noisetier à la main. Les branches de cet arbre poussent très droites. On en fait la plupart du temps des cannes.

Le noisetier représente la sagesse, la justice, l'équilibre et la vertu, qualités possédées par la mère de Cendrillon. La branche donnera un fort bel arbre sur sa tombe, arrosée par les larmes de sa fille. Cendrillon voudrait bien que son père lui rende justice, la regarde et la protège.

L'oiseau blanc, messager de sa mère, vient revivifier Cendrillon, répondre à ses attentes et l'entourer d'une pensée positive. Il symbolise la paix du cœur.

« Il advint une fois que le roi donnât une grande fête de trois jours, à laquelle étaient invitées toutes les jolies filles du pays, afin que son fils pût se choisir une fiancée. Quand les deux sœurs apprirent qu'elles étaient invitées aussi, elles furent tout excitées et appelèrent Cendrillon aussitôt :

« "Coiffe-nous, lui dirent-elles, fais briller nos chaussures et serre-nous bien dans nos corsets. Nous allons pour le mariage au palais du roi."

« Cendrillon obéit, mais en pleurant, tant elle eût aimé les accompagner au bal : aussi alla-t-elle en demander la permission à sa belle-mère.

« "Toi, Cendrillon ? dit la belle-mère. Sale et dégoûtante comme tu l'es, tu voudrais être de la noce ? Tu n'as ni robe ni souliers, et tu voudrais aller danser ?"

« Mais, comme elle ne se laissait pas décourager et continuait de la supplier, la belle-mère finit par lui dire, pour avoir la paix :

« "Bon, tu pourras venir si, en deux heures de temps, tu réussis à ramasser et à trier le pot de lentilles que je vais renverser dans les cendres."

« Le pot fut versé, et Cendrillon gagna le jardin par la porte de derrière et appela :

« "Gentils pigeons, mignonnes tourterelles, et vous petits oiseaux de tout le ciel, venez vite à mon aide et trions comme il faut :

« Les bonnes dans le petit pot,
Les autres dans votre jabot."

« Deux blancs pigeons entrèrent d'abord par la fenêtre de la cuisine, puis vinrent les tourterelles et, enfin, tous les petits oiseaux du ciel, en rangs serrés, battant des ailes, pour se poser tout partout sur les cendres. Les pigeons penchèrent un peu la tête et commencèrent à pic, pic, pic et piqueter les lentilles, et les autres se mirent aussi à pic, pic, pic, piqueter les lentilles pour les tirer de la cendre et les rassembler dans le pot.

« Il ne s'était pas passé une heure que déjà tout était fini et que tous les oiseaux s'étaient envolés de nouveau. Tout heureuse, Cendrillon s'empressa d'aller montrer le pot à sa marâtre, croyant aller avec les autres à la fête du roi.

« "Non, Cendrillon, dit celle-ci : tu n'as pas de robe à te mettre et tu ne sais pas danser. Tout le monde se moquerait de toi."

« Mais, pour qu'elle cessât de pleurer, la marâtre lui promit :

« "Si tu me tries deux pleins pots de lentilles dans la cendre en une heure de temps, alors tu pourras venir."

« Car en elle-même elle se disait : "Cela, jamais elle n'arrivera à le faire !"

« Dès qu'elle eut éparpillé les deux pots de lentilles dans les cendres, Cendrillon courut au jardin par la porte de derrière et appela :

« "Gentils pigeons, mignonnes tourterelles, et vous petits oiseaux de tout le ciel, venez vite à mon aide et trions comme il faut :

« Les bonnes dans le petit pot,
Les autres dans votre jabot."

« Deux blancs pigeons entrèrent d'abord par la fenêtre de la cuisine, puis vinrent les tourterelles et enfin tous les petits oiseaux du ciel, en rangs serrés, battant des ailes, pour se poser tout partout sur les cendres. Les pigeons penchèrent un peu la tête et commencèrent à pic, pic, pic, piqueter les lentilles pour les tirer de la cendre et les ramasser dans les pots. Il ne s'était pas passé une demi-heure que tout était fini et que tous les oiseaux s'envolèrent de nouveau. Joyeuse, Cendrillon s'empressa d'aller porter les pots à sa marâtre, croyant aller avec les autres à la fête du roi.

« "Tout cela ne sert à rien, dit celle-ci : tu n'as pas de robe à te mettre et tu ne sais pas danser. Tu ne peux donc pas venir avec nous. Tu nous ferais honte."

« Elle lui tourna le dos et gagna la porte avec ses deux filles orgueilleuses et altières.

« Lorsqu'il n'y eut plus personne à la maison, Cendrillon alla sur la tombe de sa mère, se mit sous le noisetier et dit :

« "Noisetier gentil, agite-toi bien fort
Pour me couvrir d'argent et d'or."

« Alors, l'oiseau lui fit descendre une robe d'argent et d'or ainsi que des pantoufles brodées de soie et d'argent. Elle se hâta de revêtir la robe et alla à la fête des noces. Ni sa belle-mère ni ses demi-sœurs ne la reconnurent, pensant plutôt que ce devait être quelque fille de roi étranger au pays, tant elle

était belle dans sa robe d'or. Elles ne songèrent pas le moins du monde à Cendrillon, qu'elles croyaient toujours à la maison, en train de fouiller dans les cendres pour en tirer les lentilles. Le fils du roi vint à sa rencontre, la prit par la main et dansa avec elle. Il ne voulut même pas danser avec une autre, et c'est pourquoi il ne lui lâcha pas la main ; et si quelque autre cavalier venait pour l'inviter à leur tour, le prince lui disait :

« "C'est ma cavalière."

« Jusqu'au soir, elle dansa, puis elle voulut rentrer chez elle, mais le prince lui dit qu'il irait avec elle et l'accompagnerait, tant il était curieux de voir de quelle famille venait cette jolie jeune fille. Il l'accompagna, en effet, mais au dernier moment elle lui échappa et sauta dans le pigeonnier. Le prince attendit que revienne le père et lui dit que la jeune inconnue avait sauté dans le pigeonnier.

« "Serait-ce Cendrillon ?" se demanda le père, qui réclama une hache et une pioche pour ouvrir en deux le pigeonnier. Il n'y avait personne à l'intérieur. Et quand ils entrèrent dans la maison, Cendrillon, dans son costume misérable et souillé, était couchée sur la cendre, avec une méchante veilleuse à huile qui clignotait dans la cheminée. Elle avait, en effet, bien vite sauté du pigeonnier par-derrière et couru jusqu'au noisetier, où elle avait quitté sa robe magnifique pour la déposer sur la tombe, et le petit oiseau l'avait remportée tandis qu'elle retrouvait la cuisine et son vieux tablier gris pour se coucher sur la cendre, dans l'âtre.

Cette version de la façon dont le père apparaît est intéressante. Il est soumis au prince comme il est soumis à sa femme. Il sait qu'il a une fille, mais ne s'en soucie guère. Il est avant tout désireux de plaire au pouvoir : aussi, protéger ou présenter sa fille ne lui traverse pas l'esprit. Il demande une hache et une pioche pour démolir le pigeonnier, l'abri des oiseaux de paix où sa fille s'est cachée. C'est violent et cruel, sans respect, proche du viol, sans paroles et dans la pulsion brutale.

Cendrillon a comme disparu à nouveau, peut-être pour fuir ce père violent qu'elle ne peut pourtant pas quitter. Elle disparaît, couverte de cendres, au cœur du foyer, dans l'âtre. Elle devient transparente, enlaidie et masquant ses attraits comme absente à ce père. Son attitude s'éclaire : elle pourrait se défendre ainsi d'un inceste avec son père.

La tâche ordonnée à Cendrillon de trier les lentilles jetées dans les cendres est lourde de sens. Les lentilles sont des plantes annuelles dont chaque gousse contient deux graines qui tombent souvent à terre. Depuis 50 ans, les machines ont pu supprimer le tri fastidieux qui consistait à séparer les lentilles toujours mêlées à de minuscules cailloux. Ici Cendrillon est appelée deux fois à discriminer et à discerner avec patience les éléments de sa vie. Là précisément, il ne s'agit pas de séparer les lentilles des cailloux, mais les lentilles des cendres. Il est donc question pour elle de discerner ce qui est vivant de ce qui est mort, ce qu'elle doit faire vivre et ce qu'elle doit laisser mourir. Il lui faudra se soumettre deux fois au sadisme pour oser désobéir la troisième fois. Nous avons déjà vu que la désobéissance au despotisme est une vertu. Cendrillon a profité de la leçon, elle sort de l'enfance dépendante et va trouver par elle-même la solution à son problème.

« Le lendemain, comme recommençait la fête, et quand ses parents et les deux sœurs altières eurent quitté la maison, Cendrillon courut au noisetier et dit :

« "Arbre gentil, agite-toi bien fort
Pour me couvrir d'argent et d'or."

« Alors, l'oiseau lui fit descendre une robe encore beaucoup plus splendide et magnifique que celle de la veille. Et quand

elle apparut à la fête ainsi parée, tout le monde s'étonna et s'émerveilla de sa beauté. Le fils du roi, qui avait attendu sa venue, la prit aussitôt par la main et ne dansa qu'avec elle. Et si quelque autre cavalier venait pour l'inviter, il lui disait :

« "C'est ma cavalière."

« Quand elle voulut rentrer, le soir venu, le prince l'accompagna, car il voulait voir dans quelle maison elle entrait. Mais elle lui échappa et sauta dans le jardin derrière la maison. Il y avait là un grand bel arbre tout chargé de magnifiques poires, et elle grimpa si prestement entre ces branches, vive comme un écureuil, que le prince ne sut pas où elle avait bien pu passer. Mais il attendit que revienne le père et lui dit que la jolie inconnue avait disparu, mais qu'il croyait qu'elle s'était cachée dans le grand poirier. Le père se dit en lui-même :

« "Serait-ce Cendrillon ?"

« Il se fit apporter une hache, entama l'arbre tout autour et l'abattit mais il n'y avait personne dedans. Et quand ils entrèrent dans la cuisine, Cendrillon était là, couchée dans la cendre comme toujours. Elle avait sauté de l'arbre par-derrière, en effet, et rapporté vite, vite sa robe magnifique aux petits oiseaux du noisetier pour reprendre son vieux tablier gris. »

Cendrillon s'affranchit : elle ne quémande plus d'autorisation à sa belle-mère.

La première disparition de Cendrillon, au nez du prince, s'effectue dans le pigeonnier, l'abri pour la paix. La deuxième fois, elle se dissimule dans le poirier, arbre aux magnifiques fruits qui évoque le corps féminin : la taille fine et le bassin épanoui. La poire est pleine de sensualité, sa saveur est douce et elle offre des sucs en abondance. Dans bien des pays, le poirier est signe de fécondité. La fleur blanche du poirier, très éphémère, est aussi très fragile. En Chine, elle symbolise le deuil.

Le poirier n'est plus en fleur, il est dans l'épanouissement de ses fruits et cela donne à penser que Cendrillon a fait son deuil et qu'elle s'apprête à rencontrer un homme. La saison de la cueillette est arrivée, mais il lui reste à se détacher du lien à son père. Celui-ci réclame à nouveau la hache pour faire tomber sa fille, qu'il croit cachée dans le poirier – curieuse façon de l'appeler ! Il est à nouveau dans sa pulsion brutale, sans lien humanisé avec elle. Sans parole.

Cendrillon est de nouveau comme transparente, couverte de cendres dans l'âtre du foyer paternel.

« Le troisième jour, quand ses parents et ses sœurs furent partis, Cendrillon retourna sur la tombe de sa mère et dit au noisetier :

« "Arbre gentil, agite-toi bien fort
Pour me couvrir d'argent et d'or."

« Et la robe que l'oiseau lui fit descendre, cette fois, était si merveilleuse et d'une telle magnificence que jamais elle n'avait rien eu qui lui ressemblât. Et les escarpins n'étaient faits que d'or. Parée de la sorte, elle fit son entrée à la fête et tout le monde fut béat d'admiration, ne sachant plus que dire. Le fils du roi ne dansa qu'avec elle et, si quelqu'un d'autre venait pour l'inviter, il disait :

« "C'est ma cavalière."

« Le soir venu, Cendrillon voulut s'en aller et le prince voulut l'accompagner, mais elle s'esquiva si lestement qu'il ne put la suivre. Seulement, le prince avait recouru à la ruse et avait fait enduire de poix toutes les marches du perron, et tandis qu'elle dégringolait l'escalier en volant presque, sa pantoufle gauche y resta collée. Le fils du roi prit cet escarpin, qui était minuscule, délicat, et entièrement fait d'or. »

Le pied, sinon les pieds sont reliés à la terre, soumis à l'attraction terrestre. Ils nous entraînent à nous adapter au réel selon les climats et les lieux. Les chaussures sont les réceptacles de l'être, les porteurs de l'identité particulière de chacun.

Dans bien des pays, la coutume demeure de se déchausser avant d'entrer chez quelqu'un, comme dans un lieu sacré ou dans une demeure dont on n'est pas propriétaire. Cela signifie qu'il n'est pas possible de prendre possession de cette terre-là. Il s'agit de respecter l'altérité.

Lorsque Cendrillon perd sa pantoufle que va ramasser le prince, c'est le signe qu'elle ne pourra retrouver son équilibre qu'avec lui.

« Le lendemain matin, le prince alla trouver le père et lui dit :

« "Je ne veux point d'autre épouse que celle à qui cette chaussure d'or ira."

« Ce fut une grande joie pour les deux sœurs, car elles avaient un joli pied. L'aînée alla dans sa chambre avec l'escarpin, qu'elle voulait chausser. Sa mère était présente. Mais le soulier était trop petit et le pouce n'y pouvait entrer. La mère s'empressa de lui tendre un couteau.

« "Coupe-le, lui dit-elle, quand tu seras reine, tu n'auras plus besoin de marcher."

« La jeune fille se coupa l'orteil et enfila son pied dans la chaussure, quelque vive que fût la douleur, puis sortit retrouver le prince.

« Il la prit sur son cheval et partit avec elle comme sa fiancée. Mais ils devaient passer non loin de la tombe, où deux colombes, perchées sur le noisetier, se mirent à glousser bien fort :

« "Roucou-oucou, roucou-oucou,
Dans la pantoufle le sang coule :
L'escarpin était trop petit,

La fiancée est au logis.”

« Jetant un coup d'œil aux pieds chaussés, le prince vit que le sang en ruisselait. Il fit faire demi-tour à son cheval et ramena la fausse fiancée à sa maison, disant que ce n'était pas celle qu'il devait épouser, et que l'autre sœur devait essayer l'escarpin. La seconde sœur alla dans sa chambre avec l'escarpin et réussit très bien à enfiler ses orteils, mais ce fut le talon qui refusa d'entrer. Oui, le talon était trop gros. Alors, la mère lui tendit le couteau et lui dit :

« “Coupe un bout du talon : quand tu seras reine, tu n'auras plus besoin de marcher.”

« La jeune fille s'enleva un morceau du talon et força son pied dans la chaussure, quelque vive que fût la douleur, puis sortit retrouver le prince. Il la prit sur son cheval et partit avec elle comme sa fiancée. Mais, quand ils furent non loin du noisetier, les deux colombes roucoulèrent de plus belle :

« Roucou-oucou,roucou-oucou,
Dans la pantoufle le sang coule :
L'escarpin était trop petit,
La fiancée est au logis.”

« De nouveau, le prince jeta un coup d'œil sur le pied chaussé, vit que le sang coulait, coulait si fort que le bas blanc en était tout rougi. Alors, il tourna bride et ramena la fausse fiancée à la maison.

« “Ce n'est pas celle-là non plus que je dois épouser, dit-il. N'avez-vous pas d'autre fille ?

« – Non, dit le père, il n'y a plus ici que cette pauvre souillon de Cendrillon, la fille de ma première femme, qui est là-bas, dans la cuisine ; mais celle-là ne saurait être la fiancée, c'est impossible !”

« Le fils du roi déclara néanmoins qu'il fallait l'envoyer chercher, mais la mère s'interposa :

« "Non, non, elle n'est pas présentable : elle est beaucoup trop sale pour se laisser voir !"

« Le prince insista : il y tenait absolument, et il fallut qu'on allât la chercher. Cendrillon voulut d'abord se laver les mains et le visage, puis elle vint s'incliner devant le fils du roi, qui lui tendit l'escarpin d'or. Ensuite, elle s'assit sur un escabeau, sortit son pied du pesant sabot de bois et le chaussa de la pantoufle qui le moulait parfaitement.

« "C'est elle, la véritable fiancée !" »

Cette version ne fait aucun cadeau à la marâtre, qui garde pour seul objectif l'ambition du pouvoir à travers ses filles. Ces dernières lui obéissent comme des automates pour combler son ambition. Elles sont ses objets partiels sans aucune autonomie. Leurs pieds, qui ne leur appartiennent pas, pourrait-on dire, sont sacrifiés sur l'autel maternel.

Les deux colombes, symboles de la fidélité et de la pureté, dévoilent successivement les mensonges pour faire place à Cendrillon. Le déni de sa paternité par le père donne raison à Cendrillon de s'être ainsi cachée sous les cendres. Pour lui, les filles semblent appartenir à leur mère ; il ne se reconnaît aucune place paternelle. Il était donc prudent pour Cendrillon de masquer sa beauté. Cet homme est pris, avec sa femme et ses deux belles-filles, dans la recherche de la mondanité et de l'apparat. Il se trouve dans l'impossibilité de reconnaître les aspects plus intériorisés de la vie ni d'être père. Être père, c'est, en effet, pouvoir séparer l'enfant de sa mère et reconnaître la féminité de sa fille pour lui permettre d'aller vers sa vie propre.

« La belle-mère et les deux sœurs en pâlirent de rage, mais le prince prit Cendrillon sur son cheval, partit avec elle et, quand ils passèrent non loin du noisetier, les deux colombes blanches roucoulèrent doucement, quoique assez pour se faire entendre :

« "Roucou-oucou, roucou-oucou,

La pantoufle n'a rien du tout.
Sa fiancée est avec lui,
L'escarpin n'est pas trop petit."

« Puis les colombes quittèrent l'arbre et vinrent se poser gracieusement sur les épaules de Cendrillon, une à droite et l'autre à gauche, et elles restèrent là.

« Le jour des noces de Cendrillon avec le fils du roi, à l'heure de la cérémonie, arrivèrent les deux sœurs pour l'accabler de flatteries et de doux compliments, car elles voulaient s'insinuer dans ses bonnes grâces et avoir part à son bonheur. Le cortège gagnait l'église derrière les fiancés, et la sœur aînée marchait à la droite de Cendrillon, la cadette à sa gauche. Alors, la colombe de droite et la colombe de gauche leur piquèrent à chacune un œil. À la sortie de l'église, par contre, l'aînée marchait à gauche de Cendrillon et la cadette à droite. Alors, les deux colombes leur piquèrent à chacune l'autre œil. Il était ainsi que, par la cécité, jusqu'à leur dernier jour, elles ont été punies de leur méchanceté et de leur fausseté. »

La jalousie des deux sœurs, comme dans le conte précédent, accorde une grande importance au regard, un regard jaloux, qui trouve ici une punition sans appel.

Les deux sœurs continuent jusqu'au bout de mentir en flattant et en complimentant faussement leur sœur.

Malgré les événements, elles ne modifient pas leur attitude, qui reste conforme à ce que leur mère leur a enseigné. Celle-ci a d'ailleurs disparu, comme le père, signe que Cendrillon s'en est complètement éloignée.

Cendrillon s'est en effet dégagée de son histoire, de son désir œdipien pour son père et de l'attachement archaïque à sa mère.

Exemple clinique : Claude

Claude a quarante ans. Elle est secrétaire et aime son travail, très varié. Elle traverse une crise conjugale. Orpheline de père à quatre ans, elle a une sœur de quatre ans plus âgée qu'elle. Elle va découvrir au fil des séances qu'elle ne s'est jamais autorisée à prendre sa place.

« Ma mère préférait ma sœur. Toute sa vie, elle a donné raison à Chantal, les directives pour moi étaient les suivantes : je ne devais pas la gêner, je devais toujours m'effacer ou la servir. Je m'y suis beaucoup appliquée. J'admirais beaucoup ma sœur. Elle est très brillante et je la jalousais en silence énormément.

« [...] J'aime garder quelques souvenirs de mon père avant le divorce de mes parents qui a eu lieu peu après. J'ai le souvenir que : soit j'étais sur ses genoux, soit il me tenait par la main. Un temps idyllique. Il me passait tous mes caprices.

« Ma sœur s'est mariée avec un voisin. Elle reste collée à maman et maman à elle. Mon beau-frère, qui n'a pas connu sa mère, accepte sans problème cette situation. Je me rends compte que cela me permet de garder papa pour moi toute seule.

« Ma mère a des ennuis de santé, ma sœur voudrait que j'aille m'occuper d'elle. Toutes les deux, elles me reprochent mon éloignement et mon égoïsme.

« [...] J'ai été très amoureuse d'un homme prêtre. Nous voulions nous marier. J'y ai renoncé pour ne pas faire de la peine à ma mère et ne pas subir la colère et le rejet que j'imaginais de la part de ma sœur.

« Je n'ai jamais aimé mon mari. Il était bien sous tous rapports. Il a une meilleure situation que mon beau-frère. Je pense que c'est la seule raison pour moi de l'avoir épousé : pour que ma sœur me jalouse enfin !

« Mon mari a surinvesti l'intelligence au détriment de la vie

affective. Il me répète sans arrêt qu'il m'a épousée pour avoir des enfants, pas pour être heureux avec moi. Il est très attaché à sa mère. Je pense qu'il a une maîtresse.
« [...] Je mets toutes mes forces à m'occuper de nos trois filles pour qu'elles ne soient pas jalouses les unes des autres, mais je n'y suis pourtant pas parvenue. Cela me mine. Elles se disputent sans arrêt toutes les trois mon exclusivité.
« Je voudrais partir, ne plus voir personne. J'en ai marre de me sacrifier par jalousie. Je suis jalouse du lien exclusif de ma mère et de ma sœur. En fait, je suis jalouse de mon mari, qui s'autorise une vie sexuelle et affective à l'extérieur de chez nous. Je suis malade de voir nos filles aussi méchantes entre elles que ma sœur l'était avec moi.
« Toute la journée, je fais des choses pour être gentille alors que je ne cesse de vouloir mordre et de me mettre en colère. »
Claude est une petite fille-Cendrillon qui n'a pas quitté les genoux de son papa qui lui passait tout. Elle reste imaginairement et affectivement bloquée dans ses fantasmes œdipiens. Elle est l'héroïne-veuve du père mort. Elle est sa vestale.
Elle n'a pas pu investir assez sa première relation amoureuse, engluée qu'elle était dans les cendres de son père.
Consciemment, elle dit avoir renoncé à cet amour pour ne pas faire de peine à sa mère ni subir le rejet de sa sœur. La jalousie pour sa sœur, dans le lien à leur mère, vient, grâce à l'objectivité de la situation, faire écran à la passion amoureuse pour son père. Ici, la jalousie fait écran et symptôme à la fois.

Les femmes ont bien peu conscience de l'importance de leur propre équilibre psycho-affectif dans l'éducation de leurs enfants.
La lecture ou l'écoute des contes peut œuvrer pour questionner ces nœuds au cœur desquels s'enlisent bien des histoires familiales.

Conclusion

Cet ouvrage s'est enrichi en cours de route, nourri lui-même par les contes.

Le premier objectif était la recherche d'un support pour approfondir, d'une façon lisible par tous, les méandres connus ou méconnus du sentiment de jalousie. Lorsque l'idée germa d'aller chercher des textes dans les traditions orales, Francine Coureau, conteuse suisse, s'enthousiasma et se mit à leur recherche.

Un choix de contes abondant s'accumula, venant de toutes les cultures, de tous les peuples, de tous les siècles passés. Comment s'en étonner, puisqu'on a vu combien les premiers textes qui ont abreuvé le monde traitaient déjà de la jalousie? Le chemin de la jalousie est incontournable.

Tout enfant, dans n'importe quelle partie du monde, va donc se confronter à la jalousie, aux deux sens étymologiques, pourtant oubliés, de ce mot: avoir du zèle, de l'admiration pour quelqu'un d'une part, ou être jaloux et destructeur de l'autre d'autre part, avec la multiplicité des variantes possibles.

Nous avons pu nous imprégner de cette poésie orale, naturelle, née de tous les peuples et qui vient du langage universel. C'est le dépôt, le trésor le plus précieux, transmis avec une conviction entière, un instinct étonnant, une philosophie naturelle prodigieuse pour et par toutes les générations. Ce trésor éternel trouve son inspiration dans la vie même. Le conte ne veut rien démontrer à personne, il ne trouve son origine dans aucune théorie ou théologie. Il est une création spontanée, venue du cœur et de l'âme des humains depuis qu'ils parlent. L'inconscient délivre sans avoir à apprendre. Il a l'intuition du discours comme le nouveau-né à qui l'on parle et qui entend dans sa chair les effets de la parole. À travers les contes, quel bel apprentissage de la vie ! Les enfants de tous les pays ont la possibilité de s'identifier aux héros pour s'armer contre les cruautés de l'existence et des problèmes familiaux.

Il est souvent de bon ton, aujourd'hui, d'enlever ces contes dits d'un autre âge des bibliothèques enfantines, sous prétexte de leur violence, de leur cruauté – violence et cruauté qui envahissent pourtant sans nuance nos écrans de télévision.

Supprimez les contes, ils reviennent au galop, comme nous le montre le succès de « Harry Potter », s'il en est besoin. C'est une œuvre d'écrivain qui n'est pas transmise par la tradition orale, mais comme dans les contes, Mrs Rowling transmet le message que la lutte contre des événements difficiles est inévitable, qu'il faut survivre et remporter des victoires sur soi. Les parents de Harry ont été tués par jalousie, son origine est confuse pour lui, il est comme frappé par un interdit d'exister, comme beaucoup des héros orphelins que nous avons rencontrés dans ce livre. Interdiction d'exister par identification au parent mort, qu'il veut rejoindre. La vie lui a été donnée, comme à tous, pour qu'il la vive et non pour qu'il l'ampute. C'est en construisant des solidarités, par son courage et sa sincérité qu'il va franchir cette période initiatique qu'est l'adolescence.

Tous les éléments des contes universels sont là pour le conduire à l'âge adulte. Ses aventures lui permettent d'explorer ses potentialités et sa créativité. Il a sans cesse à lutter contre la jalousie de celui qui se place comme son rival, Drago Malfoy.

Chaque enfant peut s'identifier facilement à Harry et constater que ses déboires trouvent leurs issues.

C'est en perdant la naïveté et l'idéalisation des adultes tutélaires que l'être humain acquiert la force de son désir pour œuvrer à une existence vivifiante face aux embûches du réel. Le désir devient alors une source de créativité au milieu des autres.

L'avénement des sciences exactes, même s'il permet de sortir d'un état d'ignorance et d'accéder à la possibilité de maîtriser l'univers, au moins partiellement, en honorant la dignité de l'homme, n'a rien enlevé à la force des réactions jalouses, ni à la pertinence des contes. Ces sciences devraient déboucher sur une position d'humilité d'autant plus grande que chaque avancée ne manque pas de dévoiler de nouvelles ignorances. Connaissances et humilité devraient être irrémédiablement liées. Malheureusement, nous assistons sans cesse à ce paradoxe que les bienfaits formidables donnés à l'humanité par ces sciences exactes ont des effets désastreux, phénomène qui rappelle les deux acceptions du mot *zelos*. L'orgueil que confèrent les pouvoirs humains donne le goût de l'écrasement et du mépris de l'autre. Au lieu de l'élévation de l'homme, nous assistons à son abaissement, la réussite mène au mépris et détruit le respect à la dignité humaine. Comme dans le récit de l'Éden, à vouloir détourner ou prendre la place de Dieu, l'homme se détrône lui-même et se détruit. La jalousie est à l'œuvre. C'est donc un sentiment qui va se trouver naturellement au centre de toute cure analytique.

La psychanalyse remanie l'économie intérieure de la psyché grâce au transfert.

Là où le sujet est resté bloqué au cours des stades préœdipiens, une nouvelle donne relance le désir. Ce qui paraissait insurmontable devient surmontable, ce qui paraissait inconfortable dans le fait de vivre avec soi et les autres devient confortable. Grandir, c'est aller vers plus de clairvoyance et plus de sagacité dans sa vie propre avec les autres, c'est s'adapter aux responsabilités naturelles de chaque âge.

Nous avons vu combien le fraternel rejoue la problématique œdipienne et ouvre à l'altérité consentie. Frère à tuer ou à aimer ? L'affrontement est incontournable, et de cet affrontement va dépendre notre façon d'être avec les autres – soit dans la destruction, la méfiance permanente ou le rejet viscéral, soit dans l'amitié profonde.

Le fraternel invite à la révolte et à la réconciliation avec le père et la mère, toujours perçus comme insuffisamment parfaits. Nous avons également vu à travers les contes combien le non-respect de l'interdit de l'inceste barre d'une façon tragique les possibilités d'ouverture au respect de l'autre. C'est alors une relation d'objet qui prime – « L'autre est à moi » –, au lieu d'une rencontre avec un autre différent à découvrir. Lorsque cette loi universelle est rejetée, les conséquences en sont multiples pour la vie individuelle comme pour la vie sociale. Nous n'accédons au statut de sujet libre qu'au moment où nous acceptons tels qu'ils sont nos géniteurs, ces êtres non choisis qui nous ont donné la vie, avec leur poids d'humanité.

Découvrir son père, sa mère et sa fratrie à travers le tamis de la réalité humaine, c'est le travail de la traversée de l'adolescence. Il permet de naître à sa propre histoire au lieu d'en rester la victime.

Les contes nous ont également enseigné que les prérogatives de rang sont illusoires ; elles ne peuvent être utilisées comme valeurs identitaires, comme si être chacun soi-même ne l'était pas avant toute chose ! La place inaugurale n'a pas à déterminer le lien aux autres.

Le danger, pour l'aîné, le benjamin ou le cadet, ou l'enfant de tout autre rang, est de se rigidifier à ce rang pour n'exister qu'à partir de ce rang contre les autres, au lieu d'être un parmi d'autres.

Reconnaître le droit à l'autre d'être individué, différent de soi, peut paraître d'autant plus intolérable que cet autre est très proche, que sa proximité est subie et que c'est un devoir de l'aimer. Il est pourtant vécu primitivement comme l'usurpateur d'une place souhaitée unique. C'est la frontière, dépassée ou jamais franchie, qui ouvre ou qui ferme à l'autre. Il est remarquable de constater que la façon dont la fratrie a été vécue se transpose toujours dans la vie sociale de chacun :

- hostilité systématique à l'autre ;
- fausse sociabilité, charité excessive en surface ;
- évitement de tout conflit, pour éviter un rejet éventuel ;
- mépris pour l'autre perçu toujours comme inférieur ;
- façon de se présenter comme un bouffon ou un artiste.

Il est ainsi possible de rester prisonnier d'une parole ou d'un jugement proféré par l'entourage, parole qui a eu un effet narcissisant sur l'instant. Cela peut empêcher l'évolution du sujet et perdurer d'une façon infantile.

Paul Laurent Assoun souligne aussi, dans ses leçons psychanalytiques sur frères et sœurs, que l'autre fraternel auquel le frère voudrait « régler son compte », il va bien falloir « le prendre en compte » et, finalement, en « tenir compte » jusqu'à « compter avec lui ».

Le moment de prise de conscience, de traversée et de sortie de la jalousie dans une cure psychanalytique est toujours bouleversant. En voici quelques paroles :

« [...] Je voudrais être tout, voir tout, savoir tout, être toute-puissante. Je passe mon temps à être intolérante et justicière... Tout me regarde. L'autre ne m'intéresse que si je suis supérieure à lui, sinon je me rends malade pour attirer l'attention, c'est une façon de me montrer faible, mais c'est un mensonge, c'est pour mieux montrer ma force lorsque je m'en sors.

« [...] J'ai peur de la différence, je me suis construite en pâte à modeler, c'est dangereux pour moi puisque je suis toujours en symbiose imaginaire pour mieux dominer... Je m'échappe sans arrêt de ma vie pour être quelqu'un d'autre que je ne serai jamais... Je me croyais immortelle, je prends conscience de la mort et du temps qui passe. Ça change tout. »

« [...] Je n'ai jamais accepté d'être une fille comme je n'accepte aucune frustration... Je suis dans l'envie constante d'être mon père. Je ne suis pas attachée à lui, je suis collée à lui... Je ne peux pas savoir qui je suis, je ne veux pas... Je voudrais être un homme. Je suis jalouse des hommes. Pourquoi n'ai-je pas le droit d'être un homme ? Je n'arrive pas à accepter d'être une fille. Cela me met en colère continuellement.

« En fait, si je veux être un homme, c'est parce que pour rien au monde je ne voudrais souffrir le mépris des hommes de ma famille pour les femmes. Je ne veux pas être méprisée comme mon père méprisait ma mère, toutes les femmes, et moi, sa seule fille... Je suis très très jalouse. J'ai l'impression que toute ma vie va être une plainte d'être née fille... Au fond, c'est une façon comme une autre de rester seule avec mon père. Je reste sa victime unique comme son unique fille. C'est ça qui me plaît et qui me met en colère. Je ne décroche pas de cette place-là. Ça me rend intéressante. Je ne quitte pas ma famille, j'y reste. Comment mon mari pourrait-il être heureux avec moi ? Je lui reproche sans arrêt de ne pas être mon père ! »

La critique continuelle de l'autre encombre et occupe bien des couples : « Tu ne sauras jamais faire... Tu es vraiment nul... Tu ne comprends rien... Ce n'est pas comme ça qu'il faut faire... »

Ces couples sont dans la négation de la différence qui les a réunis. Ils la dévalorisent sans cesse au lieu d'ouvrir au respect de l'autre différent, d'apporter une aide et un partage. C'est une façon de réduire l'autre pour la recherche de son propre reflet, de sa propre image, donc de l'annuler. Lorsqu'il y a des enfants, il serait tellement plus juste de convier l'enfant à s'adapter à chacun dans la particularité de son histoire ! Mais c'est, justement, toute une histoire !

Voici, avec une acuité extrême, un moment de retournement au cours d'une séance d'analyse :

« Je ressens tellement combien la torsion jalouse me tient dans la négation et bien plus loin encore : elle me tient dans le rejet, le refus, la vengeance et plus loin encore dans la tentation de reprendre ma vie et d'en finir. C'est cela l'extrême tentation… Je sens que je pourrais basculer dans cette violence extrême au lieu de consentir à la vie. Vais-je être capable d'opérer cette *metanoïa,* cette conversion profonde et verticale ?

« Je ressens le besoin de demander pardon pour tant de haines accumulées, pardon pour tant de jalousie, de faux silences explosifs de rancœur.

« Voilà. C'est tout. Je pourrais dire que je me suis laissé prendre par Lucifer… C'est-à-dire la fausse lumière de mes colères et de mes refus.

« Il me semble possible d'entendre à nouveau que je peux aimer et que je suis aimée. J'aspire de toutes mes forces à ce nouveau désir. »

Oui, le désir d'être libre, d'être soi-même, d'aller vers soi au lieu de s'accrocher aux malheurs de son histoire sur un mode de toute-puissance infantile.

Cela me rappelle un conte de mon enfance qui me ravissait par son humour et sa force d'amour, et pour l'orgueil terrassé.

« Il était une fois un roi qui voulait pour reine la jeune fille la plus intelligente de son royaume. La fille d'un couple de pauvres paysans réussit facilement toutes les épreuves et devint reine. Ils furent très heureux pendant de nombreuses années, mais voilà que le roi commença à prendre ombrage du fait que ses sujets ne s'adressaient plus à lui, mais à sa femme directement. Sur un coup de colère, il la répudia.

« Elle lui demanda comme dernière grâce si elle pouvait emmener du palais un bien précieux pour elle, en souvenir des années de bonheur passées. Le roi acquiesça. La reine lui fit boire un soporifique. Endormi, elle le mit dans une brouette et l'emmena dans la modeste ferme de son enfance.

« À son réveil, le lendemain, le roi s'étonna. Son épouse lui dit :

« "Vous êtes, Sire, mon bien le plus précieux au monde. Vous m'avez donc autorisée à vous emmener avec moi."

« Le roi rit, mit son orgueil dans sa poche et prit sa femme dans ses bras. »

La jalousie se trouvait dépassée.

Le désir et la parole étaient au rendez-vous.

Et nous, gardons ces contes comme des trésors.

Èze. Septembre 2006.

Table des matières

Répertoire des contes cités

Introduction

« La femme du bûcheron », Henri Gougaud, *L'Arbre d'amour et de sagesse*, Éditions du Seuil, 1992 et Points, 1997.

Chapitre I

Les Contes des mille et une nuits, tomes 1 et 3, Éditions Gallimard, Coll. Folio, 1991.

« Les six frères cygnes », *Contes de Grimm*, tome 1, Éditions Flammarion, 1986.

Chapitre II

« Tom Pouce », *Contes de Grimm*, tome 1, Éditions Flammarion, 1986.

« Nang le Preux », *Aux origines du monde. Contes des peuples de la Chine*, Éditions Flies, 2000.

Chapitre III

« Lianghua », Maurice Coyaud, *Contes des peuples de la Chine*, (Collection *Aux origines du monde*). Éditions Flies, 2000.

« La chanson volée », *Cet endroit là dans la Taïga,* Schnitzer Luda, Éditions Hatier, 1986.

Chapitre IV

« La botte sertie de bijoux », Italo Calvino, *Contes populaires italiens*, tome 1, Éditions Denoël, 1984.

« Injures », *Contes des sages de l'Inde*, Éditions du Seuil, 2003.

Chapitre V

« Peau d'Âne », *Contes en vers de Charles Perrault*,
http ://www.anthologie.free.fr/anthologie/perrault/contes02

Chapitre VI

« Jeannot et Margot », *Contes de Grimm*, tome 1, Éditions Flammarion, 1986.

« Le Fils du puissant magicien », *Contes inuits*,
http ://www.brindilles.net/contes

Chapitre VII

«La Plume de hou», Italo Calvino, *Contes populaires italiens*, Éditions Denoël, 1984.

«Les Deux Archers», Yan Hanscheng, Suzanne Bernard, *La Mythologie chinoise*, Librairie You-Feng, 2002.

Chapitre VIII

«Aubépin», Mouloud Mammeri, *Contes berbères de Kabylie*, Éditions Pocket Jeunesse, 2000.

Chapitre IX

«La flûte de bambou magique», Maurice Coyaud, *Contes des peuples du Japon*, (Collection *Aux origines du monde*). Éditions Flies, 2001.

«Le conte du genévrier», *Contes de Grimm*, tome 1, Éditions Flammarion, 1986.

«La Baba Yaga», Les *Contes populaires russes d'Afanassiev*, trad. Lise Gruel-Apert, Éditions Maisonneuve et Larose, 1988.

Chapitre X

«Les six frères cygnes», *Contes de Grimm*, tome 1, Éditions Flammarion, 1986.

«La sœur du comte», Italo Calvino, *Contes populaires italiens*, tome 1, Éditions Denoël, 1984.

Chapitre XI

«La Perle phosphorescente»,
http ://www.brindilles.net/contes

«Les Deux Frères», Maurice Coyaud, *Contes des peuples de la Chine*, (Collection *Aux origines du monde*). Éditions Flies, 2000.

Chapitre XII

«Unoeil, Deuxyeux, Troisyeux», *Contes de Grimm*, tome 2, Éditions Flammarion, 1986.

Chapitre XIII

«Cendrillon», *Contes de Grimm*, tome 2, Éditions Flammarion, 1986.

Malgré nos recherches, nous n'avons pu localiser les éventuels ayants-droits pour trois des contes dont des extraits ont été repris dans ce volume. Qu'ils n'hésitent pas à prendre contact avec l'éditeur le cas échéant.

ISBN : 978-2-84675-207-7
RÉALISATION : PAO ÉDITIONS DU SEUIL
IMPRESSION : CORLET À CONDÉ-SUR-NOIREAU
DÉPÔT LÉGAL : FÉVRIER 2007. N° 92252 (97946)
IMPRIMÉ EN FRANCE